हिन्दी पत्रकारिता
स्वरूप एवं संदर्भ

डॉ. विनोद गोदरे

वाणी प्रकाशन का लोगो
विख्यात चित्रकार मक़बूल फ़िदा हुसेन
की कूची से

ISBN : 81-7055-645-7

वाणी प्रकाशन
21-ए, दरियागंज, नयी दिल्ली-110002
द्वारा प्रकाशित

प्रथम संस्करण : 2000
द्वितीय संस्करण : 2008

मूल्य : 400.00

आवरण : वाणी प्रकाशन

नागरी प्रिंटर्स, दिल्ली-110032
द्वारा मुद्रित

HINDI PATRANKARITA :
SWAROOP EVAM SANDARBH
by Dr. Vinod Godre

सौ. अनिला गोदरे
को सस्नेह !

अपनी बात

प्रस्तुत पुस्तक 'हिन्दी पत्रकारिता : स्वरूप एवं सन्दर्भ' लेखक की पत्रकारिता के प्रति तीव्र उत्सुकता एवं चिंतन का परिणाम है। ऐसा नहीं है कि हिन्दी पत्रकारिता पर सामग्री उपलब्ध नहीं है, परंतु उपलब्ध सामग्री इतनी बिखरी-बिखरी है कि हिन्दी पत्रकारिता का संपूर्ण व्यक्तित्व उभर कर सहज ही पाठक के सम्मुख नहीं आ पाता। इस पुस्तक में लेखक का यह प्रयत्न रहा है कि हिन्दी पत्रकारिता संबंधी सामग्री को यथासंभव एक स्थान पर एकत्रित किया जाए एवं जहाँ आवश्यक हो उसे नवीन परिदृश्य में देखा जाए। इस पुस्तक में समाचार-पत्र के आशय एवं अर्थ को स्पष्ट करते हुए उसके ऐतिहासिक विकासक्रम के साथ विविध ज्ञानशाखाओं से उसके अंतःसंबंधों पर प्रकाश डाला गया है। इनके अलावा विभिन्न समाचार एजेंसी, संवाददाताओं की भूमिका, पत्रकारों के लिए आचार-संहिता के विवादास्पद मुद्दे आदि पर भी चर्चा की गई है। इनके विस्तार से संपादन-कला, जनसंपर्क कार्य और पत्रकारिता पर भी विचार किया गया है। इनके अतिरिक्त स्वतंत्रता पूर्व एवं स्वतंत्र्योत्तर काल में प्रेस के विभिन्न कानूनों तथा भाषायी पत्रकारिता की संघर्ष-कथा को क्रमबद्ध रूप में प्रस्तुत किया गया है। हिन्दी पत्रकारिता से संबद्ध डॉ. संजय भानावत, डॉ. रामचंद्र तिवारी, डॉ. अर्जुन तिवारी तथा डॉ. रमेश कुमार जैन के प्रति मैं अपनी कृतज्ञता प्रकट करता हूँ। इनकी कृतियों से मुझे काफी सहायता मिली है। इनके अलावा श्रीमती अनिला गोदरे, डॉ. मंजुला देसाई, प्रो. उषा रानावत, डॉ.महेंद्र गुहा तथा अजन्त सिंह के सहयोग को विस्मृत नहीं किया जा सकता है। अगर यह ग्रंथ अध्येताओं, जिज्ञासुओं और पत्रकारिता के विद्यार्थियों के लिए उपयोगी सिद्ध हो सका तो मैं अपना श्रम सफल समझूँगा।

अनुक्रमणिका

पुस्तक पंजीकरण अधिनियम (1867) आदि।

2. 1. भारतीय प्रेस परिषद अधिनियम (1965) आदि।

   2. प्रेस आयोग प्रथम एवं द्वितीय (1952 एवं 1978) प्रेस संबंधी पारिभाषिक शब्दावली।

प्रथम अध्याय

पत्र, समाचार-पत्र तथा पत्रकारिता

(क) अर्थ एवं आशय

मूल रूप से पत्रकारिता का संबंध समाचार-पत्र से है और समाचार का संबंध 'पत्र' से है। सामान्य रूप से पत्र का आशय चिट्ठी से होता है। जिस प्रकार चिट्ठी में हम घर और आस-पास के समाचार प्रस्तुत करते हैं वैसे ही समाचार-पत्र में देश-विदेश की खबरें छपती हैं। उसका क्षेत्र व्यापकतर है। वस्तुतः समाचार संकलन प्रकाशन को ही समाचार-पत्र कहते हैं। अंग्रेजी का न्यूज (News) शब्द भी समाचार-पत्र के व्यापकतर क्षेत्र की ओर संकेत करता है। उसके आद्यक्षर 'एन' नार्थ का, 'ई' ईस्ट का, 'डब्ल्यू' वेस्ट का तथा 'एस' अक्षर साउथ का प्रतीक है। 'न्यूज' शब्द का अर्थ उत्तर, पूर्व, पश्चिम तथा दक्षिण दिशाओं की ख़बरों से है।

बंगला में इसे 'संवाद पत्र' या वात्तविह कहा जाता है। मराठी में इसके लिए 'वृत्त पत्र' शब्द प्रचलित है।

'फारसी' में समाचार को 'ख़बर' कहते हैं। ख़बर की जमा (बहुवचन) अख़बार है। जिस कागज में बहुत-सी ख़बरें रहती हैं उसे अख़बार कहते हैं।[1] वास्तव में न्यूज का अर्थ ही है—नवीन से नवीनतर ख़बरें। अतः समाचार-पत्र का तात्पर्य हुआ नवीन से नवीनतर समाचारों का प्रकाशित संकलन। आज स्थिति है कि सुबह का अखबार दोपहर तक अनुपयोगी हो जाता है क्योंकि दोपहर के समाचार-पत्र में नवीनतम खबरें सम्मिलित कर ली जाती हैं। प्रो. श्री राजेन्द्र[2] का मत है कि "साधारण व्यवहार में समाचार वे हैं जो समाचार-पत्र में छपते हैं और समाचार-पत्र वे हैं जिन्हें समाचार-पत्र में काम करनेवाले तैयार करते हैं।" श्री प्रेमनारायण चतुर्वेदी[3] समाचार-पत्र की परिभाषा इन शब्दों में देते हैं—"समाचार गतिशील

साहित्य है। समाचार-पत्र समय के करघे पर इतिहास के बेलबूटेदार कपड़े को बुननेवाले तकुए हैं।"

डॉ. सुशीला जोशी[4] समाचार-पत्र को परिभाषित करते हुए लिखती हैं :

"समाचार-पत्र अतीत के साथ-साथ वर्तमान की सूचना देता हुआ भविष्य की सम्भावना प्रकट करता है। कहा जा सकता है कि पत्रकारिता एक प्रकार से सूचना देनेवाला 'मौसम पक्षी' होता है।"

ब्रिटेन के शब्दकोश मानचेस्टर गार्डियन[5] में समाचार-पत्र की परिभाषा इस प्रकार दी गई है : "समाचार किसी अनोखी या असाधारण घटना की अविलम्ब सूचना को कहते हैं, जिसके बारे में लोग प्रायः पहले कुछ न जानते हों, लेकिन जिसे तुरन्त ही जानने की ज्यादा से ज्यादा लोगों में रुचि हो।"

विख्यात ब्रिटिश पत्रकार विलियम के अनुसार[6]—

"समाचार-पत्र और विविध पत्रिकाएँ चाहे उनका आकार बड़ा हो या छोटा, मूलतः समाचार चिट्ठियाँ होते हैं। इन मुद्रित चिट्ठियों में पाठक को बताया जाता है कि संसार में या उसके किसी भाग के विषय में उसे क्या-क्या बातें जाननी चाहिए या उन व्यक्तियों के संबंध में जिनकी जानकारी उनके लिए महत्त्वपूर्ण है, कितना-कैसे-कैसा ज्ञान प्राप्त करना चाहिए।"

कहा जा सकता है कि समाचार-पत्र मानवीय जीवन से सम्बन्धित दिलचस्प घटना-प्रसंगों का रोजनामचा है। वह मनुष्य के जीवन को प्रभावित करता है। लोगों को घटनाओं और प्रभावों की समझ देता है। समझ के अलावा वह परिस्थिति विशेष में मनुष्य के कर्तव्य और कर्म को स्पष्ट करता है। वह एक स्थान से एक विशेष अवधि में प्रकाशित होता है, उसकी तयशुदा कीमत होती है और वह जन सामान्य को सहज उपलब्ध होता है। समाचार-पत्र में सुरुचि तथा सम्मान के नियमों का अनुपालन किया जाना आवश्यक है। इनमें विषय की दृष्टि से राजनीतिशास्त्र, अर्थशास्त्र, चिकित्सा विज्ञान, साहित्य, बाल साहित्य, फिल्म, टीवी, शिक्षा, मौसम, संगीत, शोक समाचार, शुभ समाचार, व्यापार वाणिज्य तथा कृषि आदि का समावेश होता है।

पत्रकार

पत्र से लेखन-सम्पादन से संबंधित व्यक्ति पत्रकार कहलाता है। पत्रकार के विषय में हिन्दी पंडितों ने अपने अभिप्राय इस प्रकार अभिव्यक्त किए हैं :

"पत्रकार के नाम से वे ही पुकारे जाते हैं जिनका समाचार लेखों, समाचारों आदि से संबंध रहता है। इस काम में लेख लिखनेवाले, लेखों और समाचारों का सम्पादन करनेवाले, समाचार-संग्रह करनेवाले, आलोचना करनेवाले आदि अनेक प्रकार के व्यक्ति शामिल होते हैं।"

सम्पादकाचार्य विष्णु पराड़कर[7] के शब्दों में "पत्रकार का स्थान आधुनिक समाज में बड़े महत्त्व का है। समाज के जीवन में जिन प्रश्नों पर उचित निर्णय की आवश्यकता होती है और जिन निर्णयों पर समाज का जीवन अंत में निर्भर करता है, उसके बारे में उचित जानकारी प्राप्त करना, उनके संबंध में जनता का निर्माण और नेतृत्व करना, उस मत को प्रकट करना तथा उससे अधिक से अधिक लाभ जनता को पहुँचाना एक आदर्श पत्रकार का कर्तव्य है।"

डॉ. रामचंद्र तिवारी के अनुसार[8] "सच्चा पत्रकार निर्भय क्रान्ति की लपटों से समाज की बुराइयों को भस्म करने का आयोजन करता है। पत्रकार ऐसे समाज का विधिवत् विकास करता है जिससे आत्मसाक्षात्कार के इच्छुक लोगों को अपनी पहचान करने की दृष्टि मिलती है।"

डॉ. रमेशकुमार जैन[9] पत्रकार को सजग, सतर्क व्यक्तित्व एवं दायित्व बोध से जोड़ते हुए लिखते हैं कि "कुशल पत्रकार वह है, जो समय और समाज के साथ चलता हो, उनका पारखी हो और जिसमें दायित्व बोध की भावना हो।"

पाश्चात्य विद्वानों ने भी पत्रकार को परिभाषित किया है–"समाचारों के लेखन, संकलन, सम्पादन और पत्र-पत्रिकाओं की अन्य सामग्री को प्रकाशनार्थ तैयार करनेवाला ही पत्रकार है।"

टी.एच.एस. स्कॉट[10] का मत है : "पत्रकार वह व्यक्ति है जो थोड़े-थोड़े समय के अंतर पर प्रकाशित अपनी रचनाओं से जनता को एक निश्चित दिशा में प्रवाहित करना चाहता है।"

एफ. जे. मैन्सफील्ड[11] पत्रकार के कर्तव्यों के विविध पक्षों का उद्घाटन करते हैं :

"पत्रकार पर जनता को अपने सामाजिक जीवन, व्यवसाय, खेलकूद, कला, साहित्य, धर्म और नैतिकता से सम्बन्धित विषयों से अवगत कराने का दायित्व होता है। सारा राष्ट्र उसका स्वाध्याय पीठ है और उसका पाठ्यक्रम सम्पूर्ण वर्ष बिना अवकाश के साथ चलता रहता है।"

संक्षेप में पत्र के सम्पादन, उसकी सामग्री संकलन का कर्ता पत्रकार कहलाता है। वह अपने दायित्वपूर्ण लेखन द्वारा समाज में नीति-अनीति, विवेक-अविवेक को जाग्रत करता है। जनता को अधिकारों और कर्तव्यों का बोध कराता है। विश्व, राष्ट्र तथा समाज की विविध घटनाओं का विश्लेषण कर जनता के हित में फैसला करता है।

पत्रकारिता

हिन्दी का पत्रकारिता शब्द अंग्रेजी के जर्नलिज्म शब्द का परिचायक है। जर्नलिज्म शब्द जर्नल से व्युत्पन्न हुआ है। 'जर्नल' शब्द का अर्थ है– दैनिक विवरण। मूलतः

यह शब्द अपनी उत्पत्ति के लिए फ्रेंच के जर्नी शब्द का आभारी है। जर्नी शब्द का अर्थ है–प्रतिदिन के कार्य का विवरण प्रस्तुत करना। अतः जर्नल के लिए मैगजीन शब्द का प्रयोग होता है। हिन्दी में मैगजीन को पत्रिका कहा जाता है। इनसायक्लोपीडिया ब्रिटेनिका के अनुसार इटालियन जर्नल शब्द की उत्पत्ति लैटिन के 'डियोना' शब्द से है।

धीरे-धीरे जर्नलिज्म कार्य का विस्तार होता गया और आज पत्रिका के अंतर्गत दैनिक समाचार-पत्र, साप्ताहिक, पाक्षिक, मासिक, त्रैमासिक, अर्द्धवार्षिक और वार्षिक आदि नियतकालीन पत्रिकाओं के अलावा आकाशवाणी, दूरदर्शन, फिल्म आदि जनसंचार के विविध माध्यमों से पत्रकारिता जुड़ गई है। इसमें लेखन-सम्पादन, समाचार-संकलन, प्रसारण, विज्ञापन के साथ-साथ दैनिक जीवनानुभव एवं राजनीतिक, सामाजिक, आर्थिक तथा धार्मिक परिस्थितियों को भी प्रस्तुत किया जाता है। डॉ. वेदप्रताप वैदिक पत्रकारिता के महत्त्व पर प्रकाश डालते हुए लिखते हैं–"विधायिका, कार्यपालिका तथा खबरपालिका भी लोकतन्त्र का महत्त्वपूर्ण स्तम्भ है। पत्रकार को किसी विशेषाधिकार की आकांक्षा न रखते हुए न्यायाधीश की-सी निष्पक्षता और योद्धा की-सी निर्भीकता के साथ सच्चाई उजागर करनी चाहिए। वे अपनी स्वयं की आचार संहिता के साथ पत्रकारिता में प्रवेश करे।"[12]

डॉ.रमेशकुमार जैन पत्रकारिता के दायित्व का परिचय देते हुए लिखते हैं: "प्रेस जनता की वह संसद है जिसका अधिवेशन कभी भी समाप्त नहीं होता है। एक वास्तविकता है कि जहाँ प्रेस जनता का जागरूक प्रहरी होता है वहाँ वह सरकार और जनता के मध्य एक विश्वसनीय सम्पर्क-सूत्र की भूमिका भी निभाता है।"[13] डॉ.रामचंद्र तिवारी पत्रकारिता को व्यवसाय तथा राष्ट्रीय चेतना का सशक्त माध्यम मानते हैं "समग्ररूपेण पत्रकारिता व्यवसाय है, कला है, और राष्ट्रीय चेतना को उद्दीप्त करने का सशक्त माध्यम है।"[14]

सुप्रसिद्ध सम्पादक प्रभाष जोशी[15] पत्रकारिता के कर्तव्यों और महत्ता के बारे में लिखते हैं : "न्यायपालिका, कार्यपालिका, विधायिका और प्रेस में यदि मैं चौथा खम्भा हूँ तो पत्रकार होने के नाते मेरा अधिकार और कर्तव्य है कि इन तीन खम्भों को मैं 'जज' करूँ।"

जैम्स मैकडोनाल ने पत्रकारिता को ऊँचाई देते हुए लिखा है : "पत्रकारिता को मैं रणभूमि से भी अधिक बड़ी चीज़ मानता हूँ, यह कोई पेशा नहीं, बल्कि पेशे से कोई ऊँची चीज़ है।"[16] सचमुच पत्रकारिता निर्भीक पत्रकार के लिए निरंतर एक चुनौती है। उसे राष्ट्र की नब्ज पर लगातार नज़र रखनी पड़ती है। इसके अलावा उसे जन-कल्याण के लिए शान्ति से लेकर संघर्ष के लिए तत्पर रहना पड़ता है। देश-विदेश की विभिन्न घटनाओं पर उसे नज़र रखनी पड़ती है और अपने राष्ट्र की प्रजा के हिताहित में निर्णय लेने होते हैं। इस प्रकार प्रकाशन, संवाद लेखन

एवं प्रसारणयुक्त समाचार माध्यम का व्यवसाय ही पत्रकारिता है।

डॉ. अर्जुन तिवारी[17] ने समाचार-पत्र को छह कर्तव्यों के माध्यम से ही अभिव्यक्त किया है :

1. प्रतिदिन की न्यूनतम घटनाओं का सही-सही सुबोध ढंग से विवरण प्रकाशित करना।
2. विचारों के आदान-प्रदान का सफल माध्यम बनना।
3. अग्रलेखों, समाचार-समीक्षाओं, स्तम्भों एवं विशिष्ट लेखों द्वारा स्वस्थ जनमत का निर्माण करना।
4. समाजोपयोगी एवं स्वस्थ मनोरंजन के साधन उपलब्ध कराना।
5. आर्थिक, औद्योगिक और सांस्कृतिक विकास हेतु दिशा-निर्देश करना।
6. राष्ट्र की सुरक्षा के प्रति सतर्क रहना और राष्ट्रीय एकता को प्रोत्साहन देना।

(ख) महत्त्व

पत्रकारिता का सबसे प्रमुख अंग समाचार-पत्र है। प्रारम्भ में समाचार-पत्र शासक प्रशासक तक सीमित था। उसका सर्व सामान्य जीवन से कोई सरोकार नहीं था। दूसरे शब्दों में समाचार का सीधा-सीधा संबंध राजा-महाराजाओं, श्रेष्ठियों, उच्चाधिकारियों तथा सेनापतियों तक सीमित था। परन्तु आज हम जिस अर्थ और सन्दर्भ में समाचार-पत्र को सम्बोधित करते हैं उनपर प्राचीन समाचार-पत्र खरा नहीं उतरता है। आज समाचार-पत्र की पहचान निम्नलिखित विधायक तत्त्वों से होती है।

आज समाचार-पत्र का मुद्रित होना आवश्यक है। उसका कुछ मूल्य भी निर्धारित किया जाता है। उसकी एक निश्चित प्रकाशन तिथि होती है। वह सर्व सामान्य जनता को भी सरलता से उपलब्ध होना चाहिए। उसका लक्ष्य बहुजन हिताय, बहुजन सुखाय होगा चाहिए।

मुगल शासन तक के समाचार-पत्र उस समय मुद्रण की व्यवस्था न होने से अखबारनवीसियों-वाकयानवीसियों द्वारा हस्तलिखित रूप में तैयार किए जाते थे। न तो वे जन जागरण, राष्ट्रीय चेतना, समाज सुधार के लिए प्रेरित करते थे और न किसी भी प्रकार की लोकचेतना एवं लोकमंगल के लिए ही प्रयत्नशील होते थे। वे जनता के लिए किसी भी तरह का मनोरंजन नहीं परोसते थे। उनमें व्यक्ति-जीवन की बेचैनियों, उल्लास-विषाद अथवा विभिन्न परिप्रेक्ष्यों में पड़नेवाले दबावों-तनावों के प्रत्यक्ष-अप्रत्यक्ष प्रभावों का चित्रण नहीं मिलता था। उनमें देश-विदेश की घटनाओं को विश्लेषण कर प्रस्तुत नहीं किया जाता था। उनकी प्रकाशन अवधि निश्चित नहीं होती थी। वह साधारण जन को उपलब्ध नहीं होता था। उसका कोई

मूल्य भी निर्धारित नहीं रहता था। इसमें प्रायः राजनीतिक हलचलों, सत्ताओं के बीच संघर्ष, गृह-कलह तथा अपने आका के पक्ष में समाचार होते थे।[18] पर आज का समाचार-पत्र देश-विदेश की घटनाओं, परिस्थितियों पर आँख रखता है। देश के विभिन्न वर्गों की गतिविधियों का उद्घाटन करता है। वह मानवीय हित का पक्षधर होता है। लोक कल्याण उसका मूल मन्त्र होता है। इस कारण वह विभिन्न परिदृश्यों, बनती-बिगड़ती घटनाओं के दूरगामी परिणामों, प्रभावों पर एक सतर्क द्रष्टा, चिंतक की तरह विश्लेषण कर भावी सुख-समृद्धि, युद्ध-शान्ति, औद्योगिकता एवं कृषि के विकास का ग्राफ खींचता है। भावी शंकाओं-कुशंकाओं के अन्देशे की त्रासदियों का बयान कर जनमानस को आलोड़ित करता है। वह जनता का सहभोक्ता बनने की नियति स्वीकार करता है। वह सरकार की तथा अन्य उद्योगपति, पूँजीवादी आदि के गलत निर्णयों, गलत नीतियों के प्रति जनता को आन्दोलित करता है। वह जनता को उसके कर्तव्य, अधिकार तथा संवैधानिक स्थिति से परिचित कराता है। वह देश के सांस्कृतिक, आर्थिक, सामाजिक और वर्ग या समुदाय को सावधान कर अपने निर्णयों और नीतियों पर दुबारा सोचने के लिए मौका देता है। इस तरह वह अंकुश लगाने का काम करता है। सामाजिक जीवन का अलख जगाता है। वह सच्चे अर्थ में लोकगुरु होता है। यूनेस्को द्वारा 1973 में किए गए सर्वेक्षण से यह पता चलता है कि लोग समाचारों के विश्लेषण तथा अधिक प्रामाणिक जानकारी के लिए दूरदर्शन तथा आकाशवाणी की तुलना में समाचार-पत्र को अधिक विश्वसनीय मानते हैं।

डॉ. रामचंद्र तिवारी ने प्रजातन्त्र में समाचार-पत्र के महत्त्व को स्पष्ट करते हुए लिखा है : "लोकतन्त्र में अभिव्यक्ति की स्वतन्त्रता एक प्रमुख स्तम्भ होती है इसलिए लोकतन्त्र की आकांक्षाओं और अपेक्षाओं को पूरा करने का दायित्व समाचार-पत्रों पर आता है..." इस अवस्था में पत्रकार जागरूक चिन्तक के रूप में राष्ट्र को सतत आत्मालोचन की स्थिति में रखनेवाला तत्त्व बन जाता है। वह एक तरह से समाज और राष्ट्र के लिए नियंता और नियामक की भूमिका अदा करता है। पत्रकारिता जन-जन को विश्व तथा देश में घटित घटनाओं की जानकारी देती है। पत्रकार जनता के आँख तथा कान होते हैं। वह मुद्रित या इलेक्ट्रोनिक माध्यमों से जनता को अपने देखे-सुने को पहुँचाता है। वह देश की वैचारिक चेतना को उद्वेलित करती है। इस प्रकार वह जन शिक्षण का माध्यम है। वह कार्टून तथा हास्य-व्यंग्य स्तम्भों की सामग्री से जनता का मनोरंजन करती है।

वस्तुतः हिन्दी पत्रकारिता का जन्म ही 'राष्ट्रीय-चेतना', लोक कल्याण आर समाज सुधार के महत् उद्देश्य से हुआ था। यही उसका मिशन था। इसमें व्यक्तिगत लाभ-हानि, स्वार्थपरता, आत्मकेन्द्रित उद्देश्यों के बजाय राष्ट्रीय सामाजिक दाय का निर्वहन करना भी एक लक्ष्य था। डॉ. संजय भानावत सूचना देना, शिक्षित करना

तथा मनोरंजन करना को पत्रकारिता का उद्देश्य समझते हैं।[19]

स्वातन्त्र्योत्तर युग में पत्रकार अपने मूल उद्देश्य से प्रायः स्खलित हो गया है। वह या तो किसी सरकारी तन्त्र अथवा राजनीतिक दल का चारण बन गया है या किसी उद्योगपति, पूँजीपति का दलाल ! इस कारण वह किसी विशेष राजनीतिक दल अथवा व्यवस्था का हिस्सा बन कर रह गया है। वह सरकार की नीतियों का प्रचारक : प्रसारक बन कर रह गया है। उसका विचार स्वातन्त्र्य समाप्त हो गया है। अकबर इलाहाबादी का ''खींचो न कमानों को न तलवार निकालो जब तोप मुकाबिल न हो तो अखबार निकालो'' अब एक लक्ष्यभ्रष्ट स्लोगन (नारा) बनकर रह गया है। आज समाचार-पत्र उद्योग बन गया है उसका उद्देश्य भी राष्ट्रीय चरित्र निर्माण, सामाजिक सुधार, साम्प्रदायिकता विरोधी तथा लोक मंगल नहीं रहा परन्तु यशार्जन, धनार्जन तथा स्ववर्ग एवं स्वामी के हितों का बौद्धिक पैरोकार बनने की नियति उसने स्वीकार कर ली।

समाचार-पत्रों के स्वामित्व का प्रतिशत निम्न प्रकार है :

1. निजी	66.00%
2. समिति एसोसिएशन	16.70%
3. फर्म/साझेदारी	4.00%
4. संयुक्त पूँजी कम्पनियाँ	4.20%
5. सरकार केन्द्रीय /राज्य	2.91%
6. अन्य	5.30%
	100.00%

आज़ादी के पूर्व पत्रकार देश की स्वतंत्रता के लिए अलख जगाता था पर समाचार-पत्र के औद्योगिकीकरण के कारण वह पहले के पत्रकारों की तरह अब घाटे का सौदा नहीं करता। पर स्वहित के लिए लोकहित के बजाय लोकाभिरुचि को प्रधानता देता है। वह येनकेन प्रकारेण पत्र की प्रसार-संख्या बढ़ाने का प्रयत्न करता है। इससे पत्र को अधिकाधिक विज्ञापन मिलता है, और इसके लिए गम्भीर राष्ट्रीय हित की सामग्री देने के बजाय सनसनीखेज खबरों, रहस्य रोमांच की दुनिया, चटपटी सामग्री का प्रकाशन करने में उसे कोई परहेज नहीं है। इनके लिए वह पीली पत्रकारिता से लेकर नीली पत्रकारिता तक को अपनाने में कोई शील संकोच नहीं करता है। आज मुद्रण साधनों की प्रगति पत्र-पत्रिका की सजावट को रंगीन तथा चित्ताकर्षक बनाती है पर उसमें प्रकाशित सामग्री दिलचस्प होने पर भी प्रकाशक दल, संस्था अथवा वर्ग के हितों को ही साधी हुई होती है। वह जनता को संघर्ष करने के लिए युद्धनद्ध नहीं करती पर उन्हें पलायन का पाठ पढ़ाती है। स्वतन्त्रता-पूर्व हिन्दी के पत्रकार सम्पादक हिन्दी भाषा एवं देवनागरी लिपि को

मान्यता दिलाने, उसका कार्य क्षेत्र विस्तृत करने का कार्य करते थे परन्तु आज का पत्रकार समाचार तथा अन्य दिलचस्प सामग्री के लिए विदेशी भाषाओं विशेषकर अंग्रेजी पर आधारित रहता है। इस कारण प्रबुद्ध वर्ग आज भी हिन्दी समाचार-पत्र-पत्रिकाओं को विशेष महत्त्व नहीं देते। बहुत से अखबार तो अंग्रेजी के अखबार के प्रायः अनुवाद पत्र बनकर रह गए हैं।

एक लम्बे समय के बाद आज़ाद हुए देश की नानाविध समस्याएँ होती हैं। प्रजातान्त्रिक देश में विविध समस्याओं को कोई निरंकुश शासक अथवा राजा-महाराजा नहीं सुलझाता, यह कार्य जनता को ही करना पड़ता है। प्रजातन्त्र में पत्रकार भी देश का नागरिक होता है अतः देश की समस्याओं तथा नव-निर्माण के प्रति उसका भी उत्तरदायित्व है। नए स्वतंत्र देश को गुलाम मानसिकता से मुक्त कर नव-निर्माण से संयुक्त करने में उसका योगदान भी महत्त्वपूर्ण होता है। वह टैक्नोलॉजी, उद्योग तथा विज्ञान आदि के नवीनतम विकास को हिन्दी के माध्यम से जनता के सभी वर्गों को परिचित कराता है। उसे राष्ट्रीय तथा जातीय अस्मिता की पहचान, भारतीय संस्कृति एवं सभ्यता की महानता तथा विराटता का उद्‌घाटन करना होता है। उसे राष्ट्रीय समस्याओं को सुलझाने के लिए विविध क्षेत्रों को प्रेरित कर वैचारिक भूमिका तैयार करानी होती है। सामाजिक जीवन में सदाचार, ईमानदारी तथा नैतिकता के मूल्यों का प्रचार करना होता है। पत्रकारिता का एक महत्त्वपूर्ण हिस्सा साहित्य से जुड़ाव का है। अतः रचनाकारों को प्रोत्साहित करना उसकी सर्जनात्मक पहल बन जाती है। पत्रकार भावनात्मक एकता के लिए विभिन्न भारतीय भाषाओं में सामंजस्य स्थापित करता है। इस प्रकार हम देखते हैं कि जब स्वतन्त्र देश में पत्रकार का दायित्व काफी बढ़ जाता है। तब उसे अपने इन उद्देश्यों को पूरा करने में कभी-कभी प्राणों को जोखिम में डालना पड़ता है। प्रत्येक क्षण ख़तरे के साए में जीना पड़ता है। पर निर्भीक पत्रकार विभिन्न आपदाओं-विपदाओं के बावजूद अपने मिशन के प्रति हताश, उदास नहीं होता। प्रत्येक विपत्ति उसके अनुभव की सम्पत्ति बन उसे नव उत्साह, नए साहस से भर देती है। सचमुच पत्रकार देश का समय-प्रहरी होता है।

(ग) पत्रकारिता की नई भूमियाँ

आकाशवाणी एवं दूरदर्शन : पत्रकारिता आज सिर्फ पत्र-पत्रिकाओं तक सीमित नहीं रही है। परन्तु अब वह प्राचीन अथवा परम्परावादी माध्यमों से लेकर आधुनिक संचार माध्यमों तक विस्तृत हो गई है। आज वह (1) मुद्रित सामग्री/समाचार-पत्र, पत्रिका, पुस्तिकाएँ तथा विज्ञापन आदि (2) घोषित शब्द (आकाशवाणी) (3) दृश्य-श्रव्य (टेलीविजन और फिल्म) (4) परम्परागत साधन (लोकगीत, लोकनृत्य, सामूहिक गायन, रास सांग नौटंकी तथा कठपुतली) तथा (5) मौसिकी (सार्वजनिक सभाएँ, बैठकों) वगैरह

तक परिव्याप्त हो गई है।

'समाचार' विशेष रूप से समाचार-पत्रों से संबद्ध होता है और सामान्यरूप से समाचार का सीधा-सीधा संबंध समाचार-पत्र से माना जाता रहा है क्योंकि देश-विदेश के समाचारों का सविस्तार वर्णन-विश्लेषण समाचार-पत्रों से मिल जाता है। समाचार-पत्र अपने उद्भव और विकास की स्थितियों में ख़बरों का प्रकाशक रहा है। वह अपनी एक नीति एक उद्देश्य निश्चित करता है और तदनुकूल सम्पादकीय लेखन से लेकर इतर समाचारों को प्राथमिकता देता है। समाचार-पत्र का मूल उद्देश्य लोकरंजन, लोकरक्षण, लोकमंगल, लोकशिक्षण एवं लोकजागृति होता है। समाचार-पत्र में समाचारों के अलावा लेख, फीचर, परिचर्चा, सम्पादक की डाक, ललित साहित्य एवं विज्ञापन भी छपते हैं। एक लम्बे समय तक समाचार-पत्र का खबरों के क्षेत्र में एकाधिकार रहा। किन्तु रेडियो और टीवी के अवतरण से एकाएक समाचार-पत्र के साम्राज्य में सुरंग लग गई क्योंकि रेडियो और टीवी भी समाचार देने लगे। रेडियो तथा टीवी प्रसारण 'इलेक्ट्रोनिक' की सूक्ष्म तकनीकी पर आधारित है, अतएव टीवी तथा रेडियो की पत्रकारिता को 'इलेक्ट्रोनिक पत्रकारिता' के नाम से सम्बोधित किया जाता है। यद्यपि 'आकाशवाणी' तथा 'दूरदर्शन' के लिए समाचारों का संकलन, लेखन एवं प्रसारण समाचार-पत्रों से अलग ढंग का नहीं होता है, मात्र तकनीकी अंतर के कारण रेडियो एवं दूरदर्शन की पत्रकारिता समाचार-पत्र से हटकर एक नए रूप में श्रोता, दर्शकों एवं पाठकों को कुरेदती है। वैसे संवाददाता दोनों माध्यमों के लिए एक ही मानक से समाचार संकलन एवं प्रेषण का कार्य करता है और वह हैं समाचार मूल्य। यद्यपि संवाद समितियों के संवाददाता प्रायः आकाशवाणी तथा दूरदर्शन के लिए भी समाचार संकलन तथा प्रेषण का कार्य करते हैं, परंतु तकनीकी एवं सरकारी नीति के कारण संवाददाता को इनमें समाचार-पत्र जितनी छूट नहीं मिलती। अतः रेडियो-टीवी एवं समाचार-पत्र के समाचारों के संकलन एवं प्रसारण का अंतर जानना आवश्यक है।

रेडियो एवं समाचार-पत्र (1) रेडियो में समाचार प्रसारण के लिए एक निश्चित समय मर्यादा निश्चित की जाती है। यह समय-सीमा प्रायः दस मिनिट की होती है। इन्हीं दस मिनिटों में रेडियो के समाचार सम्पादक को देश-विदेश की प्रायः सभी महत्त्वपूर्ण घटनाओं को तथा विविध क्षेत्रों—खेलकूद, मौसम, युद्ध, विज्ञान, राजनीतिक, महँगाई, दंगे, सांस्कृतिक समाचार आदि के चयनित समाचार देने पड़ते हैं। समय-सीमा के कारण कई बार तो उसे कुछ समाचारों का सारांशतम प्रसारित करना पड़ता है। अखबार के साथ इस तरह का बन्धन नहीं है। वह समाचारों को अपनी नीति के अनुकूल तयशुदा स्थान देता है। रेडियो की तुलना में ज्यादा जगह देता है और घटनाओं के साथ-साथ आवश्यक गवेषणा तथा विवेचना भी करता चलता है, परन्तु रेडियो पर यह संभव नहीं हो पाता। अतः अखबार को विस्तार

से जानने को उत्सुक को रेडियो की तुलना में समाचार-पत्र रास आता है। रेडियो में समाचार के अंत में प्रमुख समाचारों को दुहराकर समाचार को प्रारम्भ में सुनने से चूक गए श्रोता अंत में उन्हें संक्षिप्त रूप में सुनकर मूल समाचार की झलक पा लेता है। समाचार-पत्र में इस प्रकार की जरूरत नहीं होती है।

(2) रेडियो सुनने के लिए शिक्षा अनिवार्य नहीं है। उसे निरक्षर व्यक्ति तक सुन समझ सकता है, परन्तु समाचार-पत्र के लिए आदमी का कुछ न कुछ मायने में शिक्षित होना अनिवार्य है। अगर उसे अक्षर ज्ञान नहीं हुआ तो वह अख़बार पढ़ ही नहीं पाएगा।

(3) रेडियो पर समाचार उद्घोषक किसी खबर को एक बार ही उद्घोषित करता है चाहे उस समय उसे आप सुन पाएँ या न सुन पाएँ। परन्तु समाचार-पत्र के मुद्रित समाचार आप जितनी बार चाहें पढ़ सकते हैं।

(4) आकाशवाणी के समाचारों की न तो कतरन रखी जा सकती है और न उसके टैप को प्रामाणिक माना जा सकता है किन्तु समाचार-पत्र में यह सुविधा उपलब्ध रहती है।

(5) समाचार-पत्र के समाचारों को व्यक्ति बार-बार पढ़कर उसे एकाधिक प्रयत्नों के बाद समझने लगता है क्योंकि समाचार उसके टेबल पर मुद्रित रूप में पड़ा रहता है पर श्रव्य माध्यम रेडियो में न तो समाचार दुहराया जाता है और न किसी के समझने पर उसे रोका जा सकता है। उसे तो वाचक धारा प्रवाह में पढ़ जाता है।

(6) समाचार-पत्रों में दिनांक रेखा (date line) दी जाती है यह फाइलिंग कार्य तथा कभी-कभी उद्धरण देते समय काफ़ी उपयोगी प्रमाणित होती है, परन्तु आकाशवाणी में प्रारम्भ में तारीख तथा स्थान घोषित करने के बाद दिनांक रेखा के लिए अवकाश नहीं रहता।

(7) समाचार-पत्र के समाचार भूतकालिक होते हैं। उनकी 'लीड' में भूतकाल का सन्दर्भ ही ज्यादातर आता है, किन्तु आकाशवाणी के समाचारों में तात्कालिकता एवं नवीनतम समाचारों का समावेश हो जाता है। "रेडियो प्रसारण में समाचारों का नवीनतम और ताजे से ताजा रूप दिया जाएगा जिससे श्रोता यह अनुभव करें कि समाचार-पत्र की तरह रेडियो उन्हें 'कल' और बीते समय के समाचार नहीं देता, बल्कि उन्हें 'आज के और अभी के' समाचार मिल रहे हैं।"[20]

(8) रेडियो पर बहुत तकनीकी शब्दावली एवं उच्चारण में कठिन तथा स्खलित करनेवाले शब्द प्रयोगों का समाचार पठन में कोई स्थान नहीं होता इसके विपरीत समाचार-पत्र में इस तरह की शब्दावली एवं कठिन शब्दों के सही उपयोग से परहेज नहीं किया जाता है।

(9) समाचार-पत्रों में शब्दावली के सन्दर्भ में स्थानीय रंग देना आवश्यक

होता है क्योंकि उसका पाठक वर्ग प्रायः स्थानीय व्यक्ति होता है और शब्दों का स्थानीय प्रयोग समाचार-पत्र को सहजता, सरलता, विश्वसनीयता और परिचित परिवेश प्रदान कर उसे समाचारों को ग्रहण करने तथा समझने में सहायता पहुँचाता है किन्तु आकाशवाणी चूंकि राष्ट्रीय प्रसारण के लिए समाचार प्रस्तुत करती है इसलिए उसकी भाषा में 'स्थानीय रंग' की गुंजाइश नहीं रहती है।

(10) रेडियो की शब्दावली में कुछ शब्दों का प्रयोग वर्ज्य है क्योंकि माध्यम की बनावट उनकी अनुज्ञा नहीं देती है जैसे—निम्नलिखित, उपर्युक्त, क्रमशः आदि। इन शब्दों को बोलचाल का रूप दिया जाता है। निम्नलिखित, उपर्युक्त इत्यादि शब्द आकाशवाणी के प्रसारण में साधक न होकर बाधक ही होते हैं।

(11) रेडियो श्रव्य माध्यम है, अतएव उसमें ऐसे शब्दों का ही प्रयोग करना चाहिए जिनके श्रवण या सुनने से किसी प्रकार की गलतफहमी न हो जाए। जैसे "इस बात पर उन्होंने अप्रसन्नता व्यक्त की।" अगर किसी कारण 'अ' अक्षर को ठीक से नहीं सुना गया तो अर्थ का अनर्थ हो सकता है। अतः अप्रसन्नता के स्थान पर नाराजगी शब्द का प्रयोग करना अधिक जायज होगा।

(12) रेडियो पर दिन भर में कई बार समाचार प्रसारित होते हैं परन्तु समाचार-पत्र प्रायः सुबह अथवा शाम को प्रकाशित होता है। इस कारण वह रेडियो के समाचारों की तुलना में काफी पिछड़ जाता है किन्तु यह अर्धसत्य ही है क्योंकि रेडियो के समाचार प्रायः निश्चित समय पर ही प्रसारित होते हैं परन्तु कभी-कभार अगर कोई महत्त्वपूर्ण समाचार उस समय आ जाए तो समाचार-पत्र के सुबह के संस्करण में उसका समावेश हो जाता है अथवा छपते-छपते (stop press) में उसे प्रकाशित करने की पूरी-पूरी कोशिश की जाती है इस प्रकार समाचार-पत्र समाचार के प्रसारण में रेडियो से आगे निकल जाता है।

(13) समाचार-पत्रों में किसी घटना विशेष के बारे में सम्पादक की डाक 'अपनी बात' आदि स्तम्भों में स्थान मिल जाता है परन्तु रेडियो में यह व्यवस्था प्रायः नहीं हो पाती है।

(14) रेडियो की खबरों को छोटे-छोटे वाक्यों में लिखने की कोशिश की जाती है ताकि उद्घोषक को उसे पढ़ने में आसानी हो। समाचार-पत्र में कॉलम लम्बे हो सकते हैं। रेडियो समाचार के हर वाक्य में एक ही सूचना होनी चाहिए। बोल-चाल की भाषा का प्रयोग रेडियो के समाचारों से अधिक प्रभावी बनता है। समाचार-पत्रों में इस प्रकार का बन्धन नहीं होता है।

(15) दोनों के बीच इतने अंतर होने पर भी सरलतम भाषा प्रयोग, शब्दों के शुद्ध उच्चारण वाराणसी (बनारस) असम (आसाम) तॉलस्तॉय (टॉलस्टॉय) की ओर दोनों ध्यान देते हैं तथा समाचार दर्शन एवं पत्रिका कार्यक्रम द्वारा आकाशवाणी समाचार-पत्रों के समानान्तर चलने का प्रयत्न करती है।

(16) आकाशवाणी से दो तरह के समाचार बुलेटिन प्रसारित किए जाते हैं :

(क) भारत के श्रोताओं के लिए। इनके दो वर्ग हैं : (1) सार्वदेशिक (2) प्रांतीय।

(ख) विदेशी श्रोताओं के लिए। इनके भी दो वर्ग हैं : (1) आप्रवासी भारतीय श्रोता तथा (2) विदेशी श्रोता।

परन्तु समाचार-पत्र में ऐसा वर्गीकरण नहीं होता। उसमें अधिक से अधिक 'स्थानीय रंग' का ध्यान रखा जाता है।

दूरदर्शन समाचार : दूरदर्शन 15 सितम्बर, 59 से दिल्ली से प्रारम्भ हुआ। उस समय वह सिर्फ श्याम-श्वेत हुआ करता था पर 15 अगस्त, 82 से टी.वी.रंगीन हो गया और देश के एक बहुत बड़े हिस्से को इसने कैप्चर कर लिया। दूरदर्शन का लक्ष्य—देश के विकास की जानकारी, अनेक विधाओं के माध्यम से लोकरंजन, राष्ट्रीय एकता, साम्प्रदायिक-सद्भाव, परिवार-कल्याण, कला, देशी-विदेशी साहित्य, भारतीय संस्कृति का अवगाहन कराना आदि है। इनके लिए दूरदर्शन विभिन्न रुझानों के साथ समाचार प्रसारण का कार्य भी करता है।

दूरदर्शन को भी पत्रकारिता की एक शाखा माना जाता है। दूरदर्शन के लिए भी संवाददाता महत्त्वपूर्ण ख़बरें जुटाता है। इस समाचार-संकलन में उसे दूरदर्शन की नीतियों का ख़याल रखना पड़ता है। समाचार समितियाँ भी दूरदर्शन की नीतियों का अनुपालन करती हैं। पर दूरदर्शन एक इलेक्ट्रोनिक माध्यम है तथा उसमें समाचार के साथ घटना-प्रसंग के चित्र भी दिए जाते हैं। संवाददाता समाचार-मूल्य और नीति-अनीति से परिचित होते हैं। वे भाषा के स्वभाव एवं प्रकृति से परिचित होते हैं। दूरदर्शन के समाचार प्रतिनिधि और रेडियो प्रतिनिधि में कोई अंतर नहीं होता है। क्योंकि वह भी सीमित समय में अधिकाधिक समाचार प्रेषण का प्रयत्न करता है। लेकिन समाचार-पत्र तथा रेडियो से दूरदर्शन की समाचार प्रस्तुति अलग ढंग की होती है क्योंकि समाचार-पत्र मुद्रित माध्यम है, रेडियो श्रव्य माध्यम है वहाँ दूरदर्शन दृश्य एवं श्रव्य माध्यम है। दूरदर्शन पर लोग समाचार 'पढ़ने', 'सुनने' के बजाय उसे देखना अधिक पसन्द करते हैं। अतः समाचारों को इस प्रकार पढ़ा जाता है कि समाचार के साथ उस घटना से सम्बद्ध चित्र को भी समाचार पूरे होने के पहले दिखा दिया जाए। जब चित्र दिखाया जाता है उस समय प्रायः वाचक रुक जाता है और चित्र समाप्त होने पर फिर वाचन प्रारम्भ कर देता है।

दूरदर्शन की भाषा सीधी, सरल, सभी श्रोता-दर्शकों को समझ में आनेवाली प्रभावोत्पादक होनी चाहिए। इलेक्ट्रोनिक माध्यमों में समाचार की भाषा के प्रयोग में अत्यधिक सावधानी रखनी पड़ती है। जैसे जहाँ तक संभव हो इसमें कठिन दुरूह शब्दों का प्रयोग टाला जाता है; क्योंकि समाचार-वाचक उनसे असुविधा का अनुभव करता है और इससे समाचार-वाचन भी प्रभावित होता है। जैसे—गवेषणात्मकता।

इसी प्रकार समाचार के अगले चरण में पिछले चरण का सन्दर्भ 'उसने स्वीकार' कर लिया, जैसे—सार्वनामिक प्रयोगों से बचना चाहिए क्योंकि उसे श्रोता-दर्शक को जो पिछले सन्दर्भ से अपरिचित हो तो वह नए चरण के अर्थ से भी अनजाना रह जाएगा। इससे समाचार-पत्र और दूरदर्शन की दूरी कम हो जाती है। दूरदर्शन पर भेंट वार्ता, प्रश्नमंच, विज्ञान अलोक, संगीतनृत्य, नाटक, कवि-सम्मेलन आदि भी दिए जाते हैं।

इस उपकरण में श्रोता-दर्शक को वाचक के हाथों में समाचार-पृष्ठ नहीं दिखने चाहिए क्योंकि उससे श्रोता-दर्शक को समाचार के ताजेपन पर सन्देह होने लगता है और वाचक की मुद्रा भी धुँधला जाती है। 'इस समस्या का हल एक विशिष्ट प्रकार के संयंत्र' टेलीप्राम्पटर से हो जाता है। यह स्टूडियो में वाचक के सामने रखा रहता है। वाचक के समक्ष रखे लिखित पाठ की एक-एक प्रति मोटे-मोटे अक्षरों में टेलीप्राम्पटर की स्क्रीन पर आती चलती है। जिसे वाचक पढ़ता जाता है।[21]

इन तीन संचार माध्यमों के अलावा पत्रिकाएँ, फिल्म पुस्तिका तथा पोस्टर आदि भी पत्रकारिता के विभिन्न माध्यम के रूप में अपनी सेवाएँ प्रदान कर रहे हैं।

(घ) पत्रकारिता के विविध रूप

आज पत्रकारिता सिर्फ समाचार-पत्र-पत्रिकाओं तक सीमित नहीं रही, परन्तु जन संचार के विभिन्न माध्यमों यथा दूरदर्शन, फिल्म, आकाशवाणी आदि क्षेत्रों तक इसका विस्तार हो गया है। आज राष्ट्रीय चेतना जगाना पत्रकारिता की एक मात्र शपथ नहीं रही पर स्वतन्त्र देश की विभिन्न समस्याओं, विभिन्न योजनाओं, देश की खुशहाली के लिए किए जानेवाले प्रयत्न की ओर लोगों को आकर्षित करने में संचार माध्यमों की भूमिका श्लाघ्य रही है। अलावा इसके, देश-विदेश के राजनीतिक समीकरणों, आर्थिक नाकाबंदी अथवा साझा बाज़ार, आदि की ओर भी पत्रकारों ने जनता का ध्यान आकर्षित करना प्रारम्भ किया। भारतीय जनता का एक बह्त बड़ा वर्ग प्रायः इन सारे निर्माणात्मक प्रयत्नों के प्रति उदासीन था, किन्तु पत्रकारिता ने अपने सीमित दायरे से निकल कर विभिन्न क्षेत्रों को अपने में समायोजित कर लिया है।

(1) **ग्रामीण एवं कृषि पत्रकारिता** (Rural journalism) : आजकल हिन्दी पत्रकारिता बनाम भारतीय भाषाओं की पत्रकारिता का विशेष रुझान ग्रामीण अंग्रेज़ी अखबारों से नहीं, बल्कि भारतीय भाषाओं के समाचार-पत्रों से मिलता है। इस पत्रकारिता का संबंध केवल घटनाओं की पड़ताल करना-कराना नहीं है, परन्तु, ग्रामीण जीवन के विभिन्न पहलुओं—परिवार कल्याण, परिवार नियोजन, स्वास्थ्य, कृषि के उन्नत उत्पादन की तकनीकी तथा ग्रामीणों के विकास की विभिन्न योजनाओं की विस्तृत जानकारी देना भी है। विकास की जानकारी का दाय

समाचार-पत्रों एवं पत्रकारिता के अन्य रूपों पर है। पत्रकार इस बात से अच्छी तरह परिचित हैं कि सुदूर के गाँवों में नई चेतना एवं वैज्ञानिक, औद्योगिक देश की लगभग 80% जनता गाँवों में निवास करती है। इनका भाग्य गाँव की विभिन्न उपज से जुड़ा हुआ है। डॉ. मदनमोहन गुप्त ने ग्रामीण पत्रकारिता की परिभाषा देते हुए लिखा है–"जिन समाचार-पत्रों में 40% से अधिक सामग्री गाँवों के बारे में कृषि, पशुपालन, बीज, खाद, कीटनाशक, पंचायती राज, सहकारिता आदि विषयों पर होगी, उन्हीं पत्रों को ग्रामीण पत्र माना जाएगा।" इनके अलावा बागवानी (Horticulture), पादप रोग विज्ञान(Plant Pathology) तथा भूमि संरक्षण (Soil Conservation) आदि विषयों का भी समावेश होता है। इनके अतिरिक्त परम्परागत लोक कला, लोक संस्कृति, कुटीर उद्योग, ग्रामीण स्वास्थ्य तथा श्वेत एवं हरित क्रान्ति के विकास के लिए समर्पित पत्रकारिता ग्रामीण पत्रकारिता कही जाएगी।

(2) अनुसन्धानात्मक पत्रकारिता एवं अन्वेषणात्मक पत्रकारिता (Research Journalism, Investigatary Journalism) : अनुसन्धानात्मक एवं अन्वेषणात्मक पत्रकारिता एक-दूसरे के पर्यायवाची लगते हैं, परन्तु इनमें भी कुछ महत्त्वपूर्ण अंतर हैं। अनुसन्धानात्मक पत्रकारिता में किसी महत्त्वपूर्ण घटना, व्यक्ति तथ्य अथवा अप्रकट दस्तावेज को अपने शोध प्रयत्नों से उसे उद्घाटित करने का प्रयास होता है। इससे मिले निष्कर्ष एवं प्रमाण राष्ट्रीय जीवन को प्रभावित करते हैं। वाटर गेट काण्ड इसका ज्वलन्त उदाहरण है। पर यहीं किसी व्यक्ति के चरित्र हनन, किसी संस्था में बदनाम करने के लिए अनुसन्धानात्मक पत्रकारिता का इस्तेमाल उसे स्वस्थ, निर्भीक, जनहित को समर्पित आचरण की शुद्धता की पत्रकारिता को 'पीत पत्रकारिता' में बदल देती है।

अन्वेषणात्मक पत्रकारिता अथवा अन्वेषी पत्रकारिता में तथ्य की सप्रमाण खोज ही महत्त्वपूर्ण होती है, परंतु इसमें अनुसन्धानात्मक पत्रकारिता की तरह किसी घटना अथवा स्थिति का विधिवत् योजनाबद्ध वैज्ञानिक रूप से अध्ययन या अनुसन्धान नहीं होता परन्तु अनुसन्धान परक पत्रकारिता की शर्त ही ऐसा अध्ययन है। मोटे रूप में अन्वेषण पत्रकारिता में प्रासंगिक विषयों, स्थितियों अथवा तथ्यों के तर्कसम्मत अध्ययन, सर्वेक्षण और अनुसन्धान का परीक्षण कर किन्हीं निष्कर्षों पर पहुँचा जाता है। इनके अतिरिक्त दूरदर्शन, आकाशवाणी के कार्यक्रमों के स्तर, विभिन्न जन माध्यमों का प्रभाव, पाठक, श्रोता तथा दर्शक के रुझान व प्रतिक्रियाओं का अध्ययन इस पत्रकारिता में आता है।

(3) इलेक्ट्रोनिक माध्यम की पत्रकारिता : (क) रेडियो पत्रकारिता सामान्य रूप से समाचारों की उद्घोषणा, सामयिकी, जिले अथवा राज्य की खबरें, समाचार-दर्शन से सम्बन्धित होती है। घोषित समाचार एवं अन्य इतर जानकारी

'समाचार सेवा प्रभाग' तैयार करता है।

(ख) इलेक्ट्रोनिक माध्यम की पत्रकारिता का दूसरा प्रकार दूरदर्शन से संबद्ध है। टीवी कार्यक्रम रेडियो से दृश्य श्रव्य दृष्टि से अधिक महत्त्वपूर्ण है। अतः पत्रकार को दूरदर्शन के लिए अपने ढंग से संवाद तैयार करना पड़ता है।

(4) बाल पत्रकारिता : इस पत्रकारिता में बालजीवन से सम्बन्धित पढ़ाई-लिखाई, खेल-कूद, कविता-कहानी, उपन्यास तथा नाटक आदि विविध साहित्यिक विधाओं का समावेश हो जाता है। इसमें सम्पादकों को बच्चों के शालेय जीवन की कठिनाइयों की ओर ध्यान दिलाना होता है। पढ़ाई-लिखाई का बोझ, होमवर्क की परेशानी, महँगी फीस आदि विभिन्न पहलुओं पर अपनी पत्रिका में सामग्री देनी पड़ती है। उन्हें बच्चों पर पढ़ाई का बोझ, माँ-बाप द्वारा किए जानेवाले होमवर्क आदि के विरोध में जनमत तैयार करना होता है। साथ ही साथ बच्चों की प्रतिभा एवं उपलब्धियों को भी पत्रिका में स्थान देना होता है ताकि अन्य बाल पाठकों पर उसका विधायक प्रभाव पड़े। उसका कौतूहल भाव एवं उत्सुकता का समाधान हो सके। इसी प्रकार उन्हें विभिन्न खेल-कूदों के बारे में समाचार देने के अलावा खेलों के खेलने की विधि तथा खेलों के इतिहास से भी बच्चों को परिचित कराना होता है। उसे विज्ञान की नई उपलब्धियों का ज्ञान देना होता है। दस्तकारी एवं चित्रकारी के बारे में भी जानकारी देनी होती है। सम्पादक को बच्चों के मानसिक स्तर तथा युग बोध को आधुनिक परिवेश का खयाल रख पत्रिका में कहानी, कविता आदि प्रकाशित करनी होती है। ये कविताएँ, कहानियाँ परीकथा तथा राजा-रानियों पर ही नहीं होतीं परन्तु उनके पात्र पाठक बच्चों की तरह ही परेशानियाँ उठाते हैं। आधुनिक जीवन के यथार्थ से साक्षात्कार करते हैं। परिवर्तनशील सामाजिक परिवेश से संचालित होते हैं। एक-दूसरे की सहायता करते हैं। उनकी कठिनाइयों को दूर करने में किसी साधु, जादूगर अथवा जिन के सहयोग के साथ-साथ बच्चों की आज की कहानियाँ कल्पना के बजाय यथार्थपरक होती हैं। वे उन्हें भटकाव, अन्धविश्वास और पलायनवादी होने से बचाती हैं। उनमें जीवन में जूझने और संघर्ष की भावना जगाती हैं। सम्पादक को बाल-मानस एवं बाल-मनोविज्ञान तथा उनके शिक्षा-स्तर का खयाल कहानी-कविता छापते समय रखना चाहिए अन्यथा बच्चों के लिए प्रकाशित किया गया साहित्य बच्चों के बजाय बड़ों के पढ़ने की चीज़ बन जाता है। मुद्रण कला एवं फोटोग्राफी के विकास का लाभ भी सम्पादक को उठाना चाहिए ताकि पत्रिका सुन्दर, रम्य और दिलचस्प बन सके। इसी प्रकार बाल पत्रकारिता में सम्पादक को ऐसी भाषा का प्रयोग करना चाहिए, ऐसे चित्रों का उपयोग करना चाहिए जो बाल सुलभ हों। आजकल 'चन्दामामा', 'पराग', 'नन्दन' वगैरह अनेक मासिक, अर्धमासिक पत्रिकाएँ प्रकाशित की जा रही हैं, इसी प्रकार दैनिक पत्रों में प्रति सप्ताह कम-से-कम एक बार बाल

स्तम्भ छापा जाता है।

(5) **खेल-पत्रकारिता** (Sports Journalism) : आजकल खेल खिलाड़ियों की तरफ लोगों की दिलचस्पी बढ़ गई है। शिक्षा, स्वास्थ्य संबंधी प्रसारण एवं राष्ट्रीयता की भावुकता ने खेलों को लोकप्रिय बनाने में अहम भूमिका अदा की है। राष्ट्रीय-अंतर्राष्ट्रीय क्रिकेट, हॉकी, विबिल्डन, स्पर्धात्मक दौड़ें, गोल्फ, कबड्डी तथा शतरंज वगैरह खेलों की ओर जनता का आकर्षण बढ़ा है। ओलंपिक तथा एशिया अंतर्राष्ट्रीय प्रतियोगिताओं के आयोजनों ने भी क्रीड़ाभावना उत्पन्न की है अतः जनसंचार के विभिन्न माध्यमों का यह दाय हो जाता है कि जनता को खेलों की जानकारी दें, मैचों की सूचनाएँ दें। खिलाड़ियों के बारे में विस्तृत जानकारी दें। उनका जीवन, खेल में उनकी दिलचस्पी, उनका खेल रिकार्ड, उनकी सम्भावनाएँ और सीमाएँ आदि पर सामग्री के लेखन प्रकाशन ने इस पत्रकारिता में विशेष महत्त्व प्रदान किया है। आजकल तो सभी संचार माध्यमों में खेलों के लिए 'स्पेस' और 'समय' निर्धारित कर दिया गया है। समाचार-पत्रों में तो एक पूरा पृष्ठ इनके लिए दिया जाता है। कुछ खेल पत्रिकाएँ भी आजकल प्रकाशित होती हैं, जिनमें खेल की जानकारी, ऐतिहासिक मैच, हार-जीत के विवरण के साथ-साथ खिलाड़ियों के संबंध में भी यथावश्यक रोचक सामग्री दी जाती है। 'खेल-खिलाड़ी', 'खेल-हलचल' तथा 'खेल युग', 'खेल पत्रिकांक' पाठकों के बीच काफी लोकप्रिय है।

(6) **संसदीय पत्रकारिता** (Parliamentary Journalism) : राजनीतिक समाचार, संसद समाचार, विधान मण्डल वे स्रोत हैं जो देश-विदेश की हलचलों के प्रमाणित तथा फर्स्ट हैण्ड सूचनाएँ जन संचार माध्यमों को प्रदान करते हैं। समाचार-पत्रों में इन राजनीतिक, आर्थिक तथा सामाजिक परिवर्तनों की हलचलों का प्रमुखता से प्रकाशन किया जाता है।

(7) **शैक्षिक पत्रकारिता** : शिक्षा संबंधी प्रवृत्तियों के बारे में लेख, समाचार, शिक्षा जगत् की अन्य गतिविधियों से जनसंचार माध्यम द्वारा जनता को परिचित कराना शैक्षिक पत्रकारिता कही जाती है। एक ओर शिक्षा क्षेत्र के विभिन्न पहलुओं यथा विद्यार्थियों पर पढ़ाई-लिखाई का अकल्पनीय बोझ, माध्यम की समस्या, डिग्री प्राप्ति के पश्चात् बेकारी की समस्या, महँगी होती जाती शिक्षा, आज के जीवन से असंयुक्त शिक्षा, 'प्रवेश' की समस्या आदि समस्याओं की ओर सामान्य जनता, विद्यार्थियों के अभिभावकों, शिक्षा क्षेत्र से जुड़े पदाधिकारी एवं सत्ता दल का ध्यान आकर्षित कराना शैक्षिक पत्रकारिता का प्रस्थान बिन्दु है। कोचिंग क्लास गाइडों की मात्रा, प्रायवेट ट्यूटर्स, उत्तीर्ण होने एवं विशिष्ट योग्यता प्राप्त श्रेणी का क्रय-विक्रय, परीक्षा-पद्धति की सीमाएं, शिक्षा क्षेत्र के खण्डहर होते तक्षशिलाओं की पोल खोलना शैक्षिक पत्रकारिता का महत्त्वपूर्ण अभियान होता है। इसके साथ ही साथ अध्यापकों की अपनी समस्याएँ, प्रबन्ध समितियों का दबाव, सरकार की

उदासीनता से ग्रसित शोषित-पीड़ित अध्यापक वर्ग से साक्षात्कार कराना शैक्षिक पत्रकारिता की अपनी विशिष्टता होती है। "पत्रकारिता यदि सामाजिक परिवर्तन का हथियार है तो शिक्षा की भी मानव विकास में तथा उसे सामाजिक प्राणी बनाने में महती भूमिका है। शिक्षा और पत्रकारिता का यह समाचित संश्लिष्ट रूप शैक्षिक पत्रकारिता कहा जा सकता है।"[22] प्रयुक्त भाषा का तकनीकी दृष्टि से ज्ञान होना जरूरी है।

(8) **फिल्म पत्रकारिता** : प्रारम्भ में अच्छे, स्वस्थ एवं पारिवारिक पत्रों ने फिल्मों को पत्रकारिता में कोई विशेष स्थान नहीं दिया। कालान्तर में फिल्मी तकनीक तथा फिल्मों के विषय एवं प्रस्तुतीकरण में आए बदलाव ने फिल्मों को भी पत्रकारिता के एक प्रमुख हिस्से के रूप में स्वीकार कर लिया। देश-विदेश के पुरस्कारों ने फिल्म को भी पत्रकारिता के क्षेत्र में अपना स्थान बनाने में सहायता दी है। आज तो हिन्दी में शताधिक फिल्मी पत्रिकाएँ प्रकाशित हो रही हैं।

(9) **वाणिज्यिक अथवा आर्थिक पत्रकारिता** : कुछ समय पूर्व तक आर्थिक समाचारों के प्रकाशन-विश्लेषण में प्रायः हिन्दी पत्रकार की दिलचस्पी नहीं थी। देश-विदेश से जुड़ी आर्थिक गतिविधियों के प्रति वह उदासीन ही था। पर बदलते समय एवं सरोकारों ने जागरूक पत्रकार को अपने पत्र तथा पाठकों के दिल में आर्थिक समाचारों का प्रकाशन, विश्लेषण, तथा बाजार के उथल-पुथल के पूर्वानुभाव, विदेशी मुद्रा, पंचवर्षीय योजना, ग्रामोद्योग, राष्ट्रीय आय आदि पर विशेष ध्यान देने की जरूरत महसूस हुई। शेयर बाजार, सट्टा बाजार, धातु बाजार, तेल तिलहन बाजार तथा कपड़ा बाजार आदि में आती मन्दी या तेजी से पत्रकार बेखबर नहीं रहा। वह अपने पत्र में विभिन्न अर्थशास्त्रियों, बाजार से सम्बन्धित व्यक्तियों दलालों के लेख एवं भेटवार्ता को प्रकाशित करने लगा। इससे पत्र के 'सेल' पर विधायक प्रभाव पड़ता दिखाई देता है।

हिन्दी में या तो समाचार-पत्र-पत्रिकाओं के निश्चित सीमित पृष्ठों में विविध आर्थिक पहलुओं को स्थान दिया गया। अथवा कुछ स्वतन्त्र पत्र-पत्रिकाएँ प्रकाशित होने लगीं। 'व्यापार' 'शेयर' आदि ऐसी ही पत्र-पत्रिकाएँ हैं।

(10) **विज्ञान पत्रकारिता** (Science Journalism) : आज का युग विज्ञान का युग है। हमारे जीवन के रग-रग में आज विज्ञान का प्रवेश हो गया है। हम अपनी छोटी-छोटी आवश्यकताओं के लिए भी विज्ञानाश्रित हो गए हैं। व्यक्ति ही क्या पूरा देश ही अपने विकास के लिए वैज्ञानिक उपलब्धियों का ही कृतज्ञ है। अतः पत्रकार का यह दायित्व हो जाता है कि वह विज्ञान की नवीनतम शोधों-खोजों से आम पाठक का परिचय कराए। वह वैज्ञानिक शब्दावली एवं दुरूहता को बचाते हुए पाठक की वैज्ञानिक उपलब्धियों की उपयोगिता पर अपने पत्र द्वारा प्रकाश डाले।

(11) साहित्यिक-सांस्कृतिक पत्रकारिता (literary-Cultured Journalism) : पत्रकारिता मात्र सूचनाओं को प्राप्त करने का माध्यम नहीं है और न है भारी-भरकम शुद्ध लेखों का संग्रहालय। वह भी साहित्य की सरसता, सात्विकता से अनुप्राणित विधा है। अतः पत्र में विभिन्न साहित्यिक विधाओं को प्रकाशित किया जाना चाहिए। अतः आवश्यक है कि पत्रों में साहित्य की विभिन्न विधाओं, पुस्तक विमोचन, समीक्षा, साहित्यिक गोष्ठियों, संगोष्ठियों एवं कवि सम्मेलन आदि की रिपोर्ट को विस्तार से प्रकाशित किया जाए। साथ ही साथ संगीत-सभाओं, नृत्य समारोहों तथा कला-प्रदर्शनों पर भी पत्र में प्रामाणिकता से उनके प्रस्तुतीकरण पर लिखा जाए। साहित्यिक एवं सांस्कृतिक खबरों से ही पत्र एवं पत्रकार के चरित्र की पहचान होती है। उससे पाठक वर्ग की साहित्यिक-सांस्कृतिक अभिरुचियों का भी पता चलता है। आज व्यावसायिक आग्रह के कारण अच्छे से अच्छा समाचार-पत्र मार-काट, हत्या, हिंसा, अपराध आदि के समाचारों से पटा रहता है। प्रश्न पत्रकारिता की साफगोई और सच्चाई का न होकर राष्ट्रीय जीवन में उसकी भूमिका को लेकर खड़ा हो जाता है। भय, आतंक, निराशा तथा हताशा को प्रस्तुत करनेवाले पत्रकार क्या देश की प्रगति के, रचनात्मक पहल के प्रति अपने कर्तव्य का निर्वाह कर रहे हैं। सभी क्षेत्रों में सीमित साधन सुविधाएँ उपलब्ध होने पर भी इस राष्ट्र के नव-निर्माण का संघर्षशील इतिहास इन्हें इस बात के लिए प्रेरित करता है कि वह अपने पाठकों को विभाजित करनेवाले तथ्यों के बजाय संयोजित करनेवाले तथ्यों से परिचित कराएँ।

कुछ वर्षों से हिन्दी में लघु पत्रिकाओं की बाढ़ आ गई है। व्यावसायिक और बड़ी पत्रिकाएँ प्रायः उदीयमान लेखकों-कवियों को स्थान नहीं देती हैं। अतः अपने लेखन के प्रकाशन, प्रसार एवं प्रचार के लिए हिन्दी में लघुपत्रिकाओं का प्रचलन बढ़ा। प्रारम्भ में इन पत्रिकाओं ने अपनी मूल प्रतिज्ञा का पालन किया परन्तु कालान्तर में लघुपत्रिका भी लेखक-प्रकाशक एवं उसके साहित्यिक गुट तक सीमित रह गयी। और कुछ चतुर छुटभैया लेखक इन पत्रिकाओं का सेतु की तरह इस्तेमाल कर बड़ी पत्रिकाओं में अपने लिए रास्ता बना लेते हैं। ये प्रायः चौबीस पृष्ठों की होती हैं। 'पहल' 'वातायन' तथा 'युग-चेतना' आदि लघु पत्रिकाओं की उपलब्धियों को उनकी अपनी सीमाओं के बावजूद नकारा नहीं जा सकता है।

(ङ) विभिन्न विषयों से अंतःसम्बन्ध

(1) पत्रकारिता और साहित्य : यद्यपि प्रारम्भ में पत्रकारिता और साहित्य के मध्य अंतर-रेखा खींची जाती थी। पर उस समय पत्रकार और साहित्यकार अलग-अलग व्यक्ति नहीं होते थे। पत्रकारिता के प्रारम्भिक चरण में साहित्यकार ही पत्रकार हुआ करते थे और अपनी सम्पत्ति, श्रम तथा प्रतिभा से पत्र-प्रकाशन, सम्पादन तथा

वितरण का कार्य भी किया करते थे। वस्तुतः यह उनकी दृढ़ आत्मशक्ति एवं जुझारू प्रकृति ही थी कि वे पत्रकारिता के दुस्साहसी कार्य में लगे रहते थे। देश की स्वतन्त्रता के लिए जन-जागरण, सामाजिक-बुराइयों के प्रति लोक-जागरण, मातृभाषा के प्रति अत्यधिक लगाव तथा मनोरंजन इन उद्देश्यों को लेकर पत्रकार पत्र-पत्रिकाएँ प्रकाशित करता था। वस्तुतः वही पत्रकारिता उनके लिए 'वन मैन शो' की तरह थी। उनके भीतर अवस्थित साहित्यकार अपनी प्रतिभा तथा रचनाधर्मिता से साहित्य-साधना में भी प्रवृत्त रहता था। विज्ञान के विकास, संचार साधनों की तीव्रतम सेवाओं, मुद्रण की अप्रत्याशित प्रगति ने निरंतर सामग्री की विविधता, अनेक विषयों के समावेश ने 'पत्र' को भी आज आकाशवाणी, दूरदर्शन की उपलब्धता के बावजूद एक आवश्यक सूचना केन्द्र में परिवर्तित कर दिया है। उसमें अब साहित्य हाशिये की चीज़ बनकर रह गया है और कहीं-कहीं तो गम्भीर तो क्या हल्का-फुलका साहित्यिक लेखन भी अखबारों और पत्रिकाओं से गायब होने लगा है। इस प्रकार पत्रकारिता ने साहित्य की दुनिया में अतिक्रमण कर दिया है। यद्यपि कालावधि की दृष्टि से जहाँ साहित्य शाश्वतता का सोपान चढ़ता है वहीं पत्रकारिता समय की दौड़ में क्षणिकता का जीवन जीती है। कदाचित पत्रकारिता की इसी सीमा के कारण मैथ्यू आर्नल्ड ने पत्रकारिता को शीघ्रता में लिखा जानेवाला साहित्य कहा है– (Journalism is the literature in hurry)

सामग्री-चयन की दृष्टि से भी दोनों में काफी फर्क दिखाई देता है। पत्रकार जहाँ देश-विदेश की ताज़ातरीन घटनाओं पर गिद्ध दृष्टि रखता है वहाँ साहित्यकार अंतर्मुखी चेतना से साक्षात्कार करता है; अतएव पत्रकारिता सोच-समझ के साथ पाठक में थ्रिलिंग जगाती है, यही उसकी पत्रकारिता और व्यावसायिक सफलता का राज है। पत्रकारिता पाठकों को घटनाओं के माध्यम से चौंकाती ही नहीं सावधान भी करती है। दोनों के बीच के अंतर को शैली प्रयोग से सहज समझा जा सकता है। साहित्यकार भावोच्छ्वासमयी अलंकृत शैली एवं व्यास शैली को प्राथमिकता देता है। वह अपनी रचना को विविध शिल्पिक उपकरणों से शोभायमान करता है वहीं पत्रकार अलंकारहीन सीधी-सादी भाषा का प्रयोग कर सामान्य पाठक को भी 'वस्तुस्थिति' घटना चक्र तथा उससे अपने सहभागी होने की खबर देता है। इन दोनों के बीच एक रोचक उलटा पिरामिडी अंतर है। साहित्य में चरमावस्था अंत में होती है पर पत्रकारिता में प्रारम्भ में ही चरमावस्था होती है। वही उसका समाचार मूल्य बन जाता है।

जहाँ साहित्यकार एवं पत्रकार में अंतर दृष्टिगत होता है वहाँ उनमें अनेक समानताएँ भी हैं। श्री बालकृष्णराव ने दोनों के अंतःसम्बन्ध को व्यक्त करते हुए लिखा है : "अनाविल दृष्टि, चिंतन-मनन और लेखन में प्रेषणीयता की शक्ति दोनों में होती है।–प्रत्येक पत्रकार अंशतः साहित्यकार भी है, प्रत्येक साहित्यकार

अनिवार्यतः पत्रकार भी।"[23] वस्तुतः दोनों ही लोक-मंगल की भावना से कार्य करते हैं। सत्य, न्याय की स्थापना, अशिव, अनाचार, शोषण तथा दासता से मुक्ति की संघर्ष-गाथा इनका लक्ष्य होता है। सामाजिक सुधार तथा देश-परदेश की घटनाओं के भावी परिणामों से वे अपने पाठकों को अपने ढंग से परिचित कराते हैं। राष्ट्रीय जीवन पर पाठक की क्रिया-प्रतिक्रिया का मूल्यांकन करते हैं। पाठकों के भावांदोलन से वे अपने लिए सामग्री लेते हैं। पं. कमलापति त्रिपाठी ने पत्रकार एवं जगत् के संबंध को अपने ग्रंथ 'पत्र और पत्रकार' में बहुत ही स्वाभाविक रूप से प्रस्तुत किया है : "पत्र वे दर्पण हैं जिनमें पत्रकार, जगत् के स्वरूप को प्रतिबिम्बित कर देता है, पत्र वे पट हैं जिन पर अपनी लेखनी के द्वारा वह संसार को चित्रित कर देता है।"[24]

साहित्यकार एवं पत्रकार की भूमिका वास्तव में परस्पर आश्रित है। संवेदना तथा भावुकता के कारण कई बार साहित्यकार से यथार्थ छूट जाता है। वह कल्पनाविलासी बन जाता है पर पत्रकार को निरन्तर यथार्थ की नियति से गुज़रना पड़ता है। अतः दोनों मिलकर ही पूर्ण जीवन-जगत् का अवलोकन और अंकन कर पाते हैं।

साहित्यिक शोध में पत्रकारिता की अपनी महनीय भूमिका होती है। पत्र-पत्रिकाओं में ऐसी शोध सामग्री बिखरी हुई मिलती है जो साहित्यिक अनुसन्धान में महत्त्वपूर्ण योगदान देती है।

श्री हेरम्ब मिश्र ने साहित्यकार और पत्रकार के आपसी रिश्ते को इन शब्दों में व्यक्त किया है : "सर्वोत्तम पत्रकारिता साहित्य है और सर्वोत्तम साहित्य पत्रकारिता है।" वास्तव में यही रूप दोनों की पहचान और परख का मानक रूप है।

(2) पत्रकारिता और समाज : एक लम्बे समय से समाज संस्कार की परम्परा गृह, गुरु, ग्रंथों एवं सन्तों द्वारा चली आ रही है, उसी परम्परा का विकास हमें कालान्तर में पत्रकारिता के विविध रूपों पत्र-पत्रिकाओं, दूरदर्शन एवं आकाशवाणी में दिखाई देता है। वस्तुतः हिन्दी पत्रकारिता के उद्गम का एक महत्त्वपूर्ण घटक समाज संस्कार ही है। पत्रकारिता के उदयकाल में प्रायः हमारे सभी पत्रकार समाज-सुधारक थे। राष्ट्रीय चेतना के समानान्तर सामाजिक संस्कार के प्रति उस समय की पत्रकारिता प्रतिबद्ध थी। वह समय समाज के उन प्राचीन मूल्यों का प्रतीक था जिसमें रूढ़ियाँ, अनेक बुराइयाँ घर कर गई थीं और हिन्दू समाज नरक का भूगोल बन कर रह गया था। समाज-सुधारक अपने ढंग से कार्य कर ही रहे थे पर साहित्यिक कृति के पत्रकारों ने इसके लिए अपने पत्रों का आश्रय लिया क्योंकि वे इस बात को अच्छी तरह जान गए थे कि समाज का संस्कार किए बिना राष्ट्रीय संकल्प पूरा नहीं किया जा सकता है। पत्रकारिता का अर्थ ही साक्षरता से

जुड़ा हुआ है। वे पत्रों के माध्यम से देश-विदेश तथा अन्य समाजों के व्यवहार-बर्ताव की बातें प्रकाशित कर भारतीय समाज को सुसंस्कृत करने का प्रयत्न करने लगे। उन्होंने जनता में अघोषित-अलिखित रूप से यह समझाने का प्रयास किया कि एक सुसंस्कृत समाज ही कहीं भी सम्मान प्राप्त कर सकता है। व्यक्ति, परिवार की वृहत्तर इकाई समाज अगर जीवन-जगत् के नए मूल्यों को स्वीकार कर लें, रूढ़ियाँ तथा अप्रासंगिक प्रथाओं की केंचुल उतार फेंक कर समसामयिक मानव-मूल्यों को सद्भावना एवं उत्साह से ग्रहण कर लें तो वह समृद्ध बन सकता है।

उस समय हिन्दू समाज में अनेक बुराइयाँ थीं जैसे जातिपाति, अनमेल विवाह, बहुविवाह, बाल विवाह, धार्मिक कर्मकाण्ड, विदेशी भाषा के प्रति प्रेम, अशिक्षा के साथ-साथ अन्धविश्वास, अनमेल विवाह का विरोध आदि ने समाज की जड़ों को खोखला कर दिया था। हमारे पत्रकारों ने उन्हें यह समझाने का प्रयत्न किया कि जब तक सामाजिक बुराइयों को दूर करने की दिशा में हम गतिशील नहीं होंगे तब तक हमारा आर्थिक शोषण होता रहेगा और हमारी स्वतन्त्रता का संकल्प लड़खड़ाता रहेगा। पत्रकारों ने बाल विवाह, अनमेल विवाह तथा बहु विवाह के खिलाफ लिखा। उनके विरोध में अनेक तर्क दिए। स्वास्थ्य, पारिवारिक सौम्यता, पति-पत्नी के बीच के कटु-मधुर संबंधों को केन्द्र में रखकर उन्होंने इन बुराइयों से बचने के लिए समाज को चेताया। इसी प्रकार विधवा का विवाह क्यों होना चाहिए, इस बारे में उन्होंने जबर्दस्त दलीलें दीं। विभिन्न उत्सवों पर होनेवाले अत्यधिक खर्च, रूढ़िग्रस्तता तथा अन्धविश्वास का विरोध यह उनका सामाजिक संस्कार का प्रथम चरण था। आज भी पत्रकार सामाजिक सरोकारों से जुड़ा हुआ है। हालाँकि विषय एवं प्रस्तुतीकरण की दिशा में उसमें काफी परिवर्तन दिखाई देता है। सचित्र, कलात्मक मुद्रण की पत्रिकाएँ जहाँ महिलाओं को चूल्हा-चक्की का रोमांस, स्वेटर के फंदे, नारी की अनेक गोपनीय समस्याओं पर प्रकाश डालती हैं वहाँ समाज में नारी की बदलती स्थिति और हैसियत का लेखा-जोखा भी प्रस्तुत करती हैं। पत्रकारिता पुरुष-स्त्री के समानाधिकार एवं समाजाधिकार की सही अर्थों में वकालत करती है। स्त्री-जीवन की विभिन्न समस्याओं जैसे विवाह संस्था की प्रासंगिकता, अंतर्जातीय विवाह, परिवार नियोजन, धार्मिक ढकोसले, अत्यधिक खर्चीली शिक्षा आदि पर चर्चा-परिचर्चा पत्र-पत्रिकाओं में प्रकाशित होती रहती हैं। समाज की महनीय इकाई के साथ पत्रकार सामाजिकता को उसके वृहत्तर परिवेश में परिभाषित करता है। समाज के दूसरे घटक पुरुष की अपनी परेशानियों में पत्रकार पत्र के माध्यम से राहत देता है। 'वर-वधू चाहिए' से 'मृत्यु' की खबरों को प्रकाशित कर पत्रकार भी अपनी सामाजिक जिम्मेदारी पूरी करता है। समाज में घटित घटनाओं के परिणामों का मूल्यांकन कर पत्रकार समाज की अप्रिय गतिविधियों को नियन्त्रित करने की कोशिश करता है। सत्य की प्रतिष्ठा, अन्याय का विरोध,

समाज के हित में वातावरण बनाना पत्रकारिता को समाज से जोड़ देता है।

बच्चों को भी सामाजिक इकाई के रूप में पत्रकार स्वीकार कर उसे उसकी मानसिक खुराक, सामाजिक संस्कार देनेवाली रचनाएँ प्रकाशित कर उनमें सामाजिक बोध का अंकुरण करता है।

इस प्रकार हम देखते हैं कि पत्रकार समाज के विभिन्न पहलुओं का सिर्फ परिचय ही नहीं देता वरन् जरूरत होने पर उसकी भर्त्सना भी करता है और इस प्रकार वह समाज का सहोदर बन जाता है।

(3) पत्रकारिता और राजनीति : हिन्दी पत्रकारिता राष्ट्र की मुक्ति, समाज सुधार, लोकशिक्षण, मनोरंजन, भाषा-प्रेम तथा लोक कल्याण का संकल्प लेकर चली थी। उसकी यह प्रतिज्ञा अंग्रेज हुकूमत को रास नहीं आई। उन्हें इसके मूल में अपनी भावी पराजय की आहट सुनाई देने लगी। अतः उन्होंने इस पत्रकारिता की भ्रूण हत्या करने के लिए अनेक षड्यन्त्र रचे। उन्होंने ऐसे नियम अधिनियम बनाए जिनसे हिन्दी पत्रकारिता को खतरा हो गया। मसलन, उन्होंने राष्ट्र विरोधी बनाम शासन विरोधी समाचारों के प्रकाशन पर रोक लगा दी। इस तरह की शासन विरोधी कार्यवाही को उन्होंने अप्रत्यक्षतः राजद्रोह करार दिया और हिन्दी पत्रकारिता से संबद्ध लोगों को मौके-बेमौके कारावास का दण्ड दिया जाने लगा। सरकारी समाचारों को देने में भारतीय अखबारों की तुलना में अंग्रेजी समाचार-पत्रों को प्राथमिकता दी जाने लगी। सरकारी खरीद, सरकारी विज्ञापन भी हिन्दी की पत्रिकाओं को प्रायः नहीं दिए जाते थे। प्रेस बन्द करवा देना, छापाखानों को जब्त करवा देना, अखबारी कागज का कोटा कम करना, भारी दण्ड व्यवस्था करना, हिन्दी-उर्दू का विवाद पैदा कर साम्प्रदायिकता का ज़हर फैलाना आदि तरीकों से अंग्रेज शासन ने हिन्दी पत्रकारों का मनोबल तोड़ने का भरसक प्रयास किया पर हिन्दी की नीलकण्ठी पत्रकारिता इस सारे जहर को पीकर भी' जीवित रही और प्रशासन की इस दुरंगी नीति का पर्दाफाश कर जनता को जाग्रत करती रही।

स्वतन्त्रता के बाद पत्रकारिता राजनीतिक हथियार के रूप में प्रयुक्त की जाने लगी। पत्र का प्रकाशन इतना महँगा हो गया कि किसी सामान्य व्यक्ति के लिए पत्रिका निकालना असंभव-सा हो गया। फलस्वरूप धीरे-धीरे मध्यवर्गीय स्वामित्व का उत्साह एक, दो, चार पेजी लघुपत्रिकाओं में सिमट आया। पर दुर्भाग्य से यहाँ भी साहित्यिक सृजन, साहित्यिक समझ उभरते हुए लेखकों के लिए न रह कर पारस्परिक गुटबाजी अथवा व्यक्तिगत द्वेष भाव या शत्रुता को भुनाने का माध्यम बनकर रह गयी।

आज़ादी के पश्चात् पत्र-पत्रिकाएँ प्रायः कुछ घरानों एवं राजनीतिक दलों की बपौती बन कर रह गई हैं। आज इन समाचार-पत्रों में श्रेष्ठिवर्ग अथवा राजनीतिक दलों के ही हित सम्पादन के समाचार होते हैं छपते हैं। ये अखबार जनता को अपने

दल की ओर आकर्षित करने के सभी तरह के हथकण्डे अपना कर वोट बैंक बढ़ाते हैं। विपक्षियों को जनता के सामने धराशायी करने का कार्य भी अब समाचार-पत्रों एवं पत्रिकाओं में प्रमुख समाचार या प्रधान घटना के रूप में उछाला जाने लगा है। आजकल स्कैंडलों का गर्म-गर्म भोजन जनता को परोसा जाता है। इससे पक्ष विशेष की हवा बन जाती है। दूसरी ओर पत्र की प्रसार संख्या बढ़ जाती है। ऐसे पत्र के सम्पादक राष्ट्रहित की शपथ लेकर भी अपने समाचार-पत्रों में प्रमुखतया वही समाचार प्रकाशित करते हैं जिनसे उनके 'स्वामियों' का स्वहित हो। ये अखबार जनहित का सिर्फ मुखौटा ओढ़ते हैं। अच्छा मोटा आकर्षक वेतन, स्वतन्त्र कक्ष तथा कार, फ्लैट आदि सुविधाएँ प्राप्त सम्पादक एक ओर तो अपने मालिकों को प्रसन्न रखने की निरन्तर कोशिश करता है और दूसरी ओर वह सत्ता शिविर को, राजनेताओं, बड़े-बड़े प्रशासनिक अधिकारियों से मेलजोल बढ़ाकर अपना स्वार्थ-साधित करता है। इस प्रकार की सुविधाओं के लिए वह सम्पादक के लिए आवश्यक निर्भीकता, स्वाभिमान एवं विवेक तक का परित्याग कर देता हैं। आज उसके भीतर की त्याग की भावना मर गई है। संघर्ष चेतना को लकवा मार गया है। वह रोबोट (यन्त्र मानव) बनकर रह गया है। यही कारण है कि आज या तो शुद्ध साहित्यिक पत्र-पत्रिकाएँ बन्द होती जा रही हैं, अथवा बन्द होने के कगार पर हैं अथवा वे अब 'पोपुलर', पत्रिकाएँ बन गई हैं। श्रेष्ठिवर्ग से समझौता न करनेवाले सम्पादकों को आज किसी बहाने सेवामुक्त कर दिया जाता है। मानसिक यन्त्रणाओं से ऐसा सम्पादक स्वयं ही अखबार को छोड़ देने पर मज़बूर हो जाता है। लोक-कल्याण और लोक-मंगल के वाहक सम्पादक को थैलीशाहों अथवा राजनीतिज्ञों से प्रायः यही पुरस्कार मिलता है।

सत्ता शिविर से संघर्ष का परिणाम होता है—अखबारी कोटा में भारी कटौती, सरकारी विज्ञापन एवं खरीदी सेंसरशिप तथा कुछ मुकदमे आदि। पत्र-मालिक का मनोबल तोड़ देने के लिए काफी होता है। वह चुपचाप राजनीति को समर्पण कर देता है और इरा प्रकार पत्रकारिता की तेजस्विता एवं प्रखरता का वध कर दिया जाता है। सन् 1975 में लगाए गए आपातकाल में पत्र उस खूबसूरत स्त्री की तरह हो गए थे जो नयनरम्य तो थी पर गूंगी थी। जनता को सही खरी ख़बरों से वंचित रखना, घटना-प्रसंग पर सम्पादक के निर्भीक विश्लेषण से एलर्जी होना राजनीति के घिनौने खेल का परिचायक है। पीली पत्रकारिता एवं नीली पत्रकारिता को हवा देकर सत्ता की राजनीति सामान्य व्यक्ति को उसकी सही तेजाबी समस्याओं के हवाले से ध्यान बँटवा देती है। जनता के सोच को विकृतियों और मनोविकारों से भर देती है। सरकारी पत्र-पत्रिकाएँ भी मात्र सरकारी नीति का प्रचार-प्रसार करती हैं और सरकार की असफलताओं को छिपाती हैं। निरन्तर दलीय शासन के दौरान देश के विकास के सुनहले चित्र खींचे जाते हैं। जनता को यह समझाने की कोशिश

की जाती है कि इसी दल की सरकार द्वारा भविष्य में भी देश की प्रगति होगी।

स्वतन्त्र पत्रकारिता को निरन्तर राजनीति से अवरोध तथा असहयोग मिलने पर भी अभी कुछ ऐसे जुझारू पत्रकार हैं जो सांसद अथवा थैलीशाहों की खुशामद करने के बजाय मौका पड़ने पर उनसे दो-दो हाथ करने को तैयार रहते हैं और न्यायालयों के समान विश्लेषण और बिवेक का परिचय देते हैं। हिन्दी पत्रकारिता के लिए यही अन्तिम आशा है।

(च) आदर्श पत्रकारिता एवं व्यावसायिक पत्रकारिता

हिन्दी पत्रकारिता राष्ट्रीयता की कोख में पली सामाजिक-धार्मिक रूढ़ियों, आडम्बरों के खिलाफ लड़ती रही। ध्येय की दृष्टि से लोकहित, लोक कल्याण उसका प्रमुख लक्ष्य रहा। वह जनता को शिक्षित करने का सर्वसुलभ और सशक्त माध्यम बनी। राष्ट्रीयता की ओजस्विता सामाजिक सुधार, धार्मिक आडम्बरों के विरुद्ध लोक जागरण का पैना हथियार बनी। और साथ ही साथ उसने अपने पाठकों के मनोरंजन पक्ष का भी पूरा-पूरा खयाल रखा। स्वातन्त्र्योत्तर युग में पत्रकारिता के मानक तो यही रहे पर उनका सन्दर्भ तथा अर्थ बदलता चला गया है। स्वतन्त्रतापूर्व राजनीति और पत्रकारिता प्रकाशन दोनों मुफलिसी के ही दूसरे नाम थे। पत्र-पत्रिकाएँ भारतीय मानस को राष्ट्रीयता का सबक सिखाती थीं। सामाजिक एवं धार्मिक सुधारों के लिए शिक्षित एवं प्रेरित करती थीं, और स्वतन्त्रता के महासागर में तनावों के मकड़ जाल तथा विदेशी आर्थिक शोषण के आक्टोपस के बीच मनोरंजन के क्षण जुटाकर यह भारतीयों को पूर्ण स्वतन्त्रता के संकल्प से संबद्ध रखती थीं। उस समय पत्रकार पत्र को 'मिशन' बनाकर चलता था। वाक् स्वतन्त्रता, राष्ट्र की स्वतन्त्रता उनके अंतिम लक्ष्य थे। इसके लिए वे जेल जाते थे, कारावास भोगते थे। विदेशी सरकार उनके प्रेसों को जब्त कर लेती थी। समाचार-पत्रों की ग्राहक संख्या भी बहुत कम थी। कुल मिलाकर यह अत्यधिक नुकसान का सौदा था परन्तु पत्रकार सबकुछ सहकर भी देश की स्वतंत्रता के लिए वचनबद्ध था। किन्तु आज़ादी के बाद सारा दृश्यबन्ध ही बदल गया। "राजनीति का उद्देश्य सत्ता प्राप्त करना और उस पर टिके रहना हो गया तो दूसरी ओर पत्र प्रकाशन एक लाभकारी उद्योग बन गया। आज़ादी के पूर्व उद्योगपति केवल लाभ की दृष्टि से अखबार नहीं निकालता था। लाभ उसे दूसरे उद्योगों या व्यापार से होता था। अब पत्र प्रकाशन अपने आप में फायदे का काम हो गया था, समाचार-पत्र के माध्यम से जनमत और सरकार पर प्रभाव डालने की ताकत आर्थिक लाभ से कहीं अधिक महत्त्वपूर्ण और उसके दूसरे व्यवसाय के लिए सहायक हो गई। पत्रकारों का वेतन और सुविधाएँ बढ़ीं पर राजनीतिज्ञ की तरह पत्रकार का भी निहित स्वार्थ यथास्थिति बनाये रखना हो गया। अगर वह ऐसा न करे तो मालिक के रोष का डर था।"[25]

सरकार अगर त्रिभुज की एक भुजा है तो पत्र और पत्रकार उसकी दूसरी भुजा। ये भुजाएँ जिस तीसरी भुजा के आधार पर टिकी हैं वह है जनता। पर वे दोनों भुजाएँ इस आधार को अक्सर भुला देती हैं।

इस प्रकार हम देखते हैं कि अगर हमारे राजनीतिज्ञ संकल्पच्युत हो गए हैं तो वहीं पत्रकारों ने भी अपनी प्रतिज्ञाएँ खण्डित कर ली हैं। राजनीतिक दबावों, सुविधाओं तथा पत्रों के स्वामियों से मिलती प्रलोभनों की दावतों से पत्रकार आज स्खलित हो गया है। "प्रायः पत्रकार के लिए आज पत्रकारिता अपने स्वार्थ एवं महत्त्वाकांक्षाओं की सम्पूर्ति की जबर्दस्त सीढ़ियाँ बन गई है। पत्रकारिता आज राजनीतिज्ञ, जनता एवं कुबेरों का दोहन का सिद्धि मन्त्र बन गई है। और पत्रकारिता का अपने हित में इस्तेमाल करना राजनेताओं तथा पूँजीपतियों का व्यावसायिक पेशेवर दाँवपेंच हो गया है।"[26] ऐसे खौफ़नाक समय में आदर्श पत्रकारिता के स्वरूप एवं संदर्भ के बारे में भारत के भूतपूर्व मुख्य न्यायाधीश श्री के सुब्बाराव के विचार पथ प्रशस्त कर सकते हैं। उन्होंने पत्रकार नन्दकिशोर त्रिखा की पुस्तक 'समाचार संकलन और लेखन' में आदर्श पत्रकारिता के बारे में अपनी मान्यताएँ स्पष्ट करते हुए लिखा है :[27]

1. शासन और शक्तिमान पूँजीपतियों के हाथ की कठपुतली न बनें।
2. तथ्यों को सही-सही प्रकाशित करें और विचार प्रकट करते समय पक्षपात न करें।
3. वे सर्वसाधारण को वैधानिक, राजनीतिक, आर्थिक और सामाजिक समस्याओं के विषय में प्रबुद्ध करने के लिए ईमानदारी से प्रयास करें और इस प्रकार प्रभावकारी लोकमत तैयार करें।
4. वे न्यायालयों का व्यक्तित्व प्रतिबिंबित करने का प्रयास करें क्योंकि अंततः न्यायालय ही विधि-व्यवस्था के संरक्षक हैं। विधिव्यवस्था अथवा कानून बनाए रखने में शासन और प्रेस, ये दोनों एक-दूसरे के लिए कार्य करते हैं। प्रेस की स्वतन्त्रता की रक्षा कानून करता है, बदले में कानून की मर्यादा प्रेस कायम रखता है।

संक्षेप में कहा जा सकता है कि समाज की विकृतियों के परिष्करण, जन सामान्य को उसके कर्तव्यों और अधिकारों की जानकारी, देश और समाज के हित में जनमत को तैयार करना, राजभाषा हिन्दी के प्रसार आदि के आदर्श हैं जो पत्रकारिता को जीवन के अस्वस्थकारी मूल्यों से मुक्त कर उसे आदर्श का आलोकधन्वा बनाते हैं।

इनके अलावा आदर्श पत्रकारिता के लिए पत्रकार की नीयत साफ़ होनी चाहिए और उसे निर्भय होना चाहिए। आजकल जहाँ-तहाँ पत्रकारों को अपमानित किया जाता है, उनसे हाथापाई की जाती है और कभी-कभी तो उसे मौत के घाट

उतार दिया जाता है। ऐसी मारक स्थिति से पत्रकार को भयभीत नहीं होना चाहिए पर साहस के साथ अप्रिय, अस्वस्थकारी प्रवृत्तियों के प्रति अपनी बात रखनी चाहिए और जनमत को इनके खिलाफ तैयार करना चाहिए। इसी प्रकार उसे विज्ञापनों के पीछे नहीं भागना चाहिए और न समधर्मी पत्र-पत्रिकाओं के साथ स्पर्धामक रुख अपनाना चाहिए और इस व्यावसायिक प्रतियोगिता में अपनी पत्रिका का स्तर नहीं 'गिराना' चाहिए। अखबारी कागज की कमी के लिए प्रबन्धन को विकल्प खोजने पर पत्रकार को विवश करना चाहिए। पत्रकारों को मुद्रण की नई टेकनीक तथा समाचार प्राप्ति के लिए उपलब्ध नवीनतम अभिकरणों एवं साधनों की भी पर्याप्त जानकारी होनी चाहिए और उनका प्रयोग कर अपने पत्र अथवा पत्रिका को नयनरम्य मुखपृष्ठ तथा पत्र-पत्रिका के अन्दर के पृष्ठों को भी रंगीन तथा चित्रों से आकर्षण बनाने में दिलचस्पी लेनी चाहिए। आदर्श पत्रकारिता के लिए राष्ट्रीय पत्रकार संघ के घोषणा पत्र (देखिए 'आचार संहिता') के सुझावों का पालन करना आवश्यक है। राजनीतिज्ञों एवं पत्र स्वामियों के दबावों से मुक्त नयी तकनीक से संपन्न, व्यक्तिगत लाभों से अनासक्त, आत्म नियन्त्रण से परिचालित, ईमानदाराना सोच, जनमत के हितों की निर्भीक संरक्षिका होती है आदर्श पत्रकारिता। राष्ट्रभाषा संघीय राजभाषा की पक्षधरता पत्रकारिता को आदर्श के नए आयाम देती है और साथ ही साथ आदर्श पत्रकारिता पीली या नीली पत्रकारिता एवं सस्ते मनोरंजन से परहेज करती है। कविवर गोपालसिंह नेपाली ने लेखकों के धर्म के बारे में लिखा है : ''मेरा धन है स्वाधीन कलम''। यह बात आदर्श पत्रकारिता पर भी लागू होती है।

(छ) स्वतन्त्र पत्रकारिता बनाम प्रतिबन्धित पत्रकारिता

आज समाचार-पत्रों के नीति निर्धारण एवं समाचार मूल्यों के सन्दर्भ में स्वतन्त्रता शब्द चर्चास्पद हो गया है। आज समाचार-पत्र का प्रकाशन अत्यधिक खर्चीला व्यवसाय हो गया है। वह किसी मध्यमवर्गीय व्यक्ति के वश का कार्य नहीं रहा। यह आज अति व्ययसाध्य हो गया है और इसे व्यवसाय के रूप में ही अपनाया जाकर पूँजी निवेश किया जाता है। आजकल पत्र या तो पूँजीपति घराने चलाते हैं अथवा राजनीतिक दल। दोनों में एक अलिखित समझौता है। सत्ता पक्ष शिक्षित घरानों के अखबारों को ज्यादा से ज्यादा कागज, कोटा और विज्ञापन देता है। बदले में ये अखबार गैर-राजनीतिक दल की हैसियत से किसी विशिष्ट राजनीतिक दल का अधिकाधिक प्रचार करते हैं। इसी प्रकार राजनीतिक दलों के अखबार विपक्ष को धराशायी करने का मिशन चलाकर जनता में समाचार-पत्र के संचालक राजनीतिक दल की स्वच्छ लोकमंगलकारी प्रजातान्त्रिक छवि पेश करने का झूठा लबादा ओढ़ते हैं। इसी प्रकार राजनीतिक दलों को चुनाव खर्च एवं समाचार-पत्र

व्यय के लिए धनिकों का मुखापेक्षी बनना पड़ता है। अतः ऐसे अखबार इन अर्थपतियों के खिलाफ कोई सूचना उसके महत्त्व की गुणवत्ता में नहीं देना चाहता है। इन दोनों वर्गों के बीच के इस खतरनाक समझौते से सर्वाधिक प्रभावित होते हैं– स्वतन्त्रचिन्तक प्रबुद्ध बुद्धिजीवी पत्रकार। बस, उन्हें एक अच्छे आकर्षक वेतन और तमाम सुविधाओं के बदले अपने चिंतन और सोच को गिरवी रखना पड़ता है। उसे अखबारों में वही लिखना और छापना पड़ता है जो समाचार-पत्र के स्वामी की नीति के अनुकूल हो। यहीं पत्रकारिता अपनी स्वतन्त्रता का अर्थ खो देती है। पत्रकारिता के संदर्भ में स्वतंत्रता प्रतिबन्धन का विरोधधर्मी शब्द है। सभी तरह के नियन्त्रण तथा हस्तक्षेप का होना। अर्थात् पत्र की ही नीति का अनुसरण जिस अख़बार में हो, उसमें अपने मालिक की हितरक्षा प्रधान हो, ऐसे समाचार-पत्रों को लोकमंगल, समाजसुधार एवं राष्ट्रीयता की भावनाएँ सम्पादक को वहीं तक स्वीकार्य होती हैं जहाँ तक वे समाचार-पत्रों के संचालकों को रास आती हैं। यह स्थिति पत्रकारिता की स्वतन्त्रता के लिए स्वास्थ्य की नहीं रुग्णता की प्रतीक है। ऐसी पत्रकारिता में सम्पादक नए जीवन मूल्यों, नई जीवन पद्धति, बदलती आर्थिक परिस्थितियाँ, इतिहास भूगोल की करवटों से अनदेखा कर जाता है। हमारे संविधान में भी वाक् और अभिव्यक्ति की स्वतन्त्रता दी गई है, परन्तु पत्र संचालकों की नीति ही आज पत्रकारिता की स्वतन्त्रता और वाक् की स्वतन्त्रता का मज़ाक बन कर रह गई है। यह भी एक प्रकार से प्रतिबन्धित पत्रकारिता का ही उदाहरण है। यह प्रतिबन्धित पत्रकारिता संसदीय कानूनों में भी अपना रास्ता तलाश लेती है। संविधान में कुछ प्रमुख धाराओं का प्रावधान प्रतिबन्धित पत्रकारिता को उत्साहित करता है। अवमान लेखन, अपवचन, मानहानि, न्यायालय की अवमानना, सदाचार एवं नैतिकता का उल्लंघन, स्वराज्य सुरक्षा एवं विद्रोह, हिंसा को प्रोत्साहन आदि संवैधानिक रूप से पत्रकारिता को प्रतिबन्धित करते हैं। आपात स्थिति में पत्रकारों एवं समाचार-पत्रों को प्रतिबन्धित कर दिया था। राष्ट्रीय सुरक्षा के नाम पर अभिव्यक्ति और वाक् की स्वतन्त्रता को खारिज कर दिया गया था। स्वतन्त्रता आन्दोलन के समय जब अंग्रेजों ने एक या दूसरे बहाने हिन्दी समाचार-पत्रों को प्रतिबन्धित कर दिया था, तब रणभेरी, रणचण्डिका, ज्वालामुखी आदि पत्रिकाओं ने आज़ादी के आन्दोलन को जिन्दा रखा था। वस्तुतः व्यावसायिक एवं प्रतिबन्धित पत्रकारिता पत्रकारिता की मृत्यु का शोक गीत है।

सन्दर्भ

1. अंबिकाप्रसाद वाजपेयी : समाचार पत्र कला, पृ. 33
2. श्री राजेन्द्र : संवाद और संवाददाता, पृ. 15
3. प्रेमनारायण चतुर्वेदी : समाचार संकलन, पृ. 16-17

4. डॉ. सुशीला जोशी : हिन्दी पत्रकारिता : विकास और विविध आयाम, पृ. 10
5. मानचेस्टर गार्डियन
6. पं. रामचन्द्र तिवारी : पत्रकारिता के विविध आयाम से उद्धृत, पृ. 54
7. विष्णुदत्त शुक्ल : पत्रकार कला, पृ.1
8. पं. रामचंद्र तिवारी : पत्रकारिता के विविध आयाम, पृ. 59
9. डॉ. रमेशचन्द्र जैन : हिन्दी पत्रकारिता का आलोचनात्मक इतिहास
10. टी.एच.एस. स्कॉट : चैम्बर्स डिक्शनरी
11. एफ. जे. मैन्सफील्ड
12. डॉ.वेद प्रताप वैदिक : राजस्थान विश्वविद्यालय के पत्रकारिता विभाग सम्पर्क शिविर के संभाषण समारोह 3 सितं. 86 को दिया गया वक्तव्य।
13. डॉ. रमेशकुमार जैन : हिन्दी पत्रकारिता का आलोचनात्मक इतिहास
14. डॉ. रामचंद्र तिवारी : पत्रकारिता के विविध आयाम, पृ. 56
15. प्रभाष जोशी : दिनमान 10-16 मार्च, 1985, उद्देश्यपरक पत्रकारिता
16. जैम्स मैकडोनाल : डॉ. अर्जुन तिवारी, आधुनिक पत्रकारिता से उद्धृत
17. डॉ. अर्जुन तिवारी : आधुनिक पत्रकारिता, पृ. 29
18. डॉ. रामचंद्र तिवारी : पत्रकारिता के विविध रूप, पृ. 61-62
19. डॉ. संजय भानावत : पत्रकारिता के विविध परिदृश्य, पृ.4
20. राजेन्द्र : संवाद और संवाददाता, पृ. 126
21. नन्दकिशोर त्रिखा : समाचार संकलन और लेखन, पृ. 145
22. डॉ. संजय भानावत : पत्रकारिता के विविध परिदृश्य, पृ. 7
23. बालकृष्णराव : माध्यम वर्ष 1, अंक 11
24. पं. कमलापति त्रिपाठी, पुरुषोत्तमदास टण्डन : पत्र और पत्रकार
25. काशीनाथ गोविंद जोगलेकर : पत्र, पत्रकार और सरकार, पृ. 4
26. वही, पृ. 4-5
27. नन्दकिशोर त्रिखा : समाचार संकलन और लेखन, पृ. 11

द्वितीय अध्याय

हिन्दी पत्रकारिता : एक ऐतिहासिक परिदृश्य

समाचार-पत्र जन संचार माध्यमों में अपना विशिष्ट स्थान रखता है, परन्तु पहले का समाचार-पत्र अपने प्रारम्भिक काल में अपने लक्ष्य एवं स्वरूप दोनों में वर्तमान समाचार-पत्र से कोई साम्य नहीं रखता।

भारतवर्ष में सर्वप्रथम चौपालों, पनघटों, मंडियों में समाचारों का आदान-प्रदान किया जाता था। डुगडुगी बजाकर मुनादी सुनाने की प्रथा थी। कभी-कभार आज भी इस प्रथा के अवशेष विज्ञापन वगैरह के प्रचार-प्रसार के सन्दर्भ में मिल जाते हैं। ओ भाई ओ बाबू, ओ लाला, सुनो-सुनो क्या कहता है मुनादी वाला।[1] राजकीय सूचनाओं आदेशों को जनता तक पहुँचाने के लिए हाथी-घोड़े पर नक्कारा बजा कर भी की जाती थी। कभी-कभी देवालयों में भी महत्त्वपूर्ण घोषणाएँ की जाती थीं। किसी-किसी सम्राट् ने शिलालेखों तथा स्तम्भों पर भी समाचार उत्कीर्ण कराए थे।[2]

जब मनुष्य अपनी अभिव्यक्ति भाषा में करने लगा तब वह कबीलों की बैठकों, धर्म सम्मेलनों, गेले ठेले में विचार-विमर्श करने लगा। उल्लेख मिलता है कि मौर्यकाल में समाचारों के संग्रह तथा प्रसार की अपनी व्यवस्था थी क्योंकि तब समाचारों का संबंध श्रेष्ठिवर्ग, राजतन्त्र के उच्च पदाधिकारियों, सेनानायकों के साथ हुआ करता था। जन-साधारण को उन समाचारों को ही बतलाया जाता था जितना कि उन्हें जानना उचित समझा जाता था। प्राचीन भारत के महान् कूटनीतिज्ञ चाणक्य ने राजा चन्द्रगुप्त मौर्य को सलाह दी थी कि राज्य में क्या हो रहा है यह जानने के लिए कार्य-कुशल गुप्तचरों को रखें।[3] महान् अशोक ने इस कार्य को करने के लिए शिलालेखों तथा गुप्तचरों का प्रयोग किया।[4]

मुगलकाल में भी बादशाहों ने अपनी निरंकुशता, असहिष्णुता तथा क्रूरता को

सुरक्षित रखने के लिए एक न्यूज लेटर संस्था विकसित की। इनसे संबद्ध वाक़िआनवीसों को प्रत्येक जिले में नियुक्त किया जाता था और उनकी रिपोर्ट के आधार पर निर्णय लिए जाते थे और इम्पीरियल नीतियाँ निर्धारित की जाती थीं।[5] शाहजहाँ ने आगरे के मुहर्रम के दरबार में कहा था कि अखबार पढ़ कर पता चलता है कि इलाहाबाद की हिन्दू प्रजा में विद्रोह के लक्षण दीख पड़ते हैं।[6] आखिरी मुगल बहादुरशाह के ज़माने में हस्तलिखित सिराज उल अखबार निकलता था। अवध के नवाबों के यहाँ भी अखबारनवीस हुआ करते थे। किन्तु ये सभी समाचार संग्राहक शासन के कलपुर्जे थे। उनका कार्य शासक तथा प्रशासन से जनमानस की भावनाएँ तथा बाहरी शक्तियों के षड्यन्त्रों को सूचित करना था। मुगलों का अन्तिम उर्दू अखबार दरबारी डायरी था यह 1857 तक चला। मुगलकाल में 'फरमान' 'दस्तक' परवाना एकाउंट पेपर तथा बिक्रीनामा पत्र के विभिन्न रूप प्रचलित थे।[7]

छत्रपति शिवाजी तथा नाना फड़नवीस राजपूत, सिख तथा मराठा दरबार में भी समाचार लेखक रहते थे। प्रत्येक जिले में उनके वाक़िआनवीस हुआ करते थे सिर्फ भारत में ही नहीं रोम में पढ़े-लिखे गुलामों से भी संवाद पत्र लिखाए जाते थे। उसमें देश की परिस्थितियों का चित्रण हुआ करता था। ऐसा उल्लेख भी मिला है। सप्ताह में एक बार वाक़िआनवीसों तथा खुफियानवीसों को सप्ताह भर की घटनाओं, मामलों, षड्यन्त्रों, रहस्यों की खबरें देनी पड़ती थीं। परन्तु आज जिस अर्थ से और सन्दर्भ में समाचार-पत्र को सम्बोधित किया जाता है उस अर्थ में ये प्राचीन समाचार-पत्र खरे नहीं उतरते। न तो इनमें जन-जागरण का स्वर सुनाई देता था और न लोक मंगल का लक्ष्य ही दृष्टिगत होता था। आम आदमी के सुख-दुख से भी इनका वास्ता नहीं था। देश-विदेश की घटनाओं का विश्लेषण एवं प्रस्तुतीकरण भी इनमें नहीं मिलता। जीवन के विविध क्षेत्रों गतिविधियों के प्रति भी ये उदासीन लगते हैं। वे तो मात्र राजा-महाराजाओं, श्रेष्ठि वर्ग तथा राजकीय उच्च पदाधिकारियों की सुरक्षा तथा सतर्कता के कवच जैसे थे।[8] ये हस्तलिखित होते थे। न तो इनकी प्रकाशन अवधि निश्चित होती थी। कारण कदाचित् भारत में यूरोपियन समाज का कम होना था और इंग्लैण्ड के पत्रों में प्रकाशित समाचारों से ही काम चल जाता था। कम बस्ती होने से महत्त्वपूर्ण सूचनाएँ भी हर यूरोपियन से दूसरे यूरोपियन तक पहुँचा देना सरल था। इसी कारण उन्हें भारत में समाचार-पत्र की अलग से आवश्यकता महसूस नहीं हुई। परन्तु पत्रकार दूसरों के पत्रों एवं समाचारों का मोहताज नहीं होता है। जैसे ही उसे साधन सुविधाएँ मिलती हैं, वह पत्र-प्रकाशन के लिए प्रयत्नशील हो उठता है। भारत में प्रकाशित होनेवाले अंग्रेजों के अखबार इसका अपवाद नहीं हैं। भारत में सन् 1766 में अंग्रेजी पत्रकारिता के बीज दिखाई देते हैं।

भारतीय पत्रकारिता के इतिहास के आदि पत्रकार विलियम बोल्टस ने

काउंसिल हाउस इन कलकत्ता के द्वार पर एक नोट्स लगवाया कि मेरे पास मेनुस्क्रिप्ट में कई चीज़ें देने लायक हैं जो व्यक्ति विशेष से सम्बन्धित हैं...जिसको दिलचस्पी हो वह प्रातः 10 बजे से 1 बजे तक बोल्ट हाउस में आए। इस सूचना से अंग्रेजी कम्पनी बौखला गई। उसे अच्छी-खासी नौकरी छोड़नी पड़ी। उसने एक समाचार प्रकाशन के लिए अनुमति माँगी, पर उसे अस्वीकार कर दिया गया और एक दिन जबर्दस्ती ब्रिटेन जानेवाले पानी के जहाज में बैठा दिया गया।[9]

भारत में पत्रकारिता के जन्मदाता हिकी हैं। सन् 1780 में कलकत्ता में प्रेस खुला और 29 जनवरी, 1780 से कलकत्ता जरनल एडवाइजर हिकी गजट प्रकाशित हुआ। हिकी ने पहले अंक में ही अपने पत्र की नीति एवं अपनी पत्रकारिता की निर्भयता को प्रकट कर दिया। यह राजनीतिक और आर्थिक विषयों का साप्ताहिक है और इसका संबंध हर दल से है पर यह किसी दल के प्रभाव में नहीं आएगा। इस पत्र में ईस्ट इंडिया कम्पनी की राजनीतिक धाँधलियों, कम्पनी के कर्मचारियों तथा गवर्नर जनरल वारेन हैस्टिंग्स तथा अन्य की आलोचना शुरू कर दी। इस विद्रोही तेवर का उन्हें मूल्य भी चुकाना पड़ा। उन्हें बंगाल छोड़ कर जाना पड़ा।[10]

अतः कहा जा सकता है कि शिलालेखी, स्तम्भीय, हस्तलिखित समाचार एक विशिष्ट वर्ग की आवश्यकता के प्रतीक हो सकते हैं परन्तु वे आधुनिक युग के समाचारों-पत्रों से जो अर्थ, आशय एवं अभिप्राय ग्रहण करते हैं, उनमें उनका पूर्णतया अभाव है। अतः उपर्युक्त सभी समाचार-पत्रों के ये विविध प्रकार खरे नहीं उतरते हैं। आज के समाचार-पत्रों का संबंध सामान्य जनता से होता है। उसका समाचार क्षेत्र देश से विदेश तक विस्तृत है। उसका प्रकाशन नियत अवधि पर होता है। वह हस्तलिखित नहीं, परन्तु मुद्रित होता है।

भारतवर्ष में आधुनिक अर्थ में पत्रकारिता का विकास विभिन्न चरणों में हुआ और सर्वाधिक मुद्रित अखबार प्रकाशित हुए। सर्वप्रथम इस देश में आधुनिकता के जनक अंग्रेजों ने ही प्रेस स्थापना के बाद पत्रकारिता के क्षेत्र में कदम रखा। पर उनकी भाषा विदेशी अर्थात् अंग्रेजी थी। तत्पश्चात् दो भाषाओं अंग्रेजी तथा मातृभाषा अथवा हिन्दी में समाचार-पत्र प्रकाशित होने लगे। किसी-किसी पत्रकार-प्रकाशक ने अंग्रेजी, हिन्दी तथा मातृभाषा इन भाषाओं में समाचार-पत्रों का प्रकाशन किया। कालान्तर में भारतीय भाषाओं में पत्र प्रकाशित होने लगे। एकमात्र हिन्दी में भी समाचार-पत्र निकलने लगे। इस प्रकार हम देखते हैं कि इस देश में पत्रकारिता के विकास-विस्तार के निम्नलिखित चरण हैं :

(1) अंग्रेजी पत्र
(2) अंग्रेजी तथा भारतीय भाषा के पत्र
(3) भारतीय भाषाओं के पत्र
(4) हिन्दी के पत्र

अंग्रेजी पत्र : यद्यपि अंग्रेजों से पूर्व इस देश में पुर्तगालियों तथा डेनमार्क के पादरियों ने प्रेस खोले थे। (एकाध भारतीय ने भी प्रेस खोलने की अनुमति माँगी थी) परन्तु उनका लक्ष्य ईसाई-धर्म का प्रचार रखा था। अंग्रेजों ने सन् 1772 में पहला मुद्रणालय मद्रास में स्थापित किया। सन् 1779 में उन्होंने दूसरा प्रेस खोला। पर फिर भी कोई समाचार-पत्र प्रकाशित नहीं हुआ। इसका कारण कदाचित् भारत में यूरोपियन समाज का कम होना या इंग्लैण्ड के पत्रों में प्रकाशित समाचार-पत्रों से ही काम चल जाता था। सन् 1785 में मद्रास से रिचर्ड्स ने 'मद्रास कैरियर' (राजकीय मान्यता प्राप्त), सन् 1795 में 'साप्ताहिक मद्रास गजट' तथा विलियम ने साप्ताहिक 'मद्रास कूरियर इंग्लैण्ड' प्रकाशित किया। उसे गिरफ्तार कर इंग्लैण्ड भेज दिया गया। बम्बई प्रेसिडेंसी से 1789 में 'बम्बई हैराल्ड' प्रकाशित हुआ।

परन्तु सरकारी अनुग्रह पर पलने-चलनेवाले अखबार ब्रिटिश संसद और इंग्लैण्ड की सूचनाएँ प्रकाशित करते थे और भारत की सामाजिक, आर्थिक परिस्थितियों के प्रति उदासीन थे। विलियम बोल्ट तथा हिकी ने यहाँ भारतीयों के शोषण के विरुद्ध आवाज उठाई। कम्पनी के ब्रिटिश पदाधिकारियों के भ्रष्टाचार और भारतीयों के प्रति उनके दुर्व्यवहार को उन्होंने अपने समाचारों में महत्त्वपूर्ण स्थान दिया था।

भारतीय भाषाओं के समाचार-पत्र : भारतीय समाचार-पत्र से तात्पर्य है ऐसा अखबार जिसमें भारत के बारे में समाचार हो। सन् 1816 में प्रथम भारतीय पत्र अंग्रेजी साप्ताहिक 'बंगाल गजट' गंगाधर भट्टाचार्य ने प्रकाशित कराया। सन् 1818 में जॉन वर्टन तथा जेम्स मैकनीज ने 'गार्जियन' साप्ताहिक प्रकाशित किया इसके सम्पादक एवं प्रकाशक दोनों अंग्रेज थे। सन् 1817 में स्वदेशी भाषा में पहला पत्र 'दिग्दर्शन' प्रकाशित हुआ। इसे श्रीरामपुर हुबली (बंगला) की वैपिस्ट मिशनरीज प्रकाशित करती थी। इस पत्र में शिक्षा एवं पत्रकारिता को महत्त्व नहीं दिया गया था। इसके माध्यम से ईसाई धर्म का प्रचार-प्रसार करना उनका लक्ष्य था। तत्पश्चात् 'बंगाल गजट' तथा 'समाज दर्पण' श्री गंगाधर भट्टाचार्य के सम्पादन में प्रकाशित हुए। इसके प्रकाशक हरचन्द्रराय थे। अंग्रेजी भाषा की एक मासिकी 'फ्रेण्ड ऑफ इण्डिया' का प्रकाशन भी हुआ। बेटिंधम तथा राजा राममोहन राय ने अंग्रेजी भाषा में उदारतावादी स्वतन्त्र विचारों का पत्र 'कैलकटा जरनल' प्रारम्भ किया। दूसरे प्रभाव को कम करने के लिए सन् 1821 में 'जानवुल' नामक सरकारी पत्र का प्रकाशन हुआ।

भारतीय पत्रकारिता का अध्याय भारतीयों के संयोजक एवं सम्पादकत्व में पत्र प्रकाशित होनेवाले पत्रों से खुला। इस पत्रकारिता का श्रेय राजा राममोहन राय को जाता है। सन् 1822 में बंगला में 'संवाद कौमुदी' भवानी चरण बनर्जी ने सामाजिक बुराइयों, सती प्रथा को समाप्त करने के लिए निकाली। बाद में इसे राजा

राममोहन राय ने ले लिया। राजा राममोहन राय ने ईसाई मिशनरियों के खोखले दावों और आरोपों का निरसन करने के लिए 'ब्रह्मानिकल' मैगजीन को प्रकाशित किया। राजा साहब ने अपने विचारों को व्यापकतर बनाने के लिए फारसी में 'मीरत उल अखबार' प्रकाशित किया परन्तु सरकारी दमन के कारण सन् 1823 में इसे बन्द कर देना पड़ा। सन् 1822 में राजा साहब की प्रेरणा एवं प्रयत्नों से 'जाम-ए-नामा' तथा 'शम्स उल अखबार' निकले। बम्बई में इसी वर्ष गुजराती भाषा में 'मुम्बई समाचार' साप्ताहिक प्रकाशित हुआ। सन् 1825 में फ्रेमिस वार्डन ने 'बम्बई गजट' तथा 'बम्बई केरियर' पत्र निकाले।

प्रथम हिन्दी पत्र उदन्त मार्तण्ड पं. जुगलकिशोर शुक्ल ने सन् 1816 में निकाला। सन् 1829 में राजा राममोहन राय ने 'बंगाल हेराल्ड' अंग्रेजी साप्ताहिक प्रारम्भ किया और 'बंगदूत' नीलरतन हलदार के सम्पादन में शुरू करवाया। इसी समय प्रसन्न कुमार ने 'रिफार्मर' नामक अखबार निकाला जो जल्दी ही लोकप्रिय हो गया और बंगाल का प्रमुख पत्र बन गया। भवानीप्रसाद भट्टाचार्य ने सामाजिक रूढ़ियों, कुरीतियों एवं सती प्रथा को खत्म तथा प्रतिक्रियावादी शक्तियों का प्रतिरोध करने के लिए 'चन्द्रिका समाचार' प्रकाशित किया। सन् 1830 में नैरोजी दोरावजी चन्द्रसेन ने बम्बई से 'मुंबई वार्ता' प्रकाशित करवाया। इसी वर्ष पेस्तन कैवेजीवाला ने 'जाम-ए-जमशेद' का प्रकाशन प्रारम्भ किया। 1831 में ईश्वर गुप्त ने सामाजिक सुधार के लिए 'संकल्पित संवाद' निकाला। ई.जेमकिरा के सम्पादकत्व में जर्नल ऑफ लिटरेचर एण्ड साइंस पूना के ओन्नू बजे विठोबा ने 'पूजावर्तित' पत्र निकाला। सन् 1833 में मुंशी वाजिदअली खान ने 'जूबदग-उल फेंटेसी' अखबार फारसी में उत्तर प्रदेश से प्रकाशित किये। सन् 1845 में राजा शिवप्रसाद सिंह ने 'बनारस अखबार' निकाला। इसकी लिपि तो देवनागरी थी पर शब्दावली उर्दू की थी। सन् 1846 में राजकीय कॉलेज आगरा से 'सदर उल अखबार' निकाला गया। सन् 1847 में 'जामे जमशेद' मेरठ से प्रकाशित हुआ।

19 वीं सदी के पूर्वार्द्ध में पत्रकारिता का विकास तो हुआ परन्तु इनकी भाषा अंग्रेजी, बंगला, फारसी तथा उर्दू रही। हिन्दी को कोई विशेष महत्त्व नहीं दिया गया।

हिन्दी पत्रकारिता

जैसा कि बतलाया गया है कि भारतीय पत्रकारिता के तीन चरण हैं। प्रथम अंग्रेजी पत्रकारिता, द्वितीय बंगला एवं हिन्दीतर भारतीय भाषाएँ एवं तृतीय हिन्दी पत्रकारिता।

हिन्दी पत्रकारिता के अध्ययन के लिए उसके काल-विभाजन की आवश्यकता हिन्दी विद्वानों ने महसूस की और विभिन्न विद्वानों ने अपने-अपने ढंग से हिन्दी

पत्रकारिता का काल-विभाजन किया है।

नागरी प्रचारिणी सभा ने सन् 1894 में सामाजिक पत्रों का इतिहास प्रकाशित किया परन्तु इसमें उपलब्ध सामग्री को मात्र संकलित कर दिया गया है। इसमें न तो साहित्य के इतिहास का आलोचनात्मक अध्ययन ही है और न काल अथवा प्रवृत्ति पर आधारित पूरा विभाजन ही मिलता है। पत्रकारिता भी इसकी अपवाद नहीं है। यह इतिहास ग्रन्थ मात्र पत्रों का संग्रहालय बन कर रह गया है। सुप्रसिद्ध साहित्यकार बालमुकुन्द गुप्त ने भारत मित्र में एक लेख माला के माध्यम से हिन्दी पत्रकारिता का ऐतिहासिक विकास क्रम प्रस्तुत करने का प्रयत्न किया है परन्तु शोधपरक दृष्टिकोण के अभाव में हिन्दी पत्रकारिता का वैज्ञानिक एवं तार्किक ढंग से वर्गीकरण नहीं हो पाया। उन्होंने 'बनारस समाचार' को हिन्दी का पहला समाचार-पत्र कहा है जबकि पत्रकारिता का इतिहास इस बात का साक्षी है कि पं. जुगलकिशोर शुक्ल का 'उदन्त मार्तण्ड' हिन्दी का पहला अखबार है। आचार्य रामचंद्र शुक्ल ने रायकृष्णदास के इतिहास के अनुकरण पर अपने ग्रन्थ हिन्दी साहित्य का आलोचनात्मक इतिहास में पत्रकारिता पर चर्चा की है। तो उस समय आवश्यक सामग्री का अभाव था और दूसरी ओर आचार्य शुक्लजी के लेखन के रेंज में हिन्दी साहित्य का इतिहास था। अतएव उनका इतिहास पत्रकारिता के विभिन्न आयाम और दिशाओं का उद्घाटन नहीं करता है।

डॉ. रामरतन भटनागर ने अपने शोध प्रबन्ध (Rise and Growth of Hindi Journalism) में हिन्दी पत्रकारिता को अन्वेषण की आँख से देखा है, परन्तु उनके प्रबन्ध काव्य में श्रेष्ठ पत्रों का उल्लेख न होने से यह प्रबन्ध भी पत्रकारिता के अध्ययन को सीमित कर देता है। पं. कमलापति त्रिपाठी तथा पुरुषोत्तमदास टण्डन ने पत्र और पत्रकार का विकास ग्रन्थ लिखा है; किन्तु अत्यधिक संक्षिप्त होने के कारण हमें किन्हीं निष्कर्षों या निर्णयों तक नहीं पहुँचा पाता। वेंकटलाल ओझा ने हैदराबाद में 'हिन्दी समाचार-पत्र संग्रहालय' की स्थापना की है। उसमें उन्होंने सन् 1825 से 1925 लगभग सौ वर्षों में प्रकाशित समाचार-पत्रों का संकलन किया है। इनमें देश-विदेश से निकली अनेक पत्रिकाएँ, प्रथमांक, विशेषांक, पत्रकारों के चित्र, उनकी हस्तलिपियाँ संगृहीत हैं। इसी प्रकार सरस्वती पुस्तकालय फतेहपुर, शेखावटी (राजस्थान) में श्री रामजी मिश्र का निजी समाचार-पत्र संग्रह, श्री माधवराव सप्रे स्मृति समाचार-पत्र संग्रह की स्थापना की गयी है। इनके अलावा दिल्ली का गाँधी संग्रहालय एवं कलकत्ता का पुस्तकालय इस सन्दर्भ में उल्लेखनीय हैं। सम्पादकाचार्य पं. अम्बिकाप्रसाद वाजपेयी ने 1826-1925 तक का महत्त्वपूर्ण इतिहास लिखा है परन्तु 'समाचार सुधावर्षण' जैसे महत्त्वपूर्ण पत्रों का उल्लेख न होना ही इस ग्रन्थ के महत्त्व की सीमारेखा है। डॉ. कृष्णबिहारी मिश्र ने 'कलकत्ता की हिन्दी पत्रकारिता : उद्भव और विकास' जिसे कालान्तर में इसे उन्होंने 'हिन्दी पत्रकारिता'

कर दिया परन्तु इसमें भी कलकत्ता की पत्रकारिता ही विशेष रूप से रही; अतएव मिश्रजी का ग्रन्थ हिन्दी पत्रकारिता के विकास का महत्त्वपूर्ण घटक नहीं बन पाया।

बहरहाल, जो भी उपलब्ध सामग्री है उसी के आधार पर विभिन्न विद्वानों ने हिन्दी पत्रकारिता का काल-विभाजन किया है। पं. अम्बिकाप्रसाद वाजपेयी[11] ने 'समाचार-पत्रों के इतिहास' में पत्रकारिता की युगीन प्रवृत्तियों के आधार पर उनका विभाजन इस प्रकार किया है : 1. प्रारम्भ काल के हिन्दी पत्र, 2. दूसरे दौर के पत्र, 3. नए दौर के पत्र, 4. नए युग की झलक, 5. दैनिक पत्रों का युग–इसमें आचार्य वाजपेयी ने कहीं प्रवृत्तियों और कहीं कालावधि को विभाजन का आधार बनाया है। अतएव विषय की दृष्टि से यह वर्गीकरण स्वीकार्य नहीं है। नागरी प्रचारिणी सभा, काशी द्वारा प्रकाशित 'हिन्दी साहित्य का बृहद् इतिहास'[12] (त्रयोदश भाग, तृतीय खण्ड) में वर्गीकरण इस प्रकार किया गया है :

1. प्रथम उत्थान (1826-1867), 2. द्वितीय उत्थान (1867-1920), 3. आधुनिक काल (सन् 1920 से निरन्तर)।

डॉ. रामरतन भटनागर[13] ने हिन्दी पत्रकारिता के विकास को निम्न प्रकार से रेखांकित किया है :

1. प्रथम चरण :

(क) आरम्भिक युग (1816-1867)

(ख) उत्थान एवं अभिवृद्धि युग (1867-1883)

2. द्वितीय चरण :

विकास युग (1883-1900)

3. तृतीय चरण :

(अ) विकास युग प्रथम (1900-1921)

(ब) विकास युग द्वितीय (1921-1935)

4. चतुर्थ चरण :

आधुनिक युग (1935 से प्रारम्भ)

यह विभाजन सहज-सरल सम्प्रेषण के बजाय उलझनपूर्ण है। डॉ. भटनागर ने चरण विभाजन पर जोर देकर उसे उपवर्गों में बाँट दिया है। अगर वे चरणों के बजाय उन्हें छह युगों में बाँट देते तो उलझाव से बचा जा सकता था।

पं. कृष्णबिहारी मिश्र[14] ने पं. अम्बिकाप्रसाद वाजपेयी के अनुकरण पर हिन्दी पत्रकारिता को वर्गीकृत किया है :

1. भारतीय नवजागरण : हिन्दी पत्रकारिता का उदय (सन् 1826-1867)
2. राष्ट्रीय आन्दोलन की प्रगति : हिन्दी पत्रकारिता का विकास (सन् 1867)
3. बीसवीं सदी के प्रारम्भ की हिन्दी पत्रकारिता (सन् 1867-1900)
4. आधुनिक युग।

डॉ. मिश्र ने भी भटनागर की तरह काल एवं प्रवृत्तियों को संयुक्त कर हिन्दी पत्रकारिता के इतिहास को सूत्रबद्ध करने का प्रयत्न किया है परन्तु वे भी कालों के नामकरण में सम्भ्रमित हो गए हैं।

डॉ. रामचंद्र तिवारी[15] ने अपने लघु ग्रन्थ में पत्रकारिता के विभिन्न आयाम बतलाए हैं :

1. उदयकाल (1821-1867)
2. भारतेन्दु युग (1867-1900)
3. तिलक अथवा द्विवेदी युग (1900-1920)
4. गाँधीयुग (1920-1949)
5. स्वातन्त्र्योत्तर काल

इसमें स्वातन्त्र्योत्तर पत्रकारिता की चर्चा नहीं की गई है।

डॉ. रामचंद्र तिवारी के अनुकरण पर डॉ. रमेशचन्द्र जैन ने पत्रकारिता के विकास को इस तरह वर्गीकृत किया है : [16]

1. प्रारम्भिक युग (सन् 1826-67)
2. भारतेन्दु युग (सन् 1868-1900)
3. द्विवेदी युग (सन् 1900-1920)
4. गाँधी युग (सन् 1920-1947)
5. स्वातन्त्र्योत्तर युग (सन् 1947 से)

इन सभी विभाजनों में डॉ. जैन का काल-विभाजन अध्ययन की सुविधा से सहज, सरल और सम्प्रेष्य है।

प्रारम्भिक युग (सन् 1826-67)

30 मई, 1826 में कानपुर निवासी पं. जुगलकिशोर शुक्ल ने प्रथम हिन्दी-पत्र 'उदन्त मार्तण्ड' प्रकाशित किया। 19 मई, 1829 में राजा राममोहन राय ने भी गोविन्द थत्ते के सम्पादन में एक पत्र प्रकाशित किया। राजा शिवप्रसाद सितारेहिन्द ने 1845 में 'बनारस अखबार' साप्ताहिक, काशी से प्रकाशित किया। सन् 1850 में काशी से तारामोहन मैत्रेय के सम्पादन में 'सुधाकर पत्र' बंगाली-हिन्दी में निकला। सन् 1852 में आगरा से 'बुद्धि प्रकाश' प्रकाशित हुआ। इस अखबार के विषय-वैविध्य तथा भाषा-शैली की प्रशंसा आ. रामचंद्र शुक्ल ने की है। शिवनारायणजी ने 1854 में आगरे से हिन्दी तथा उर्दू दोनों भाषाओं में 'सर्वजन हितकारक' प्रकाशित किया। राजा लक्ष्मण सिंह ने 'प्रज्ञा हितैषी' (1855-57) अहमदाबाद से तथा 1865 में ईसाई मिशनरियों ने 'लोकहित' शुद्ध हिन्दी में प्रकाशित किया।

सन् 1857 में अंग्रेजों के खिलाफ भारतीयों का पहला स्वतन्त्रता संग्राम था। अंग्रेज़ों के दमन-चक्र तथा विजय से पाश्चात्य सभ्यता, संस्कृति तथा विचारधारा

का गहरा प्रभाव पढ़े-लिखे भारतीयों पर पड़ा। वे अंग्रेज़ी सभ्यता और संस्कृति के सम्मुख भारतीय अस्मिता की उपेक्षा करने लगे। ऐसे समय हिन्दी के पत्रकार तथा समाज-सुधारकों ने पत्र को यन्त्र बनाकर भारतीय संस्कृति, धर्म के पक्ष में वातावरण तैयार करना शुरू किया। उनमें राष्ट्रीयता का स्तर मुखर था। ईसाइयों द्वारा धर्म-परिवर्तन का विरोध किया। सामाजिक सुधार बाल-विवाह, विधवा विवाह, दहेज-प्रथा, वेश्यावृत्ति एवं छुआछूत का अभियान प्रारम्भ किया। अन्धविश्वास और अन्धश्रद्धा से मुक्ति के लिए प्रयास किए। अंग्रेजों द्वारा आर्थिक-शोषण के खिलाफ आवाज़ उठानी प्रारम्भ कर दी। उन्होंने वर्ण-वर्ग की नीति के प्रति विद्रोह की भूमिका अपनाई।

राजनीतिक चेतना की दृष्टि से पत्रकारों ने अंग्रेज़ों जैसे अधिकारों, राजकीय सेवाओं के भारतीयकरण तथा लेजिस्लेटिव काउंसिल में भारतीय प्रतिनिधित्व के मुद्दे उठाए। सन् 1886 में ब्रिटिश-संसद में भारतीय प्रतिनिधि दादाभाई नौरोजी को सदस्यता मिली।

यद्यपि यह कार्य सरल नहीं था। उस समय अंग्रेज़ी, परशियन तथा उर्दू भाषा का प्रभाव जीवन के हर क्षेत्र में पड़ रहा था। हिन्दी पत्रकारिता पर भी इसका प्रभाव पड़ा। प्रारम्भ में हिन्दी अखबार स्वतन्त्र रूप से नहीं निकले। कभी अंग्रेजी और कभी बंगला के साथ प्रकाशित होते थे। यही कारण है कि कभी-कभी हिन्दी उर्दूनुमा हो जाती थी। विभिन्न अखबारों के प्रकाशन होने से हिन्दी गद्य निरन्तर प्रयुक्त तथा प्रचारित होने लगा।

इस युग के प्रमुख पत्र 'दिग्दर्शन', 'उदन्त मार्तण्ड', 'बंगदूत', 'बनारस अखबार','सुधाकर', 'समाचार सुधा वर्षण' तथा 'दरबार रोजनामचा' हैं।

साप्ताहिक उदन्त मार्तण्ड (अर्थात् समाचार सूर्य) : पं. जुगलकिशोर शुक्ल, कानपुर निवासी उदन्त मार्तण्ड के सम्पादक, मुद्रक तथा प्रकाशक थे। 30 मई, 1826 से प्रति मंगलवार को प्रकाशित होता था। इसका वार्षिक-शुल्क दो रुपये था। इस पत्र को 16 फरवरी, 1826 को प्रकाशन के लिए लाइसेंस मिला। समाचार-पत्र की विज्ञप्ति में प्रकाशन के उद्देश्य को स्पष्ट करते हुए उन्होंने स्पष्ट शब्दों में लिखा है, कलकत्ता में बसे हिन्दीभाषियों को आधुनिकता से संयुक्त करने के उद्देश्य से शुक्लजी द्वारा यह पत्र निकाला गया है। अंग्रेजी, बंगला, फारसी भाषा में इस उद्देश्य की सम्पूर्ति करनेवाले समाचार-पत्र थे; परन्तु हिन्दी में इस तरह का कोई समाचार-पत्र नहीं था। शुक्लजी अपनी विज्ञप्ति में हिन्दुस्तानियों के हित एवं अस्मिता पर प्रकाश डालते हुए लिखते हैं : "नाना देश के सत्य समाचार हिन्दुस्तानी लोग देखकर पढ़ें और समझ लें और पढ़ाई अपेक्षा और अपनी भाषा की उपज न छोड़ें। इसीलिए सबके कल्याण के विषय में गवर्नर जनरल की आज्ञा से ऐसे साहस में चित्त लगाया के एक प्रकार से नया ठांठ ठाठा वस्तुतः यह भारतीयों के

हित में प्रकाशित प्रथम समाचार-पत्र था। इसमें राष्ट्रीय अस्मिता को उभारा गया था। इसमें भारतीय नव जागरण के स्वर मुखर थे। अंग्रेजी पत्रकारिता 'कम्पनी' के कर्मचारियों अथवा अंग्रेज़ों के आपसी कलहों के लिए मुक्त आकाश देती थी। वहाँ 'उदन्त मार्तण्ड' ने भारतीयों को आधुनिकता से परिचित कराने तथा उनमें राष्ट्रीयता को जाग्रत किया।''

शुक्लजी ने इसमें सरकारी अधिकारियों की नियुक्ति, सरकारी विज्ञप्ति, जनता के विज्ञापन, पानी के जहाजों की समय-सारणी, कलकत्ता का बाज़ार-भाव तथा देश-परदेश की खबरों को प्राथमिकता दी।

इनका एक महत्त्वपूर्ण कार्य है—शुद्ध भाषा के लिए प्रयत्न। इन्होंने विभिन्न भाषाओं—अंग्रेज़ी, अरबी, फारसी के प्रचलित शब्दों का प्रयोग किया। इसमें कहावतों मुहावरों का भी खुलकर इस्तेमाल किया गया। उदाहरण : 'अतः हमारे कहे सुने का कछु मन में न लाइयो...मेरी अन्तरव्यथा और इस पत्र के गुण को विचार सुध करेंगे जो मेरे ही हैं।' इस उद्धरण से स्पष्ट हो जाता है कि उनकी भाषा पछाँही एवं बाँग्ला भाषा से प्रभावित है। इसके अलावा उनकी भाषा में वर्तनी और विरामों का प्रयोग नहीं किया गया है। उन्होंने उच्चारण के अनुसार शब्द-लेखन किया है। इससे उनकी भाषा जनभाषा के निकट हो गई है। डॉ. तिवारी[17] उनकी भाषा के बारे में अपने विचार इन शब्दों में अभिव्यक्त करते हैं—''आज के समाचार-पत्रों के लिए उत्तम आदर्श प्रस्तुत करता है कि पत्रों को लोकभाषा की ओर प्रवृत्त रहना चाहिए क्योंकि 'समाचार-पत्र' का उद्देश्य अपने पाठक वर्ग के बौद्धिक-स्तर के अनुसार भाषा लिखकर समाचार-विचार देना होता है।''

'उदन्त मार्तण्ड' का पत्रकारिता के इतिहास में एक विशिष्ट स्थान है। रायकृष्णदासजी ने 'हिन्दी भाषा के सामयिक पत्रों का इतिहास' में बनारस अखबार (सन् 1845) से हिन्दी पत्रकारिता का शुभारंभ माना है। किन्तु 1826 में प्रकाशित 'उदन्त मार्तण्ड' की प्राप्त प्रतियों ने हिन्दी पत्रकारिता के इतिहास को नए मोड़ पर लाकर खड़ा कर दिया। इसके अनुकरण पर हिन्दी में अन्य अखबार निकले।

बंगाल में हिन्दी प्रेमियों-भाषियों की कमी, आवश्यक विज्ञापनों का न मिलना, प्रसार-संख्या तथा विज्ञापनों की अनुपलब्धता से उत्पन्न आर्थिक संकट के कारण सन् 1827 में यह बन्द हो गया।

साप्ताहिक बंगदूत : सन् 1829 में राजा राममोहन राय ने इस पत्र का प्रकाशन किया। यह पत्र रविवार को प्रकाशित होता था। मूल प्रतिज्ञा थी कि पक्षपातरहित होकर यह औचित्य का सर्मथन करेगा ताकि यथार्थ स्थिति का सहज ही प्रकाशन हो सके।

यह पत्र मूलतः बंगला भाषा में निकलता था। आवश्यकतानुसार इसे फारसी तथा हिन्दी में छापा जाता था। इस पत्र की यह विशेषता थी कि विभिन्न भाषाओं

में प्रकाशित होनेवाली पाठ्य सामग्री एक-दूसरे का अनुवाद न होकर स्वतन्त्र होती थी। इसके पहले सम्पादक नीलरतन हवलदार थे।

बनारस अखबार : हिन्दी क्षेत्र से प्रकाशित होनेवाला 'बनारस अखबार' पहला पत्र है। इसका प्रकाशन सन् 1845 में हुआ। इसके संपादक थे–पं. गोविंद थत्तं और संचालक थे राजा शिवप्रसाद 'सितारे हिन्द'। इस पत्र में एक नयी भाषा हिन्दुस्तानी का प्रयोग किया जाता था। जिसमें लिपि देवनागरी होती थी पर शब्दावली में हिन्दी की अपेक्षा फारसी-उर्दू का प्रयोग अधिकतम किया जाता था।

सुधाकर पत्र : यह पत्र बनारस से तारामोहन मैत्रेय के सम्पादन में सन् 1850 में प्रकाशित किया गया। प्रारम्भ में यह बंगला और हिन्दी में निकलता था। पर सन् 1853 से यह सिर्फ हिन्दी में निकलने लगा। इसकी विषय सामग्री ज्ञानमयी और मनोरंजन थी। भाषा की दृष्टि से 'बनारस अखबार' से काफी परिष्कृत और हिन्दी शब्दावली की प्रधानता थी।

समाचार सुधा वर्षण : (पहला दैनिक) : कलकत्ता से सन् 1854 में द्विभाषी अखबार–हिन्दी और बंगला में श्यामसुन्दर सेन के सम्पादन में 'समाचार सुधा वर्षण' प्रकाशित किया गया। इसमें कुल चार पृष्ठों में दो पृष्ठ हिन्दी और दो पृष्ठ बंगला के हुआ करते थे। विषय की विभिन्न स्थितियों-परिस्थितियों के समाचार तथा लेखा-जोखा इसमें रहता था। यह सरकार को विवेक से काम लेने के लिए प्रेरित करता था। यह जातीय अस्मिता का पहरुआ था। परम्परावादी दृष्टिकोण के कारण यह सामाजिक-सुधारों के पक्ष में नहीं था। अतएव वैचारिक स्तर पर कोई उथल-पुथल नहीं कर पाया। सरकारी तन्त्र पर टीका टिप्पणी करने के कारण सरकार ने सन् 1868 में इसे बन्द करवा दिया।

भारतेन्दु युग (सन् 1868-1900)

भारतेन्दु काल ऐसा काल है जिसमें हिन्दी पत्रकारिता को नई पहचान मिली। इस काल में हिन्दी की अनेक स्वतान्त्र पत्रिकाएँ प्रकाशित हुईं। इन पत्रिकाओं में न तो कोई अन्य भाषा को शामिल किया था और न अनुवाद को ही महत्त्व दिया गया था। उन्नीसवीं शती में मध्य प्रदेश, उत्तर प्रदेश, राजस्थान, बिहार, पंजाब तथा बंगाल से भी हिन्दी पत्रिकाएँ प्रारम्भ हुईं।

सन् 1868 में विविध विषयों पर 'वृत्तान्त दर्पण' पं. सदासुखलाल नियाज के सम्पादन में प्रकाशित हुई। इसी समय सन् 1875 में भारतेन्दुजी ने 'कवि वचन सुधा' (मासिक से पाक्षिक कालान्तर में) 'हरिश्चन्द्र मेगजीन', 'हरिश्चन्द्र चन्द्रिका' एवं 'बालबोधनी' आदि का सम्पादन एवं प्रकाशन किया। इन पत्रिकाओं में नई चाल की हिन्दी का प्रयोग किया गया। पद्य के स्थान पर गद्य में पत्र प्रकाशित होने लगे। इनमें राजनैतिक, सामाजिक लेखों का प्रकाशन किया जाता था।

राजभक्ति और देशभक्ति का स्वर मुखर था। 'हरिश्चन्द्र चन्द्रिका' में उपन्यास, कहानी, व्यंग्य, लेख, पुरातत्त्व, कविता, आलोचना जैसी साहित्यिक विधाओं के लेख प्रकाशित होते थे। हिन्दी पत्रकारिता में भारतेन्दुजी का वही स्थान है जो बंगला पत्रकारिता में राजा राममोहन राय का है।

भारतेन्दुजी ने साहित्य, राष्ट्रीय-चेतना एवं सामाजिक सुधारों के लिए 'भारतेन्दु मण्डल' की स्थापना की। इस मण्डल के वरिष्ठ सदस्य पं. बालकृष्ण भट्ट ने 1876 में 'अल्मोड़ा अखबार' प्रारम्भ किया। सन् 1874 में बिहार से 'बिहार बन्धु' पहला अखबार शुरू हुआ। इसी समय प्रयाग से 'नाटक प्रकाश', मेरठ से नागरी प्रकाश, अलीगढ़ से 'भारत बन्धु', 1875 में प्रयाग से 'धर्म प्रकाश' का आरम्भ हुआ। जबलपुर से 1823 में 'जबलपुर समाचार', पंजाब से 'जगत', दिल्ली से 'सदादर्श,' मिर्जापुर (उत्तर प्रदेश) से पं. बदरीनारायण चौधरी 'प्रेमघन' के सम्पादन में 'नागरी', भारतेन्दु मण्डल के ज्येष्ठ सदस्य पं. बालमुकुन्द गुप्त ने 'हिन्दी प्रदीप' (1877) में प्रकाशित किया। सामाजिक, राजनीतिक, धार्मिक, कुरीतियों पर व्यंग्यात्मक शैली में प्रहार 'हिन्दी प्रदीप' की विशेषताएँ थीं। पं. प्रतापनारायण मिश्र ने कानपुर से 'ब्राह्मण' का प्रकाशन शुरू किया। कलकत्ता से तीन प्रमुख पत्र—'भारत मित्र', 'सार सुधा निधि' तथा 'उचित वक्ता' पं. दुर्गाप्रसाद मिश्र के सम्पादन में प्रकाशित हुए। सन् 1885 में राजा रामपाल सिंह ने 'दैनिक हिन्दोस्तान' का प्रकाशन प्रारम्भ किया। सन् 1886 से ब्रिटिश सरकार ने पत्रों को सरकारी समाचार देना प्रारम्भ कर दिया। समाज सुधारवादी संगठन—ब्रह्मसमाज, आर्य समाज, रामकृष्ण मिशन तथा थियोसोफिकल सोसायटी आदि संस्थाएँ शिक्षितों के बीच कार्य कर रही थीं। हिन्दी पत्रकारिता को नया मोड़ देने में इन शिक्षितों का सराहनीय योगदान था। इस युग में लगभग 350 पत्रिकाएँ प्रकाशित हुईं।

द्विवेदी युग (सन् 1900-1920)

सन् 1900 का वर्ष हिन्दी पत्रकारिता के इतिहास में विशिष्ट स्थान रखता है। इस कालावधि में पं. माधवप्रसाद मिश्र ने काशी से आध्यात्मिक पत्रिका 'सुदर्शन' निकाली। इसी समय आलोच्य मासिक 'सरस्वती' का (1900) में प्रकाशन प्रारम्भ हुआ। यह 'काशी नागरी प्रचारिणी सभा' से प्रकाशित की गई थी। इसके सम्पादक मण्डल में हिन्दी के गण्यमान्य विद्वान् सम्मिलित थे जैसे बाबू राधाकृष्ण दास, बा. जगन्नाथ 'रत्नाकर', पं. किशोरीलाल गोस्वामी और लाला श्यामसुन्दरदास आदि थे। बाद में आचार्य महावीरप्रसाद द्विवेदी ने 'सरस्वती' का सम्पादन कर उसे एक नई ऊँचाई दी। उनके पश्चात् पदुमलाल पुन्नालाल बख्शी तथा देवीदयाल चतुर्वेदी ने भी इस पत्रिका का सम्पादन किया।

इस युग में कुछ शुद्ध राजनीतिक पत्रिकाएँ भी प्रकाशित हुईं। कलकत्ता से

नृसिंह (1904), देवनागर (1907), कलकत्ता समाचार (1914), विश्वमित्र (1916), स्वतन्त्र (1920) आदि। इनमें विदेशी शासन की समाप्ति, पराधीनता को धिक्कार, अंग्रेजी के स्थान पर हिन्दी के प्रयोग का आह्वान आदि विषय मुख्य रूप से छपते थे।

संक्षेप में कहा जा सकता है कि 19 वीं शती में देश के विभिन्न क्षेत्रों से दैनिक, साप्ताहिक एवं मासिक पत्र-पत्रिकाएँ प्रकाशित हुईं। परन्तु इस युग की हिन्दी पत्रकारिता को अपनी विकास-यात्रा में उर्दू, अंग्रेज़ी भाषाओं तथा सरकारी मशीनरी की ओर से नए-नए प्रशासनिक तथा वैधानिक अवरोध पैदा किए गए; किन्तु हिन्दी पत्रकारिता की विजय-यात्रा जारी रही।

गाँधी युग (सन् 1920-1947)

महात्मा गाँधी की प्रेरणा से देश की स्वतन्त्रता के महत्त्व को जन-जन तक पहुँचाने के लिए अनेक दैनिक, साप्ताहिक और मासिक पत्रों का प्रकाशन हिन्दी में हुआ। गाँधीजी ने स्वयं 'यंग इंडिया', 'नवजीवन' तथा 'हरिजन' इन तीन पत्रों का संचालन किया। तदनन्तर गुजराती के 'नवजीवन' का हिन्दी अुनवाद 'नवजीवन' तथा 'हरिजन' का 'हरिजन सेवक' तथा 'तरुण भारत' (1921) तथा हरिजन सेवक (1933) प्रकाशित होने लगे। इनमें से नवजीवन (1921) तथा 'हरिजन सेवक' का सम्पादन हरिभाऊ उपाध्याय तथा हिन्दी 'तरुण भारत' का सम्पादन मथुराप्रसाद दीक्षित ने किया। इन पत्रों की यह एकांत विशेषता है कि इनमें विज्ञापन नहीं होते थे। राष्ट्रीय-भावना तथा नैतिक मूल्यों पर इन पत्रिकाओं में जोर दिया जाता था। गाँधी की विचारधारा से प्रेरित सस्ता साहित्य मण्डल ने 'त्यागभूमि' का प्रकाशन प्रारम्भ किया। इनमें समाज सुधार, सामाजिक छुआछूत, शिशुहत्या, बालविवाह, दहेज प्रथा, सती प्रथा आदि के खिलाफ लेख छपते थे। गणेशशंकर विद्यार्थी का 'प्रताप' (1913), महामना मालवीयजी का अभ्युदय (1907), शिवप्रसाद गुप्त और पराड़करजी का 'आज' (1920), पं. कमलापति त्रिपाठी का 'संसार' (1944), आचार्य नरेन्द्रदेव का 'संघर्ष' (1937) इत्यादि भी प्रायः राजनीतिक पत्र थे। 'माधुरी' (1922), 'चाँद' (1922), का फाँसी अंक, 'मतवाला', 'सुधा', 'विशाल भारत', 'वीणा', 'विश्वभारती', 'विप्लव', 'रूपा' तथा 'हंस' आदि पत्रिकाएँ साहित्यिक, सांस्कृतिक तथा सामाजिकता के धरातल को लेकर चलीं। 'आज,' 'अर्जुन', 'प्रताप', 'हिन्दोस्तान', 'नवभारत,' 'विश्वबन्धु' तथा 'आर्यावर्त' आदि दैनिक पत्रों ने स्वतन्त्रता संग्राम को गति दी। उग्र राष्ट्रीय विचारों को हवा देने में 'बंगभंग', 'प्रथम विश्वयुद्ध' तथा तिलक एवं गाँधीजी के आन्दोलनों ने मार्ग प्रशस्त किया। इन पत्र-पत्रिकाओं के कई सम्पादकों को कई बार जेल की सजा हुई।

भूमिगत प्रकाशन : स्वतन्त्रतापूर्व हिन्दी पत्रकारिता ने राजकीय सेवाओं के भारतीयकरण लेजिस्लेटिव काउंसिल में भारतीय प्रतिनिधित्व, प्रांतीय लेजिस्लेटिव की

माँग, ब्रिटिश संसद में भारतीय प्रतिनिधित्व की माँग, आर्थिक शोषण, स्वदेशी आन्दोलन, सामाजिक सुधार आदि पर स्वयं को केन्द्रित किया था। ब्रिटिश शासन को पत्रकारिता का यह तेवर अच्छा नहीं लगा, अतएव हिन्दी पत्रकारिता की कमर तोड़ने के लिए उसने प्रेस अधिनियम (1857), इंडियन पैनल कोड में परिवर्तन, रेग्युलेशन ऑफ प्रिंटिंग प्रेस एण्ड न्यूज पेपर्स एक्ट (1867), गलाघोट प्रेस अधिनियम (1878), ऑफिशियल सिक्रेट्स अधिनियम (1889) तथा राजद्रोह अधिनियम (1898) आदि वैधानिक अवरोध पैदा किए। इससे कई पत्र-पत्रिकाएँ बन्द हो गईं। सम्पादकों को कारावास जाना पड़ा। कुछ प्रेस बन्द या जब्त किए गए। परन्तु देश की स्वतन्त्रता के लिए कटिबद्ध पत्रकारों ने अंग्रेज़ों की इस दमन नीति के खिलाफ़ भूमिगत प्रकाशन प्रारम्भ कर स्वतन्त्रता के संग्राम को सजीव तथा सक्रिय बनाए रखा।

पराड़कर तथा आ. नरेन्द्र देव, रणभेरी, बवण्डर, बोल दे धावा, शंखनाद, रणचन्द्रिका तथा ज्वालामुखी को साइक्लोस्टाइल शैली में छापकर जन सामान्य में वितरित करते थे।

पं. माखनलाल चतुर्वेदी का 'कर्मवीर' (1919), सिद्धनाथ माधव आगरकर का 'स्वराज्य', पं. द्वारिकाप्रसाद मिश्र का 'लोकमत' (1930) एवं सारथी (1941) आदि पत्र क्रान्ति के पहरुए बने।

इस प्रकार हम देखते हैं कि गाँधी युग की पत्रकारिता शान्ति और क्रान्ति के दोनों छोरों पर खड़ी थी। पर इस विरोधाभास के बावजूद राष्ट्रीय-चेतना, राष्ट्रीय अस्मिता तथा देश की स्वतन्त्रता यही इन दोनों का लक्ष्य था।

यह युग साहित्य-सृजन तथा पत्रकारिता की दृष्टि से महत्त्वपूर्ण है। स्वातन्त्र्य पूर्व साहित्यिक, धार्मिक, आध्यात्मिक पत्रिका 'सरस्वती' (1900) का प्रकाशन नागरी प्रचारिणी सभा ने किया। श्री जयशंकर प्रसाद की 'इन्दु', गिरिजाकुमार घोष तथा रामनरेश त्रिपाठी के सम्पादन में सम्मेलन पत्रिका (1913), माखनलाल चतुर्वेदी की प्रभा (1913) खण्डवा से प्रकाशित हुई। हरिभाऊ उपाध्याय के त्यागभूमि ने पत्रकारिता के क्षेत्र में हलचल मचा दी। जवाहरलाल जैन तथा चन्द्रधर शर्मा गुलेरी ने समालोचक (1902) में निकाला। माधुरी (1921), चाँद (1922), सुधा (1927), हंस (1930), कल्याण (1928), मतवाला (1927), विशाल भारत (1928) आदि भी प्रकाशित हुए।

इन पत्रिकाओं के माध्यम से प्रसाद, निराला, पन्त, महादेवी वर्मा, जैनेन्द्र कुमार, सुभद्राकुमारी चौहान, गुलाब राय, भगवतीचरण वर्मा, हजारीप्रसाद द्विवेदी, पाण्डेय बेचन शर्मा 'उग्र', अज्ञेय, मुक्तिबोध तथा अनेक साहित्यकारों को अपनी सृजन-क्षमता दिखाने का मौका मिला।

स्वातन्त्र्योत्तर काल : हिन्दी की पत्रिकाएँ : एक लेखा-जोखा

15 अगस्त, 1947 को भारत आज़ाद हुआ। सन् 1950 में देश ने अपना संविधान बनाया और प्रजातान्त्रिक प्रणाली को शासन के लिए स्वीकार किया गया। प्रजातन्त्र का अर्थ है—जनता की सरकार जनता के लिए जनता द्वारा शासित। ऐसी शासन व्यवस्था में देश के सभी नागरिकों की भागीदारी होती है। अतः यह उनका स्वाभाविक दायित्व हो जाता है कि एक स्वतन्त्र नागरिक की हैसियत से वह देश-विदेश में घटित होनेवाली घटनाओं के बारे में सतर्क रहें। अपनी जानकारी को पुख्ता करें और अपने राष्ट्रीय हित-अहित की पड़ताल कर सरकार एवं देशवासियों की घटना का विश्लेषण कर उसके दूरगामी प्रभावों से परिचित कराएँ। संविधान में प्रदत्त मौलिक अधिकार में वाक् स्वातन्त्र्य के कारण वह अपनी बात अथवा विचार को निर्भीकता से अभिव्यक्त कर सकता है।

स्वतन्त्रता के पूर्व के समाचार-पत्र राष्ट्रीय उद्बोधन, सामाजिक सुधार-संस्कार, हिन्दी की सेवा, धार्मिक उदारतावाद तथा संघर्ष-चेतना जैसे उदात्त लक्ष्यों के साधक थे। तत्कालीन पत्रकार देश की आज़ादी के लिए अलख जगाता था। सामाजिक कुप्रथाओं के लिए जिहाद पुकारता था। धार्मिक उदारतावाद उसकी शक्ति थी और संघर्ष-चेतना उसका सामर्थ्य। इन उद्देश्यों की पूर्ति के लिए कई पत्रों के सम्पादकों को कई-कई बार कारावास की सजा हुई। मुद्रणालय नीलाम अथवा जब्त कर लिए गए और समाचार-पत्रों को बन्द कर देने के लिए सरकार द्वारा विवश किया गया। अनेक बार प्रसार संख्या की कमी तथा विज्ञापनों के अभाव में भी पत्र-पत्रिकाएँ बंद हो जाया करती थीं। संपादक अपनी गाँठ की पूंजी लगाकर यह व्ययसाध्य साधना करते थे। कबीर के शब्दों में 'जो घर फूँके आपना सो चले हमारे साथ' की प्रखर जुझारू मानसिकता तथा आत्मबल द्वारा हिन्दी पत्रकारिता को निरन्तर सजीव सक्रिय रख सके। परन्तु आज़ादी के बाद परिदृश्य परिवर्तित हो गया। पूँजीवाद के बढ़ते प्रभाव, औद्योगिकीकरण, राजनीति का घिनौना और ओछापन, तकनीक क्षेत्र में विकास, विज्ञान के बढ़ते कदम ने पत्रकारिता को अत्यधिक प्रभावित किया। पर्याप्त विज्ञापनों तथा अच्छी-खासी प्रसार संख्या होने पर भी समाचार-पत्र-पत्रिकाएँ निकालना एक कृच्छ साधना से कम नहीं था। अतएव बदलते परिवेश ने पत्रकारिता को 'मिशन' के बजाय एक फलते-फूलते उद्योग में बदल दिया। आज़ादी के पहले राजनीति और पत्रकारिता दोनों मुफलिसी के ही नाम थे। आज़ादी के बाद चित्र पूरी तरह बदल गया। राजनीति का उद्देश्य सत्ता प्राप्त करना और उस पर टिके रहना हो गया तो दूसरी ओर पत्र प्रकाशन एक लाभकारी उद्योग बन गया।[18] सम्प्रति स्थिति यह है कि प्रायः अखबार किसी पूँजीवादी की जेब में पड़ा सिक्का है जिसे जब जैसा चाहे वह भुना सकता है। अथवा पत्र सरकारी है तो उसे सरकार के मिज़ाज का खयाल रखना पड़ता है। अथवा कोई राजनीतिक

दल अपने पक्ष में तथा अन्य दलों के प्रतिपक्ष में पत्र का उपयोग तीक्ष्ण दुधारे हथियार की तरह करते हैं। मुद्रण कला तथा रंगीन चित्रों से भरी पत्रिकाएँ एवं पत्रों को चलाना अब किसी मिशनरी अथवा सीमित आय के व्यक्ति द्वारा चलाया जाना संभव नहीं रहा। पत्र-पत्रिकाओं को विज्ञापनों के अभाव में जीवित रखना मुश्किल हो गया है। उसे विज्ञापनों के लिए उद्योगपतियों तथा सरकार का मुँह जोहना पड़ता है। पर यह त्रिगुट उन्हीं अखबारों, पत्र-पत्रिकाओं को प्रायः विज्ञापन देते हैं जो उनके विचारों, नीतियों का समर्थन करते हैं। उन्हीं के पक्ष में प्रचार करते हैं तथा प्रतिपक्ष को धराशायी करने के षड्यन्त्र में सम्मिलित होते हैं। उनके हितों का पूरा-पूरा खयाल रखें। त्रिगुट की विचारों-नीतियों के खिलाफ जनता को विरोध या विद्रोह करने के लिए निरुत्साहित करें। आज व्यावसायिक पूँजी ने समाचार-पत्रों पर एकाधिकार-सा कर लिया है। किसी समय मानवीय कल्याण तथा लोकमंगल के लिए सम्पूर्णतया समर्पित समाचार-पत्र अब उद्योग बनकर रह गया है। राजतन्त्र तथा अर्थतन्त्र ने उसकी स्थिति को इतना दयनीय बना दिया है कि आज पत्रकार उनका खिदमतगार बनकर रह गया है। पत्रकार की मूल प्रतिज्ञा थी लोककल्याण के लिए जनता को जाग्रत करना, कर्तव्यों तथा अधिकारों के आचरण के लिए तत्पर करना तथा अन्याय के खिलाफ संघर्षचेतना का शंखनाद करना। पर आज स्थिति बदल गई है। आज समाचार-पत्र सम्पादक की कलम का नहीं त्रिगुट की नीति का प्रवक्ता बनकर रह गया है। किसी विषय पर जनता को कितनी और क्या सूचनाएँ अथवा जानकारी देनी चाहिए। इसका निर्णय सम्पादक नहीं पत्र का स्वामी करता है।

डॉ. रामचंद्र तिवारी ने स्वातन्त्र्योत्तर पत्रकारिता के आठ उद्देश्यों पर प्रकाश डाला है :

1. स्वतन्त्र भारत को नया दृष्टिकोण प्रदान करना।
2. ज्ञान-विज्ञान के नए क्षितिजों का हिन्दी माध्यम से उद्घाटन।
3. नूतन निर्माण की विविध विधाओं को प्रोत्साहन देना।
4. भारतीय संस्कृति और सभ्यता को मुक्त वातावरण में फैलाना।
5. भारतीय ऐक्य की दृष्टि से सम्पूर्ण भारतीय भाषाओं के मध्य सामंजस्य।
6. रचनाकारों की सृजनशीलता जगाना।
7. विविध क्षेत्रों में विचार-मंथन, मौलिक शोध एवं सशक्त अभिव्यक्ति को उत्प्रेरणा देकर वाणी देना।
8. सामाजिक स्तर पर वरेण्यता स्थापित करना।

वस्तुतः आज समाचार-पत्र तथा पत्रिकाओं की पाठक संख्या में अच्छी-खासी वृद्धि हुई है। अब पत्र और पत्रिकाएँ विविध विषयों, विधाओं, अनुशासनों से होकर प्रकाशित होने लगी हैं। इनमें जहाँ एक ओर आधुनिक बोध का संस्पर्श दिखाई

देता है वहीं दूसरी ओर युगीन चेतना भी इनमें पारदर्शी हो उठी है। भ्रष्टाचार, पक्षपात, लालफीताशाही तथा सत्ता के दुरुपयोग के खिलाफ पत्र एक क्रान्तिकारी भूमिका निभा रहे हैं। लेखन, सम्पादन एवं मुद्रण की दृष्टि से भी इनमें पर्याप्त परिवर्तन आया है। आज गद्य लेखन में सूक्ष्मता तथा गम्भीरता दिखाई देती है। भाषा में भी भावानुरूपता एवं कसावट आ गई है। शब्दों की अर्थवत्ता बढ़ गई है। भाषा अब अभिव्यक्ति के लिए अभिधा शक्ति के बजाय व्यंजना को केन्द्र में रखने लगी है। वह सांकेतिक और प्रतीकात्मक हो गई है। अब हिन्दी भाषा का स्वरूप मानक हो गया है। विराम चिह्नों का प्रयोग भी अब व्याकरणिक शर्तें पूरी करने लगा है। इसी प्रकार मुद्रण क्षेत्र में भी पत्र-पत्रिकाओं का कायाकल्प हो गया है। मुद्रण के लिए रोटरी, सिलेंडर, ट्रेडल, ऑफसेट, लिथो रोटरी एवं आफसेट, सिलेंडर एवं ऑफसेट, आफॅसेट एवं लिथो और रोटरी सिलेण्डर मशीनें हैं तथा प्रस्तुतीकरण ने एक अभिनव ऊँचाई दी है। शोभन टाइप-मुद्रण, फोटो कम्पोजिंग से मुद्रण तो सुन्दर होता ही है पर इसकी सर्वाधिक महत्त्वपूर्ण बात यह है कि इस प्रक्रिया से कम्पोजिंग जल्द होने से देर से प्राप्त समाचार (लेट न्यूज) को भी ताज़े अंक में प्रकाशित करना संभव हो गया है।

आकर्षक गैटअप, नयनाभिराम रंगबिरंगे चित्र, रंगीनपारदर्शियों के कारण इनकी बिक्री तथा प्रसार संख्या में अभिवृद्धि हुई है।

आज पत्र-पत्रिकाओं में स्तम्भ होने लगे हैं—समाचार, साहित्य-संस्कृति-समाज, धर्म-दर्शन, महिला-जगत्, बालकों का कोना, संगीत, टीवी तथा आकाशवाणी के कार्यक्रम, शेयर बाज़ार, उद्योग, व्यापार, बीमा, बैंकिंग, कानून, कामगार विश्व, कृषि, पशु-संवर्धन, परिवहन तथा संचार, भविष्यवाणी, पाठकों के पत्र, आपका स्वास्थ्य। कलावीथी, शिक्षा तथा क्रीड़ांगण आदि स्तम्भों से पत्र-पत्रिकाएँ लोकरुचि की सामग्री परोसती हैं। इन महत् विशेषताओं के बावजूद हिन्दी पत्रकारिता की कुछ अपनी सीमाएँ भी हैं।

1. आज पत्रकारों के पास कोई विराट् राष्ट्रीय लक्ष्य नहीं है। अतः वे समाज का नेतृत्व करने में असमर्थ हो गए हैं
2. आज प्रतिबद्ध पत्रकार प्रायः नहीं हैं। वे पत्र-स्वामियों-सरकार, उद्योगपति तथा राजनीतिक दलों का चापलूस बनकर रह गया है। उनका व्यक्तित्व तिरोहित हो गया है और वे लक्ष्यभ्रष्ट हो गए हैं। सच्चाई के प्रकाशन के लिए आवश्यक साहस तक उनमें नहीं रहा। वे त्रिगुट के हित-संरक्षक, उनकी नीति के प्रसारक बनकर रह गए हैं। उनकी नैतिकता में गिरावट आ गई है। लोकमंगल, लोक-कल्याण के लिए संघर्ष चेतना को प्रज्वलित करने के बजाय उपभोक्तावादी जनरुचि का वह तलबगार बन गया है। राजनीति को स्वस्थ दिशा

देने, पूँजीवादियों के भ्रष्टाचारों का खरा-खरा पर्दाफाश तथा सरकारी नीतियों के खोखलेपन एवं असफलताओं को नियंत्रित करने की तेजस्विता उसमें नहीं रही। कभी पत्रकारिता एक मिशन थी आज महज कैरियर बनकर रह गई है। उनमें प्रायः मौलिक-चिंतन अनुपस्थित हो गया है।

3. आज पत्रकारिता अमेरिकन शैली की खुफिया पत्रकारिता हो गई है। दंगे-फसाद, हत्या, स्मगलिंग, बलात्कार, स्कैंडल, डकैती, सेक्स, हिंसा, मारधाड़, लूटपाट, सच्चे-झूठे किस्से, शगूफे, अफवाहों से भरे रहते हैं। इनमें इन बुराइयों के प्रति बगावत या जुझारू मुद्रा नहीं है बल्कि इनका आकर्षक प्रस्तुतीकरण महत्त्वपूर्ण हो गया है। आज स्तरहीन पत्रकारिता पीत पत्रकारिता से नीली पत्रकारिता तथा अफवाहकारिता तक फैल गई है। श्लील और अश्लील के बीच वह कोई अंतर नहीं करती। कभी पत्रकारिता एक मिशन थी वह कैरियर बन गई है। वह प्रेस की स्वतन्त्रता के प्रति निष्ठावान होने के बजाय त्रिगुट के निहित स्वार्थों को पूरा करने का जरिया बन गया है। आज का पत्रकार सुविधाभोगी तथा पत्रकारिता अपने स्वार्थ-साधन का औजार बन गई है। पत्र उद्योग बन जाने से पत्रकारों की आर्थिक स्थिति में काफी सुधार हुआ है। पत्रकार पत्र के माध्यम से प्रभावशाली तथा उपयोगी लोगों से परिचय तथा अपना कार्य करवाने की फिराक में रहता है।

इनके अलावा अंग्रेज़ी की तुलना में इनमें पाठ्य सामग्री कम होती है।

आज के पत्रकारों को विशिष्ट विषयों एवं भाषा पर अधिकार नहीं होता है। उनकी साहित्यिक पृष्ठभूमि भी प्रायः नहीं होती है। उनकी भाषा भी जन जीवन से तालमेल नहीं बैठा पाती। प्रबुद्ध वर्ग भी हिन्दी पत्रकारिता के प्रति उदासीन है। अभी उन पर अंग्रेजी का इतना अधिक प्रभाव है कि वे हिन्दी के बजाय अंग्रेज़ी पर निर्भरता रखते हैं। अतिरिक्त इसके हिन्दी की समाचार समितियाँ, राष्ट्रीय समितियाँ राष्ट्रीय या प्रादेशिक स्तर पर भी बड़े समाचार-पत्रों की अधिक सहायता नहीं कर पाती हैं। हिन्दी समाचार-पत्रों में हिन्दी समाचार समितियों की भूमिका अपेक्षित सम्बल की न होकर पूरक है और उनका उपयोग अतिरिक्त साधन-स्रोतों के रूप में किया जा रहा है। यह दुःखद स्थिति है कि हिन्दी की समाचार समितियाँ—हिन्दुस्तान समाचार, समाचार भारती बन्द हो गई हैं। 'यूनीवार्ता' और 'भाषा' दो समाचार समितियाँ हिन्दी समाचार-पत्रों को खबरें देती अवश्य हैं लेकिन इन्हें पूर्णतया समाचार समितियाँ समझना उचित नहीं होगा। वे अंग्रेजी का मात्र अनुवाद प्रस्तुत करती हैं, उस पर निर्भर करती हैं। हमारी पत्रकारिता बयालीस वर्ष बाद भी विदेशी न्यूज एजेन्सीज पर निर्भर करती है। यह त्रासद स्थिति है। अपने

समाचार-पत्र तथा पत्रिकाओं के विकास के प्रति न तो उनमें लगन है न उत्साह। वे टोटके कर पत्र-पत्रिकाओं को सजाते-सँवारते समृद्ध करते हैं परन्तु एक साक्षर पाठक के लिए उसमें कोई सामग्री कदाचित् ही मिलती है। पत्रकारिता में शोध तथा खोजपूर्ण पत्रकारिता के दर्शन नहीं होते। बच्चों की पत्रिकाओं की स्थिति भी ठीक नहीं है। 21 वीं शताब्दी में कदम रखते विश्व के विशालतम प्रजातन्त्र देश की बाल पत्रिकाएँ अभी भी परी कथा, नीति कथा, पौराणिक कथा, राजा-महाराजा, राजकुमार-राजकुमारी, फकीर-साधु की कहानियों, कभी-कभी चित्रकथाओं, कार्टून कथाओं में प्रायः विदेशी बाल-पत्रिकाओं के काल्पनिक नायकों, टारजन, हीमेन, सुपर मेन, तथा स्पाइडरमेन आदि को ही हम हिन्दी में भी देखते हैं। हमारे सम्पादक-गण इस बात का ख्याल नहीं रखते कि भारत और विदेश की जलवायु तथा मानसिकता, जीवन-मूल्यों में गहरा अंतर है। हमारे यहाँ बीरबल हैं, तेनालीराम हैं तो शेखचिल्ली भी हैं। कभी-कभी उनकी भाषा भी बालकों की समझ से बाहर की होती है। विज्ञान के बढ़ते कदम, साम्प्रदायिक सौहार्द, राष्ट्रीयता, आपसी भाई-चारा तथा सामान्य जीवन के सुख-दुख को यथार्थ अभिव्यक्ति नहीं मिलती। कभी-कभी बच्चों की पत्रिकाएँ ऐसी रचनाएँ प्रकाशित कर देती हैं जो बच्चों की समझ के परे की चीज़ होती है। कभी-कभी इनका आभास ज़रूर मिलता है परन्तु स्वातन्त्र्योत्तर युग में अभी भी बाल-पत्रिकाएँ अपेक्षित सामग्री और स्तर की दृष्टि से उत्साहित नहीं करती हैं। इसी प्रकार महिलाओं की पत्रिकाएँ भी संभ्रान्त परिवारों की महिलाओं की समस्याएँ, नए-नए व्यंजन बनाने की पद्धति, बुनाई, नई डिजाइनें, शिकवे, शिकायतों की सामग्री से पटी रहती हैं। इनमें नगर-महानगर की स्त्रियों के लिए बहुत-कुछ मिल जाता है। किन्तु ग्रामीण महिलाओं के प्रति मात्र कोरी सहानुभूति का रुख रहता है।

कुल मिलाकर कहा जा सकता है कि आज़ादी के बाद हिन्दी पत्र-पत्रिकाओं का बहुआयामी विकास हुआ है। आवश्यकता इस बात की है कि आर्थिक रूप से पत्रिकाएँ विज्ञापनोन्मुखी होकर उद्योगपति, पूँजीपति, सत्ता दल तथा अन्य राजनीतिक दलों की मुखापेक्षी न हो जाएँ। उसमें राष्ट्रीय एवं भाषा आन्दोलन, गहन सांस्कृतिक चेतना, इतिहास-बोध, जन-जागृति का संकल्प, विचार-स्वातन्त्र्य तथा शैली का अपना सहज पैनापन हो।

हिन्दी पत्र-पत्रिकाएँ : एक लेखा-जोखा

स्वतन्त्रता के पश्चात् हिन्दी पत्रकारिता में एक नवीन युग का अवतरण हुआ। दैनिक-पत्र से लेकर साप्ताहिक, पाक्षिक, मासिक, त्रैमासिक, छमाही तथा वार्षिक पत्रिकाओं का प्रकाशन हुआ। ये पत्रिकाएँ विभिन्न विधा और विषयों की स्वतन्त्र पत्रिकाएँ हैं।

दैनिक-पत्र : उन्नीसवीं शती के उत्तरार्ध तक सिर्फ तीन दैनिकों समाचार-सुधा-वर्षण (1850), हिन्दोस्तान (1885) तथा भारतोदय (1885) प्रकाशित होते थे। 20वीं शती के प्रारम्भ में 'सिपाही', 'भारत मित्र', 'राजस्थान समाचार', 'श्री वेंकटेश्वर समाचार' आदि साप्ताहिकों ने भी दैनिक संस्करण निकालना प्रारम्भ किया। इनके अलावा विश्वमित्र (1916), (1920), हिन्दी मिलाप (1929), हिन्दुस्तान (1936), आर्यावर्त (1940) तथा जागरण (1942) आदि अन्य दैनिक प्रकाशित होने लगे। नवभारत टाइम्स, दिल्ली, बम्बई (1947), जनसत्ता, बम्बई, दिल्ली, नवजीवन लखनऊ (1947), नई दुनिया, इंदौर (1947), जागरण, कानपुर (1947), अमर उजाला, आगरा (1948), सन्मार्ग, कलकत्ता (1948), राष्ट्रदूत, जयपुर (1951), युगधर्म, नागपुर (1951), देशबन्धु भोपाल, जबलपुर, रायपुर (1950), दैनिक ट्रिब्यून, चंडीगढ़ आदि लगभग 470 दैनिकों का प्रकाशन आज देश के विभिन्न हिस्सों से होता है। सन् (1983) में हिन्दी के करीब 593 अख़बार होते थे। जो सभी भारतीय भाषाओं के एवं अंग्रेजी के पत्रों की कुल संख्या का 28.6 प्रतिशत हैं। हिन्दी पत्रों ने अंग्रेजी समाचार-पत्रों को प्रसार-संख्या की दृष्टि से पीछे छोड़ दिया है। सन् 1983 में अंग्रेजी समाचार-पत्रों की प्रसार-संख्या 10,627000 की तुलना में हिन्दी पत्रों की प्रसार संख्या 15,48000 प्रतियाँ हैं। इसमें नवभारत टाइम्स, दिल्ली की प्रसार संख्या एक लाख से ज्यादा है। इनमें पंजाब केसरी (जालन्धर), हिन्दुस्तान (नई दिल्ली), नई दुनिया (इन्दौर) तथा जागरण (कानपुर) इत्यादि का नाम उल्लेखनीय है। यहाँ कुछ समाचार-पत्रों का परिचय दिया जा रहा है।

नवभारत टाइम्स : प्रारम्भ में दिल्ली से सन् 1947 में सत्यदेव विद्यालंकार के सम्पादन में नवभारत प्रकाशित हुआ। सन् 1950 में बैनेट एण्ड कम्पनी ने टाइम्स ऑफ इंडिया (अंग्रेजी दैनिक) के वजन पर नवभारत के पीछे टाइम्स जोड़ दिया और 'नवभारत' नवभारत टाइम्स बन गया। सन् 1983 की गणना के अनुसार यह हिन्दी का सर्वाधिक बिक्रीवाला अखबार है। कालान्तर में कलकत्ता तथा बम्बई से भी इसके संस्करण प्रकाशित होने लगे। परन्तु 1953 में कलकत्ता का संस्करण बन्द हो गया। इस समाचार-पत्र में अंतर्राष्ट्रीय, राष्ट्रीय, प्रादेशिक एवं स्थानीय खबरें छपती हैं। खेल, वाणिज्य, साहित्यिक वानगी, शिक्षा, विज्ञान, कला तथा वित्त विषयक जानकारी होती हैं। यह समाचार-पत्र रविवार के अपने संस्करण में 'रविवार्ता' नामक एक परिशिष्ट देता है।

जनसत्ता : दिल्ली, बम्बई से इंडियन एक्सप्रेस न्यूज पेपर्स (बम्बई) लिमि. की ओर से प्रकाशित जनसत्ता ने हिन्दी पत्रकारिता को नए आयाम दिए हैं। खोजपूर्ण पत्रकारिता के सन्दर्भ में 'जनसत्ता' अग्रणी है। बेलाग सम्पादकीय, शैली का अपनापन, भावानुकूल भाषा, समाचार के प्रस्तुतीकरण का अपना अन्दाज इसे हिन्दी

अखबारों में विशिष्ट स्थान देता है। इसका रविवारीय परिशिष्ट साहित्य, विज्ञान, कला-संस्कृति तथा इतर विषयों से परिपूर्ण रहता है। इसमें महिलाओं तथा बच्चों के लिए भी पाठ्य सामग्री रहती है। इस सामग्री की विशेषता यह है कि इसमें परम्परागत आदर्शवादी पुराने ढर्रे के लेखों के बजाय चिंतन प्रधान वैचारिक लेख होते हैं जो पाठकों को सतर्क, सावधान तथा अभिनव ज्ञान से अधिक समृद्ध करते हैं। 'जनसत्ता' रविवारीय परिशिष्ट के साथ 36 पृष्ठों की सबरंग-साप्ताहिक पत्रिका अपने पाठकों को निःशुल्क देता है। इस पत्रिका में साहित्यिक तथा सामयिक विषयों पर लेख, कविताएँ, पहेली, चित्र-शीर्षक, किसी रोमांचक उपन्यास का धारावाहिक प्रकाशन पठनीय होता है। इस पत्रिका का लघु कलेवर होने पर भी यह किसी बड़ी भव्य कलेवरवाली पत्रिका से कमतर नहीं है।

नई दुनिया : इसका प्रारम्भ 1947 में इन्दौर से हुआ। हिन्दी में सर्वप्रथम ऑफसेट मुद्रण पद्धति का सूत्रपात भी नई दुनिया से हुआ। शुरुआत में यह एक सायंकालीन पत्र था। कालान्तर में सन् 1952 तथा (1959) में इसके प्रातःकालीन संस्करण क्रमशः रायपुर तथा जबलपुर से निकाले गए थे, परन्तु सन् 1971 में उन्हें बन्द कर दिया गया।

'नई दुनिया' की पाठ्य सामग्री चिंतन प्रधान होते हुए भी सरस होती है। इससे समाचार, प्रामाणिक तथा साहित्यिक पृष्ठभूमि उच्च कोटि की होती है। इसके सम्पादकीय विचारोत्तेजक होते हैं। इसकी भाषा सरल-सहज होती है। यह मात्र मध्यप्रदेश का ही नहीं अपितु सम्पूर्ण भारतीय स्तर के प्रतिष्ठित दैनिकों में से है। इसकी प्रसारण संख्या भी एक लाख से ऊपर है।

आज : शिवप्रसाद गुप्त काशी निवासी ने अपनी लन्दन यात्रा के दौरान 'लंदन टाइम्स' देखा और उन्होंने मन-ही-मन निश्चय किया कि वे हिन्दी में भी इसी प्रकार का समाचार-पत्र निकालेंगे। श्री प्रकाश के सम्पादन में सन् 1920 में गुप्तजी की मनोकामना तथा परिकल्पना को साकार करनेवाले 'आज' दैनिक का प्रकाशन वाराणसी से प्रारम्भ हुआ। कुछ समय पश्चात् विष्णु पराड़कर प्रधान सम्पादक के रूप में इस 'पत्र' में शामिल हुए। पराड़करजी के सम्पादन में इस पत्र ने बहुत ऊँचाई प्राप्त की। उन्होंने हिन्दी पत्रकारिता को ही नया स्वरूप, नवीन दिशा तथा नए मूल्य प्रदान किए। वस्तुतः 'आज' हिन्दी पत्रकारिता का मानक बन गया। दिल्ली से काशी तक अपना स्वयं का 'दूरमुद्रण यन्त्र' लगानेवाला यह पहला पत्र था। 'आज' ने हिन्दी भाषा और साहित्य को नई शब्दावली दी। सर्वश्री, श्री, राष्ट्रपति, मुद्रास्फीति, लोकतन्त्र, स्वराज्य, अंतर्राष्ट्रीय तथा वातावरण आदि शब्दों का गढ़न और प्रचलन 'आज' से प्रारंभ हुआ। लोकमान्य तिलक की प्रेरणा से निकला 'आज' महात्मा गाँधी के विभिन्न आन्दोलनों का प्रवक्ता बना। सत्याग्रहियों की नामावली प्रकाशित करने का दुस्साहस सिर्फ 'आज' में था। 'आज' के अग्रलेख

तथा टिप्पणियों ने जनता का ध्यान अपनी ओर खींचा। इनके अग्रलेखाकारों में पं. कमलापति त्रिपाठी, सम्पूर्णानन्द, आचार्य नरेन्द्रदेव तथा श्री प्रकाश थे। सरल भाषा और सहज रोचक, गम्भीर सामग्री हिन्दी के प्रति उत्सुकता तथा आदर का सार्थक भाव जगाती है। प्रेमचन्द, जयशंकर प्रसाद, डॉ. भगवानदास तथा बेढ़ब बनारसी इसमें नियमित रूप से लिखते थे। 'आज' ने अनेक साहित्यकारों को जन्म दिया जैसे बेचन शर्मा 'उग्र'।

'आज' के संवाददाता बर्मा, थाइलैण्ड, मारिशस तक फैले हुए हैं। अतः वहाँ की प्रामाणिक खबरें इस समाचार-पत्र को नियमित रूप से मिलती रहती हैं। 'आज' जिलों और नगरों के विशेष संस्करण प्रकाशित करता है। 'आज' वाराणसी, कानपुर, इलाहाबाद, पटना आदि स्थानों से प्रकाशित हो रहा है।

साँझ दैनिक : अंग्रेजी की देखादेखी हिन्दी में भी शाम के अखबार प्रकाशित होने लगे हैं। उनमें सुबह से लेकर दोपहर तक के समाचारों को शामिल करने का प्रयत्न किया जाता है। अपनी बिक्री के लिए ये मुख्य समाचार के शीर्षक को आकर्षक तथा उत्तेजक रूप में प्रकाशित करते हैं। उनके अलावा इनमें कई रोचक तथा दिलचस्प स्तम्भ दिए जाते हैं। कुछ विषयों की नवीनतम जानकारी दी जाती है। सभी वर्ग के वृद्ध, युवक तथा बच्चों के लिए भी सामग्री दी जाती है। इनमें एक लेख चिंतनपरक तथा गम्भीर किस्म का होता है जो विषय का जानकार लिखता है। इसका आकार दैनिक पत्रों से छोटा होता है। अतः मूल्य भी कम होता है। इस समय सिर्फ बम्बई से 'निर्भय पथिक', 'दोपहर', 'संझा जनसत्ता' तथा 'हमारा महानगर' आदि पत्र प्रकाशित हो रहे हैं।

साप्ताहिक पत्र : सन् 1983 के दौरान हिन्दी में प्रकाशित पत्रिकाओं की संख्या 19,227 थीं। इनमें से 6122 साप्ताहिक, 2817 पाक्षिक, 1979 त्रैमासिक, 244 वार्षिक और 833 अन्य पत्रिकाएँ निकल रही थीं। संप्रति हिन्दी पत्रिकाओं में 17 पत्रिकाएँ एक लाख से अधिक बिकती हैं। इनमें सरिता (नई दिल्ली), गृह शोभा (दिल्ली), कादम्बिनी (दिल्ली), मायापुरी (दिल्ली), फिल्मी दुनिया (दिल्ली), फिल्मी कलियाँ (दिल्ली), धर्मयुग (बम्बई), कल्याण (गोरखपुर), माया (इलाहाबाद), नूतन कहानियाँ (इलाहाबाद) उल्लेख्य हैं। हिन्दी की साप्ताहिक पत्रिकाएँ कश्मीर से केरल, गुजरात से असम तथा सूरीनाम से बर्मा तक उनका प्रकाशन प्रसार हो रहा है। हिन्दी में साप्ताहिक हिन्दुस्तान, ब्लिट्ज (1962) आदि हैं। 'दिनमान' और 'रविवार' बन्द हो गए हैं। इन साप्ताहिकों में कुछ लेख/कहानियाँ, कविताएँ, समाचार-विश्लेषण, वर्ग-पहेली, चौके-चक्की का रोमांस, महिलाओं का स्वास्थ्य, उनकी उलझनों का निवारण, बाल-साहित्य आदि सभी कुछ छपता है। 'धर्मयुग' अब पाक्षिक हो गया है।

साहित्यिक मासिक एवं त्रैमासिक पत्रिकाएँ

कल्पना, संचेतना, जन, आजकल, बिन्दु, अजन्ता, माध्यम, लहर, नवनीत, कादम्बिनी, ज्ञानोदय, राष्ट्रवाणी, सारिका, कहानी, नई कहानियाँ, पूर्वग्रह, क ख ग, युगप्रभात, नन्दन, पराग, चन्दामामा, गंगा तथा हंस हिन्दी की महत्त्वपूर्ण मासिकी हैं परन्तु खेद का विषय है कि इनमें से आजकल, नवनीत भारती, पहल, हंस, कादम्बिनी तथा पूर्वग्रह के अलावा प्रायः पत्रिकाएँ बन्द हो गई हैं। कुछ नई पत्रिकाएँ भी प्रकाशित हो रही हैं। जैसे–'इंडिया टुडे' आदि।

इन पत्रिकाओं में विभिन्न विधाओं की रचनाएँ–कविता, कहानी, उपन्यास अंश, आलोचना आदि प्रकाशित किए जाते हैं और कुछ पत्रिकाएँ विधा विशेष को लेकर चलती हैं। जैसे–'कहानी' पत्रिका में सिर्फ कहानियाँ छपती थीं। निकष तथा अंतराल में पत्र, कविताएँ प्रकाशित होती थीं। अमीका, ठिठोली, दिवाना, रंगचकल्लस, लोटपोट, मधु मुस्कान, व्यंग्य, हास्य कलश आदि हास्य-व्यंग्य की पत्रिकाएँ रही हैं। 'नटरंग' नाटक विधा की पत्रिका है। साहित्य सन्देश, दृष्टिकोण, परीक्षा लोक, सप्तसिन्धु इत्यादि समीक्षापरक पत्रिकाएँ हैं। अनुसन्धान, गवेषणा, परम्परा, परिशोध, परिषद् पत्रिका, भारतीय साहित्य, मरुभारती, राजस्थान भारती, लोक साहित्य, हिन्दी अनुशीलन, वैचारिकी, आदि शोधपरक पत्रिकाएँ हैं।

इन पत्रिकाओं में साहित्य की नवीनतम सूचनाएँ होती हैं। हिन्दी में लिखे जा रहे सृजनात्मक साहित्य की जानकारी होती है। विविध साहित्यिक आन्दोलनों–यथा–कहानी, नई कहानी आदि की चर्चा होती है। कविता को लेकर चल रहे आन्दोलनों का लेखा-जोखा होता है। साहित्य की नवीनतम प्रवृत्तियाँ नए हस्ताक्षरों को स्थान देकर साहित्यिक पत्रिका साहित्य की धारा को अभिनव मोड़ देती हैं। विश्व के प्रसिद्ध विचारक, आलोचकों का साहित्य अथवा उसकी सगोत्रीय विधाओं पर लेखों को पत्रिका प्रकाशित कर पाठकों के विशिष्ट वर्ग की जानकारी को बढ़ाती है। उनके ज्ञान को समृद्धतर करती है। पुरानी और नई पत्रिकाएँ अपने-अपने ढंग से साहित्यिक सामग्री परोसती हैं। उनकी आपसी टकराहट तथा पारस्परिक सहयोग-भावना भी साहित्य को नए आयाम देने में अपनी भूमिका निभाती हैं। परन्तु कुल मिलाकर आज साहित्यिक पत्रिकाओं की वित्तीय तथा साहित्यिक दोनों स्थितियाँ शोचनीय हैं। वित्त के अभाव में वे चाहते हुए भी शुद्ध साहित्यिक आचरण, अनुशासन का आग्रह नहीं रख पाती हैं। साहित्यिक दृष्टि से अधिसंख्य ऐसे लेख प्रकाशनार्थ आते हैं जो साहित्यिक स्तर पर खरे नहीं उतरते हैं पर परिस्थितियों के तकाजों के कारण उनमें से कुछ लेखों को पत्रिका में स्थान देना पड़ता है। दृक-श्रव्य माध्यम के कारण भी साहित्य एक विशेष स्वभाव में ढलने लगा है। संप्रति वह साहित्य के उच्च-मूल्यों के स्थान पर एक सामान्य लोकप्रिय पत्रिका बनने को विवश हैं।

राजनीतिक पत्रिकाएँ

हमारे संविधान में शासन-प्रशासन के लिए विभिन्न प्रणालियों में से प्रजातान्त्रिक प्रणाली का चयन किया है। प्रजातन्त्र इस बात की छूट देता है कि प्रजा अपनी बुद्धि और विवेक के अनुसार सोचे-समझे और किसी समस्या, घटना या राजकीय व्यवस्था पर अपना स्वतन्त्र निर्णय ले। 'वाणी स्वतन्त्रता' के कारण वह राज्यसत्ता के पक्ष या विपक्ष में अपने विचारों को निर्भीकता से प्रकट करे। भिन्न-भिन्न विचारधाराओं से प्रतिबद्ध अनेक राजनीतिक दल भारतवर्ष की राजनीति को जीवन्त बनाए हुए हैं। लोकसम्पर्क के एक साधन के रूप में ये अखबार तथा पत्रिकाएँ प्रकाशित करते हैं। जिनमें अपने पक्ष को बल देने तथा विपक्ष को कमज़ोर करने वाले लेख छापते हैं। वास्तव में राजनीतिक पत्रिका का पहला एवं अन्तिम लक्ष्य प्रोपेगेण्डा करना होता है। हिन्दी ब्लिट्ज (बम्बई), पांचजन्य (लखनऊ), जनशक्ति (पटना), लोकराज्य (दिल्ली) आदि हिन्दी में प्रकाशित होनेवाले राजनीतिक पत्र-पत्रिकाएँ हैं। डॉ. राममनोहर लोहिया का 'जन', जार्ज फर्नाण्डिस का 'प्रतिपक्ष', वामपंथी धारा का 'मुक्त धारा' ये राजनीतिक पत्र अब बन्द हो गए हैं। 'इंडिया टुडे' आज सर्वाधिक लोकप्रिय राजनीतिक पत्रिका है।

इन अखबारों की भाषा सीधी-सरल होती है ताकि सामान्य जनता उसे समझ सके। सत्ता के खिलाफ अपने नीतिगत या दलगत विचार भी वे इस रूप में प्रस्तुत करते हैं कि उनके दल की राजनीतिक शब्दावली का इस तरह इस्तेमाल हो कि वह सामान्य जनता के गले के नीचे उतर जाए।

लोकप्रिय पत्रिकाएँ

कुछ ऐसी पत्रिकाएँ भी प्रकाशित होती हैं जिनका न तो कोई उदात्त उद्देश्य होता है न किसी राजनीतिक दल के प्रति प्रतिबद्धता का भाव न पत्र स्वामी की नीतियों के उल्लंघन का कोई खतरा। न ये मानवीय मूल्यों की स्थापना में दिलचस्पी रखती हैं न किसी महत् लक्ष्य के लिए जन सम्पर्क के लिए जन-मानस को तैयार करती हैं। पत्रकारिता की प्रथम शर्त है जोख़िम उठाना, पर ये पत्रिकाएँ किसी तरह का न तो जोखिम उठाती हैं न संकट। वे अपनी नियति में लाली पॉप होती हैं। अपने पाठकों की आशा-आकांक्षाओं को रूप-ढंग देना, सस्ती लोकप्रियता के लिए हल्की-फुल्की सामग्री प्रकाशित करना, अच्छी साज-सज्जा, रंगीन मादक चित्रावली, आकर्षक गैट अप, बढ़िया कागज़, बढ़िया कलात्मक मुद्रण से ये पत्रिकाएँ अधिक प्रसार-संख्या बटोर लेती हैं। इनमें विज्ञापनों की कमी भी नहीं होती। छोटे-बड़े सभी इन पत्रिकाओं को 'टाइमपास' करने के मूड में पढ़ते हैं। इन पत्रिकाओं में गम्भीर विचार के साथ हल्के-फुल्के चुटकले तथा अध्यात्म से लेकर चूल्हे-चक्की के रोमांस तक इनका विषय विस्तार रहता है। कुछ पत्रिकाओं के संबंध में परिचयात्मक

टिप्पणी दी जा रही है।

धर्मयुग (पाक्षिक) : 'टाइम्स ऑफ इंडिया पब्लिकेशन्स' से प्रकाशित 'धर्मयुग' पहले साप्ताहिक था। कालान्तर में वह पाक्षिक हो गया। सन् 1950 में प्रकाशित इस साप्ताहिक के सम्पादक थे—प्रसिद्ध साहित्यकार इलाचन्द्र जोशी। उनके उपरान्त पं. सत्यकाम विद्यालंकार ने सम्पादन सम्भाला। सत्यकामजी के बाद डॉ. धर्मवीर भारती इसके सम्पादक बनकर आए। भारतीजी के सम्पादन-काल में पाठ्य सामग्री, कलात्मक मुद्रण एवं प्रसार संख्या की दृष्टि से धर्मयुग ने एक नई ऊँचाई प्राप्त की। साहित्य, दर्शन, राजनीति सभी के साथ भारतीजी एक रूप, एक रस तथा एक रंग हो जाया करते थे। अतः लोकप्रियता तथा व्यापक प्रसार संख्या रखनेवाला 'धर्मयुग' का हर लेख पाण्डित्य का सजीव उदाहरण बन गया। भारतीजी के अवकाश ग्रहण करने के पश्चात् अब गणेश मन्त्री इसके सम्पादक नियुक्त किए गए। सम्प्रति विश्वनाथ सचदेव 'धर्मयुग' का सम्पादन कर रहे हैं।

कादम्बिनी : अंग्रेजी में प्रकाशित होनेवाले 'रीडर्स डायजेस्ट' के अनुकरण पर हिन्दी में कई लोकप्रिय पत्रिकाएँ निकलने लगी हैं। हिन्दुस्तान टाइम्स ग्रुप की 'कादम्बिनी' (सन् 1960) ऐसी ही पत्रिका है। इसमें कहानियाँ, व्यंग्य, कविताओं के अलावा ऐतिहासिक तथा सांस्कृतिक सन्दर्भों के लेख तथा स्वास्थ्य-चर्चा प्रकाशित होती है। भारतीय तथा विदेशी भाषा की महत्त्वपूर्ण कृतियों की जानकारी इसमें रहती है। नए लेखक-कवियों को प्रोत्साहित करनेवाले स्तम्भ भी इसमें रहते हैं। ज्ञानवर्धक, रोचक, मनोरंजक तथा अपनी आकर्षित मुद्रण कला से सजी-सँवरी 'कादम्बिनी' की प्रतीक्षा लाखों पाठक प्रति माह करते हैं।

नवनीत : सन् 1952 में 'रीडर्स डायजेस्ट' के ढंग की यह मासिक पत्रिका सन् 1952 में बम्बई से प्रकाशित हुई। इस पत्रिका में जीवन के विविध पक्षों को लेकर सामग्री प्रकाशित होती है। यह विचार-प्रधान चिंतनपरक पत्रिका है। इसमें आध्यात्मिक एवं धार्मिक विषयों पर तो लेख प्रकाशित होते ही हैं। इसमें कहानी, कविता, लेख, निबन्ध तथा उपन्यास भी छपते हैं। विषयगत विविधता, रंजकता, चुनिन्दा शब्दावली तथा एक आभिजात्य शैली के निर्वाह ने इसे साहित्यिक जगत् में प्रतिष्ठित कर दिया है। आजकल इसका प्रकाशन भारतीय विद्या भवन की हिन्दी पत्रिका 'भारती' से संयुक्त कर दिया गया है। अब 'नवनीत भारती' शीर्षक से इसका प्रकाशन होता है।

सरिता : सन् 1945 में दिल्ली प्रेस, नई दिल्ली ने 'सरिता' मासिक का प्रकाशन प्रारम्भ किया। यह पत्रिका पारिवारिक पत्रिका के रूप में पाठकों के बीच जानी-पहचानी जाती है। इसका सम्पादकीय काफी विचारोत्तेजक होता है। इसमें लेख/पारिवारिक कहानियाँ, व्यंग्य, महिलाओं के लिए सिलाई, सफाई, कढ़ाई, बच्चों के मुख से आदि प्रकाशित होते हैं। यह आधुनिक जीवन के स्वस्थ पहलुओं की

पक्षधर है। और इस पक्षधरता के लिए भारतीय परम्परा की रूढ़ियों का विरोध करती है और समुचित लगने पर पश्चिमी जीवन-मूल्यों को स्वीकार करने में नहीं हिचकती। सरिता को समाज तथा परिवार की संरक्षक पत्रिका कहा जा सकता है। सन् 1964 से इसे पाक्षिक कर दिया गया।

माधुरी/फिल्मफेअर (हिन्दी) : आज पूरे देश में हिन्दी फिल्मों को लेकर जबर्दस्त नशा है। इसके दर्शक भी भाषा, जाति, वर्ग, वर्ण का विस्मरण कर इसे देखते हैं। वे अपने प्रिय अथवा अप्रिय नायक-खलनायक, नायिका-खलनायिकाओं के अन्दरूनी व्यक्तिगत तथा फिल्मी जीवन के बारे में जानना चाहते हैं। वे फिल्मी गीतकार, कहानीकार, दिग्दर्शक एवं प्रोड्यूसर के संबंध में भी ज़ानकारी चाहते हैं। चल रही फिल्मों के बारे में भी सम्पादक के विचार जानना चाहते हैं और उसके आधार पर फिल्म देखने न देखने का निर्णय करते हैं। नायक-नायिकाओं के गलत संबंधों, अफवाहों को भी वे रस लेकर सुनते-पढ़ते हैं। अपने प्रिय नायक-नायिका के ब्लू अप तथा विभिन्न रंगीन चित्रों के वे पुजारी होते हैं। इन विभिन्न वस्तुओं को लेकर फिल्मी पत्रिकाएँ प्रारम्भ हुईं। कुछ फिल्मी पत्रिकाएँ अफवाहों, अश्लील चित्रों तथा अनाप-शनाप सामग्री से भरी रहती थीं। ऐसे समय 'टाइम्स ऑफ इंडिया' पब्लिकेशन्स लिमि. ने 'माधुरी' नामक हिन्दी फिल्म पत्रिका सन् 1964 में प्रारम्भ की। इस पत्रिका में गोशिप, अश्लील और भोंडे चित्र, अफवाहें नहीं रहती हैं। इसमें फिल्मों पर स्वस्थ सामग्री दी जाती है। इस पत्रिका को चोरी छिपे पढ़ने की जरूरत नहीं है। पारिवारिक सदस्यों के बीच भी इसे पढ़ा जा सकता है। अच्छे लुभावने चित्रों से सजी 'माधुरी' अपने पाठकों को माधुर्य से भर देती है। फिल्म के विविध पहलुओं पर सीधी-सादी भाषा में प्रामाणिक जानकारी इस पत्रिका में मिलती है। कुछ समय पश्चात् किन्हीं कारणों से इसी प्रकाशन की अंग्रेज़ी फिल्म पत्रिका 'फिल्मफेयर' से संयुक्त कर दिया गया। पहले यह साप्ताहिक थी। अब पाक्षिक हो गई है। आजकल इसे बन्द कर दिया है।

इनके अलावा फिल्मी पत्रिकाएँ प्रकाशित हो रही हैं। जैसे—मायापुरी, फिल्म सीटी तथा एक्सप्रेस स्क्रिन, 'चित्रलेखा', फिल्मी दुनिया, मेनका, सिनेतारिका तथा प्रिया आदि। सन् 1984 के रिकार्ड के अनुसार 94 फिल्मी पत्रिकाएँ प्रकाशित होती हैं।

रहस्य-रोमांच की पत्रिकाएँ

मनोहर कहानियाँ : हिन्दी में रहस्य-रोमांच की अनेक पत्र-पत्रिकाएँ प्रकाशित होती हैं। इन पत्रिकाओं में कभी काल्पनिक प्रसंगों पर, कभी पुलिस फाइल पर आधारित, कभी विदेशी मिस्ट्री लिटरेचर पर आधारित रहस्य-रोमांच की कहानियाँ छपती हैं। पाठकों का एक विशिष्ट पर विशाल वर्ग इस तरह की पत्रिकाओं को काफी पसन्द

करता है। ऐसी ही एक पत्रिका सन् 1939 में मित्र प्रकाशन, इलाहाबाद से 'मनोहर कहानियाँ' के नाम से बाज़ार में आई। जीवन की सत्य घटनाओं और पुलिस फाइल पर आधारित इसमें प्रकाशित कहानियाँ प्रामाणिक मानी जाती हैं। खून, हत्या, बलात्कार, लूट-पाट तथा धोखाधड़ी इन कहानियों के विषय होते हैं। कभी-कभी भूत-प्रेत विशेषांक आदि भी यह पत्रिका प्रकाशित करती है। जासूसी प्रधान यह पत्रिका कदाचित् हिन्दी की सर्वाधिक बिकनेवाली पत्रिका है। अब यह गुजराती भाषा में भी प्रकाशित होने लगी है।

महिलाओं की पत्रिकाएँ

हिन्दी में कुछ समय से सिर्फ महिलाओं के लिए कुछ पत्रिकाएँ प्रकाशित होने लगी हैं—मनोरमा, गृहशोभा, सहेली वगैरह। इन पत्रिकाओं में मनोरमा (मित्र प्रकाशन लिमि., इलाहाबाद), गृह शोभा (दिल्ली प्रेस, पत्र प्रकाशन लिमि., दिल्ली) इत्यादि काफी लोकप्रिय हैं। इनमें महिलोपयोगी लेख, उनकी समस्याओं का समाधान, स्वेटर बुनाई, कढ़ाई पर सामग्री, तरह-तरह के पकवान बनाने की विधियाँ, पारिवारिक सन्दर्भ की कहानियों के साथ ही साथ छींटे और बौछार, फिल्म जगत्, आदि रोचक स्तम्भों से ये पत्रिकाएँ मनोरंजन के क्षण भी जुटाती हैं। 'गृहस्थी के बारे में जानकारी' 'वर-वधू चाहिए' के कॉलम आदि इन पत्रिकाओं को एक आभिजात्य रूप देते हैं। सचित्र मुद्रण से आई कलात्मकता, लुभावना गैटअप इन पत्रिकाओं की विशेषता होती है। यद्यपि इस पत्रिका की सामग्री विशेष रूप से महिलाओं के लिए होती है पर उसका अर्थ यह नहीं है कि पुरुष इसे नहीं पढ़ते। सन् 1984 की 'समाचार-पत्र' की सूचना के अनुसार 23 महिला पत्रिका प्रकाशित होती हैं।

बच्चों की पत्रिकाएँ

बच्चों की अपनी दुनिया होती है। उनके अपने सपने होते हैं। कल्पनाएँ होती हैं। कुछ कर गुजरने की इच्छा होती है। घर के संस्कार, वातावरण का प्रभाव उनके व्यक्तित्व के गठन तथा भावी जीवन की रूपरेखा बनाने में सहयोग देते हैं। बच्चे सिर्फ कोरे रूखे उपदेशों से उतना नहीं सीखते, समझते जितना वे कविता और कहानियों के माध्यम से ग्रहण करते हैं।

हमारे देश में नानी बाल साहित्य की वाचिक सूत्रधार कही जा सकती है। यद्यपि पंचतन्त्र, हितोपदेश आदि पुस्तकों में बालकों के लिए रोचक, दिलचस्प, शिक्षा-प्रधान कहानियाँ मिलती हैं। परन्तु नानी के मुख से कहानियाँ सुनना बच्चों के लिए आनन्द के क्षण हुआ करते हैं। नानी की कहानी राजा-रानी, राजकुमार-राजकुमारी, राक्षस, जादूगर, जादू-टोना, भूत-पिशाच, डायन, परी, देवियों पर निर्भर रहती थीं। पशु-पक्षी भी इनकी कहानियों में आते थे। पर आज़ादी के

बाद बच्चों की मानसिकता में बदलाव आवश्यक था। इन्हें कहानी के इस परम्परागत इन्द्रजाल से बाहर निकालना आवश्यक था। भूत-प्रेत, अंधश्रद्धा, राजा-रानी, राजकुमार-राजकुमारी के किस्सों से उन्हें मुक्त करना ज़रूरी था। उन्हें डायन जादूगरों के हैरतअंगेज कारनामों और करिश्मों से आज़ाद करना था। परियों और देवियों की अनुग्रह कृपा से मुक्त कराना था। उन्हें स्वतंत्रता के साथ देश के हर्ष-विषाद, समस्याओं से यथासंभव परिचित कराना जरूरी था। स्वतन्त्रता-संग्राम में आहुति देनेवाले वीरों—भगत सिंह, चन्द्रशेखर इत्यादि के साहस से बच्चों में राष्ट्रीय-भावना का विकास करना था। महात्मा गाँधी, जवाहरलाल नेहरू, लालबहादुर शास्त्री के स्वराज प्राप्ति के लिए किए जा रहे आन्दोलनों तथा उनके व्यक्तिगत जीवन से भी उनका परिचय कराना था। विज्ञान की प्रगति, औद्योगिक विकास, तन्त्रशास्त्र, अर्थशास्त्र, इतिहास आदि की जानकारी देनी ज़रूरी थी। इस नए परिदृश्य में बाल कहानियों का परिप्रेक्ष्य भी बदल गया। अब कथानायक राजा न होकर गरीब आदमी होता है। राजकुमार की जगह सामान्य बच्चे ने ले ली है। अब महँगाई, अशिक्षा तथा अत्याचारों से उसे जूझना है और किसी आदर्श के प्रति उसे समर्पित होना है। उसे अपने बूढ़े बाप, लाचार माँ, पड़ोसियों के सुख-दुःख से साक्षात्कार करना है। इस तरह के अनेकविध विषय बाल-कहानियों के कथ्य बन गए हैं। इसका अर्थ यह नहीं है, पशु-पक्षी, भूत-प्रेत, राक्षस, जादू-टोना, डायन तथा राजा-रानी, राजकुमार-राजकुमारी, परियाँ-देवियाँ अब कथा में नहीं आते पर वे अब सिर्फ 'फिलर' की भूमिका निभाते हैं। हिन्दी में कई बाल-पत्रिकाएँ निकलती हैं। जैसे—बालसखा, बालक, चुन्नू मुन्नू, किशोर, चन्दामामा, पराग, बालभारती, वानर, नन्दन, चम्पक, लोटपोट, मधुमुस्कान तथा बाल हंस आदि 63 पत्रिकाओं का प्रकाशन होता है परन्तु इनमें कुछ पत्रिकाएँ कालकंवलित हो गई हैं—जैसे—बाल-सखा, बालक, चुन्नू मुन्नू आदि। इन पत्रिकाओं में मद्रास से सन् 1949 से प्रकाशित 'चन्दामामा' में अभी भी पौराणिक तथा दानव कथाएँ प्रकाशित हो रही हैं। जातककथाएँ भी स्थान पा रही हैं। पर इनका प्रकाशन आकर्षक एवं मनोरम ढंग से होता है। हिन्दी के प्रचार में इस पत्रिका का योगदान सराहनीय है। यह पत्रिका हिन्दी के अलावा, तेलगू, तमिल, मलयालम, कन्नड़, गुजराती, मराठी और उड़िया भाषाओं में भी प्रकाशित होती है। इसके पाठक बच्चों से लेकर बूढ़े तक होते हैं। इसकी प्रस्तुति नयनाभिराम होती है।

नन्दन : हिन्दुस्तान टाइम्स, दिल्ली से प्रकाशित 'नन्दन' में आधुनिक बोध एवं दैनिक जीवन से सम्बन्धित बाल-कहानियाँ छपती हैं। भूत-प्रेत, अन्धविश्वास को हटाने में, बच्चों में साहस जगाने में इस पत्रिका का अपना विशिष्ट योगदान है। इसमें राजकुमार, राजा, रानी, राजकुमारी की जगह साधारण वर्ग के लड़के-लड़कियाँ होते हैं। न तो प्रायः इनमें भूत हैं न डायन है और न जादूगर ही।

है तो स्कूल की कोई समस्या, माँ-बाप की बीमारी के लिए पैसों का प्रबन्ध दया से नहीं बल्कि स्वाभिमान रखते हुए कमाया जाना। इसी प्रकार किसी पेड़ पर भूत का डेरा। लड़कों द्वारा भ्रम का पर्दाफाश करना। मित्रों का एक-दूसरे के लिए किसी भी काम के लिए पूरा-पूरा सहयोग। इसमें विज्ञान-कथाएँ भी छपती हैं। कभी-कभार पुराने ढर्रे की कहानियाँ भी इसमें नज़र आ जाती हैं। आजकल बच्चों के लिए चित्रकथाओं का भी प्रकाशन होने लगा है। बच्चों में यह विधा लोकप्रिय है।

पराग : टाइम्स ऑफ इंडिया प्रकाशन लिमि., बम्बई, दिल्ली की ओर से प्रकाशित होनेवाली यह बच्चों की पत्रिका है। इस पत्रिका में बच्चों के ज्ञान संवर्धन तथा मनोरंजन की पाठ्य सामग्री प्रकाशित की जाती है। इसमें बच्चों के लिए कहानियाँ, कविताएँ, शिशुगीत, प्रश्नोत्तर माला आदि दिए जाते हैं। इनमें परियों, डायनों, जादू-टोना, जादूगर, अन्धविश्वास, राक्षस तथा भूत-प्रेत के भयावने कारनामे नहीं दिये जाते हैं। यदि दिए भी जाते हैं तो उनका लक्ष्य बच्चों को परम्परागत, काल्पनिक दुनिया से निकाल कर जीवन-जगत् के खुरदरे यथार्थ से परिचित कराना होता है। आधुनिक जीवन की समस्याओं से दो-दो हाथ करने के लिए तैयार करना होता है। इसकी भाषा बच्चों के अनुकूल होती है और शैली आकर्षक होती है। कहानियाँ तथा ज्ञानवर्धन की सामग्री के साथ रंग-बिरंगे चित्रों से बच्चों को सामग्री को समझने और अपनाने के लिए प्रेरित करती है। बच्चों की पाठ्य सामग्री बच्चों की ही भाषा में 'पराग' की विशेषता है। सन् 1984 के रिकार्ड के अनुसार हिन्दी में 63 बाल पत्रिकाएँ छपती हैं। यह पत्रिका भी बन्द हो गई है।

कॉमिक्स : सुपरमैन, मेण्डेड आदि कॉमिक्स भी अब बालकों में प्रिय हो गए हैं। ये नए अति मानव मनुष्यों के संकट को दूर किया करते हैं।

शिक्षा-संबंधी पत्रिकाएँ

स्वतन्त्रता के बाद देश में साक्षरता अभियान प्रारम्भ हुआ। लोगों की समझ में आ गया कि बिना पढ़े-लिखे कोई गति नहीं है। गाँव-खेड़े, शहर तथा महानगर सभी स्थानों पर तेज़ी से पाठशालाएँ खुलीं और एक शिक्षा के कठिन यज्ञ का प्रारम्भ हुआ। परन्तु शब्द-ज्ञान के बाद अध्ययन-अध्यापन की दिशा क्या हो ? हमारी शिक्षा-नीति क्या हो ? क्या इसे ज्ञानसंवर्धन तक सीमित रखा जाए या इसे रोजगारोन्मुख बनाया जाए। शिक्षा का माध्यम क्या हो ? कक्षा में कौन-कौन से विषय पढ़ाए जाएँ ? एक कक्षा में कितने विद्यार्थी हों ? एक पाठशाला में कितने शिक्षक हों। पाठशाला का संचालन प्रायवेट ट्रस्ट, संस्था को सौंपा जाए अथवा प्रान्त या केन्द्रीय सरकार को इसका दायित्व सौंपा जाए ? ऐसे अनेक प्रश्न तथा समस्याएँ थीं ? इन पर विचार करने के लिए सरकार ने डॉ. सर्वपल्ली राधाकृष्णन, डॉ. कोठारी आदि आयोग गठित किए। और उनकी सिफारिशों में से कुछ का कार्यान्वयन भी

किया गया।

ऐसी परिस्थिति में यह महसूस किया गया कि शिक्षा संबंधी पत्रिकाएँ निकाली जाएँ जिनमें शिक्षा संबंधी विविध पहलुओं पर जानकारी हो। नया शिक्षक (बीकानेर), प्रौढ़ शिक्षा (नई दिल्ली), नई शिक्षा (जयपुर), भारतीय शिक्षा (लखनऊ) तथा संचार माध्यम (दिल्ली) आदि पत्रिकाएँ शिक्षा-शिक्षक एवं विद्यार्थियों की ज्वलन्त समस्याओं को हल करने में अपना सहयोग दे रही हैं। इसके अलावा अध्यापन की बदलती पद्धति, नए-नए विषयों की ओर भी इनमें संकेत होता है। सरकार की शिक्षा-नीति, आयोगों की रिपोर्ट पर सहमति-असहमति व्यक्त की जाती है।

उद्योग एवं वाणिज्य पत्रिकाएँ

स्वतन्त्रता के बाद उद्योग एवं वाणिज्य क्षेत्र में नए-नए आयाम विकसित हुए। उद्योग में भारतीय पूँजी भारत में ही बनी रहे। विदेशी पूँजी का आवश्यकता से अधिक इस्तेमाल नहीं किया जाए। विदेशी आप्रवासियों की पूँजी इस देश के उद्योगों में लगे। बैंकिंग उद्योग, वस्त्रोद्योग आदि उद्योगों की जानकारी तथा 'बाज़ार' को लेकर आवश्यक सूचनाएँ, जानकारियाँ संबद्ध व्यक्तियों, व्यापारियों तथा ग्राहकों को देने के लिए इन पत्रिकाओं का प्रारम्भ हुआ। भारत के 'समाचार-पत्र' 1984 के अनुसार 1983 में हिन्दी में उद्योग एवं वाणिज्य संबंधी 46 पत्रिकाएँ प्रकाशित हो रही हैं।

खादी ग्रामोद्योग (बम्बई), व्यापार (बम्बई), दलाल स्ट्रीट (बम्बई), सम्पदा (नई दिल्ली), आर्थिक चेतना (नई दिल्ली), योजना (नई दिल्ली), आर्थिक जगत् (कलकत्ता), उत्पादकता (कानपुर), तथा उद्यम (नागपुर)।

कृषि पत्रिकाएँ

भारत कृषि प्रधान देश है। देश की आर्थिक रीढ़ कृषि ही है। स्वतन्त्रता के बाद प्रायः उपेक्षित इस क्षेत्र की ओर भी प्रजातान्त्रिक सरकार का ध्यान गया। रबी तथा खरीफ फसलें किस तरह अधिक से अधिक पैदा की जा सकती हैं। फसलों की किस्म किस प्रकार सुधारी जा सकती है। ज़मीन जोतने के लिए बैलों के स्थान पर ट्रेक्टर का प्रयोग लाभप्रद है या नहीं। फसल को बर्बाद करनेवाले कीड़ों से फसल को कैसे बचाया जाए। खाद में कौन से तत्त्व मिलाने से इनकी उपजाऊ क्षमता बढ़ सकती है। बीज कौन-सा डालना उपयुक्त होगा आदि पर सलाह एवं मार्गदर्शन देने की आवश्यकता की पूर्ति विभिन्न कृषि संबंधी पत्रिकाएँ करती हैं। कृषि सुधार, उन्नत कृषि, आधुनिक कृषि दर्शन, कृषक-क्रान्ति, किसान सन्देश, किसान पंचायत, किसान मित्र, गाँव, ग्रामीण दुनिया, भू भारती, चौपाल तथा उद्यान-जगत् इत्यादि प्रमुख हैं।

विज्ञान-विषयक पत्रिकाएँ

औद्योगिकता के साथ-साथ विश्व में वैज्ञानिक शक्ति का प्रभाव बढ़ा है। सृजन एवं संहार दोनों में विज्ञान के प्रयोगों का हाथ रहता है। उपभोक्तावादी संस्कृति तथा उपनिवेशवादी मानसिकता ने भी आज के जीवन में विज्ञान की अहम भूमिका स्वीकार की है। आज विकासशील देश एवं आधुनिक जीवन को सुविधा से जीने के लिए विज्ञान की उपलब्धियों की आवश्यकता पड़ती है। उद्योग धन्धों को गति देने में, स्वास्थ्य संबंधी मामलों तथा जीवन के सभी क्षेत्रों में विज्ञान की उपलब्धियों को नकारा नहीं जा सकता है। अंतरिक्ष के रहस्य, ग्रह-नक्षत्रों के तिलस्म तथा देश एवं विश्व के हवामान भी आज विज्ञान की आँखें हमें दिखाती हैं। हिन्दी में विज्ञान-विषयक अनेकों पत्रिकाएँ छप रही हैं। यथा–सायफन, विज्ञान-ज्योति, विज्ञान-प्रगति, विज्ञान कला, वैज्ञानिक, आविष्कार, चकमक, विज्ञान वैचारिका, विज्ञान डायजेस्ट, वैज्ञानिक तथा विज्ञान परिषद्। इनमें से कुछ पत्रिकाएँ सायफन वगैरह बन्द हो गई हैं।

चिकित्सा एवं स्वास्थ्य संबंधी

विज्ञान की प्रगति, उद्योग-धन्धों की बाढ़, हवामान, बदलते जीवन मूल्यों ने मनुष्य के स्वास्थ्य पर गहरा असर डाला है। अब रोगियों को अपनी बीमारी के बारे में पूरी-पूरी समझ की उत्सुकता रहती है। डॉक्टर, वैद्य, हकीम के द्वारा बहुत संक्षेप में समझाया गया रोग रोगी को पूर्णतया जल्दी समझ में नहीं आ पाता। मामूली तकलीफों के लिए भी वह डॉक्टर वगैरह के यहाँ जाना पसन्द नहीं करता। ऐसे समय वह स्वास्थ्य संबंधी जानकारी के लिए बेचैन हो उठता है। रोग और उसके निदान के लिए वह उत्सुक हो जाता है। ऐसे समय वह स्वास्थ्य संबंधी पुस्तकों और पत्रिकाओं की ओर देखता है। हिन्दी में स्वास्थ्य संबंधी अनेक पत्रिकाएँ प्रकाशित हो रही हैं–निरोगधाम (इन्दौर), स्वास्थ्य जीवन, चिकित्सक (दिल्ली), आयुर्वेदिक सम्मेलन पत्रिका (नई दिल्ली), धन्वंतरी (अलीगढ़), आरोग्य (गोरखपुर) तथा 'आपका स्वास्थ्य' वाराणसी। बम्बई से हिन्दी-अंग्रेजी में प्रकाशित हो रही 'केयर' स्वास्थ्य संबंधी पत्रिकाओं में विशिष्ट है।

खेल पत्रिकाएँ

इधर खेल-कूद प्रतियोगिता आउट डोर इनडोर गेम्स के प्रति भी लोगों में नया दृष्टिकोण विकसित हो रहा है। 'खेलोगे कूदोगे होगे खराब' की नसीहत लोग झुठला रहे हैं। राष्ट्रीय एवं अंतर्राष्ट्रीय स्तर पर आयोजित खेल-प्रतियोगिताएँ, ओलम्पिक, बेंसन एण्ड हेडजिस वर्ल्ड कप क्रिकेट, 'शारजाह क्रिकेट टैस्ट' अंतर्राष्ट्रीय फुटबाल, बालीवाल तथा हॉकी मैच, शतरंज, बिलियर्ड आदि के बारे में नवीनतम जानकारी

तथा खेल की टेकनीक तथा खिलाड़ियों के खिलाड़ी-जीवन के विविध पहलुओं को उजागर करने की दृष्टि से हिन्दी में लगभग 16 पत्रिकाएँ प्रकाशित हो रही हैं। 'खेल खिलाड़ी', 'भारतीय कुश्ती', 'खेल समाचार', 'क्रिकेट सम्राट' तथा 'खेलभारती' का नाम खेल पत्रिकाओं में उल्लेखनीय है।

सांस्कृतिक पत्रिकाएँ

संस्कृति किसी जाति अथवा देश की आत्मा होती है। और उसका प्रसार-प्रचार संस्कृति के अंतरंग को समझने के लिए परमावश्यक है। हिन्दी में कई सांस्कृतिक पत्रिकाएँ संस्कृति के विभिन्न पक्षों को प्रस्तुत कर रही हैं। इनमें से कुछ पत्रिकाओं का नामोल्लेख ज़रूरी है–संस्कृति (नई-दिल्ली), कला सुमन (दिल्ली), गीत संगीत (इलाहाबाद), संगीत (हाथरस), रंगायन (उदयपुर), कलानुसन्धान (बीकानेर), लोक संस्कृति (जोधपुर) तथा सुलभ संगीत (आगरा)।

ब्रेल पत्रिकाएँ

अन्ध जनों के पढ़ने के लिए ब्रेल लिपि में कुछ पत्रिकाएँ प्रकाशित की जा रही हैं–आलोक (त्रैमासिक) कालान्तर में इसे 'नयनरश्मि' अभिधान दिया गया और यह मासिकी हो गई। अन्धे बच्चों के लिए 'शिशु आलोक' (देहरादून) निकलती है।

सरकारी पत्र-पत्रिकाएँ

देश की प्रगति के लिए जब से योजनाबद्ध तरीके से विकास-कार्यक्रम चला है। सामान्य जनता तक उसकी उपलब्धि को पहुँचाने के लिए सरकार के विभिन्न विभाग, स्वायत्तशासी निगमों तथा आयोगों ने अपनी पत्र-पत्रिकाएँ प्रकाशित करना शुरू किया है। ये पत्रिकाएँ चूंकि सरकारी दफ्तरों से सरकारी खर्च से सरकार की विकास-यात्रा से साधारण जन का परिचय कराने के लिए प्रकाशित की जाती हैं। इसलिए इन्हें सरकारी पत्र-पत्रिकाएँ सम्बोधन दिया गया है। इन सरकारी पत्रों का जीवन-मूल्य उनकी प्रचारात्मक क्षमता है। 'विज्ञान प्रगति' (मासिक) वैज्ञानिक एवं औद्योगिक अनुसन्धान परिषद्, 'आजकल' सूचना एवं प्रसारण मन्त्रालय, 'योजना' (योजना आयोग), भारतीय रेल (रेल मन्त्रालय), सैनिक समाचार (रक्षा मन्त्रालय), कृषि चयनिका तथा खेती (भारतीय कृषि अनुसन्धान परिषद्), उन्नत कृषि (विस्तार निदेशालय, कृषि मन्त्रालय), डाक तार (संचार मन्त्रालय), भगीरथ (केन्द्रीय जल विद्युत योजना), उत्पादकता (राष्ट्रीय उत्पादक परिषद्), समाज कल्याण (केन्द्रीय समाज कल्याण बोर्ड) आदि।

राज्य सरकारें भी पत्र-पत्रिकाएँ प्रकाशित करती हैं–यथा–मध्य प्रदेश सन्देश (मध्य प्रदेश), श्रमिक वार्ता (प. बंगाल), जागृति (पंजाब), शिविश, (राजस्थान),

हरियाणा समाचार (हरियाणा), बिहार समाचार (बिहार), सहकारिता (उ.प्र.) तथा 'आन्ध्र सन्देश' (आन्ध्र प्रदेश)।

राज्य सरकारें अकादमियों को भी पत्रिका प्रकाशन में सहयोग देती हैं। 'पूर्वग्रह' (म.प्र.), मधुमती (राजस्थान), कला और वीणा (उ. प्र.), सहकारिता (उ.प्र.), शीराजा (जम्मू कश्मीर) वगैरह ऐसी ही पत्रिकाएँ हैं।

विदेशों में हिन्दी पत्र-पत्रिकाएँ

राजा रामपाल सिंह के संरक्षण में लन्दन से सर्वप्रथम हिन्दी पत्र 'हिन्दोस्थान' (1883-1885) प्रकाशित हुआ। यह त्रैमासिक था। सन् 1904 में मदनजीत ने डरबन (अफ्रीका) से 'इण्डियन ओपिनियन' निकालना प्रारम्भ किया। यह पत्र ब्रिटिश उपनिवेशवादी वृत्ति के खिलाफ महात्मा गाँधी द्वारा चलाये गये आन्दोलन का मुख पत्र बन गया। भवानीदयाल संन्यासी ने सन् 1912 में अफ्रीका से 'धर्मवीर' का प्रकाशन शुरू किया। यह साप्ताहिक पत्र था। सूरिनाम से 'प्रकाश' तथा 'विकास', 'शान्ति दूत' आदि साप्ताहिकों का प्रकाशन प्रारम्भ हुआ। फिजी से 'फिजी समाचार', 'सनातन सन्देश', मारीशस से, 'जनता', 'आर्योदय' आदि अनेक पत्र-पत्रिकाएँ प्रकाशित हुईं। श्री जगदीश मित्र 'कौशल' ने लन्दन से 'अमरद्वीप' निकालना शुरू किया। काठमाण्डू, नेपाल से 'नेपाल' नामक 'हिन्दी दैनिक' तथा 'हिमालय' का प्रकाशन प्रारम्भ हुआ। लाहौर (पाकिस्तान) से 'भारतीय', 'विश्वबन्धु', 'शान्ति' आदि पत्र-पत्रिकाएँ छपती थीं। सन् 1927 में महात्मा आनन्द स्वामी ने लाहौर से 'मिलाप' का प्रकाशन आरम्भ किया था। जो बन्द हो गया परन्तु 1949 में जालन्धर से 'मिलाप' का पुनः प्रकाशन होने लगा। ढाका (बांग्लादेश) से 'द्विज' 'नागरी हितैषी पत्रिका' निकलती थी। इनके अलावा रूस, फ्रांस तथा नार्वे आदि से भी हिन्दी पत्र-पत्रिकाएँ प्रकाशित होती हैं।

यह खेद की बात है कि हिन्दी की अनेक पत्रिकाएँ ज्यादा दिनों तक जीवित नहीं रहीं। पर यह सुखद स्थिति है कि लगातार नई-नई हिन्दी पत्र-पत्रिकाएँ निकल रही हैं।

सन्दर्भ

1. डॉ.रामचंद्र तिवारी : पत्रकारिता के विविध रूप, पृ. 9
2. डॉ. राजेन्द्र : संवाद और संवाददाता, पृ. 6
3. बेनीप्रसाद : एजीज ऑफ इम्पीरियल यूनिटी, बम्बई, पृ. 325
4. ए.एस.कल्लेकर स्टेट एण्ड गवर्नमेंट इन एनसिएंट इण्डिया (तृतीय संस्करण, 1958)
5. ए.एस.कल्लेकर स्टेट एण्ड गवर्नमेंट इन एनसिएंट इण्डिया (तृतीय संस्करण, 1958)
6. जे. नटराजन : हिस्टरी ऑफ इंडिया जर्नलिज्म, पृ. 2

7. अबुल फजल : आईन-ए-अकबरी
8. डॉ. अर्जुन तिवारी : आधुनिक पत्रकारिता, पृ. 25
9. हिन्दी गजह फाइल इम्पीरियल लाइब्रेरी, कलकत्ता।
10. वही।
11. पं. अम्बिकाप्रसाद वाजपेयी : समाचार पत्रों का इतिहास
12. हिन्दी साहित्य का बृहद् इतिहास, त्रयोदश भाग, तृतीय खण्ड
13. डॉ. रामरतन भटनागर, कलकत्ता
14. पं. कृष्णबिहारी मिश्र (कलकत्ता) : हिन्दी पत्रकारिता : उद्भव और विकास
15. डॉ. रामचंद्र तिवारी : पत्रकारिता के विविध रूप।
16. डॉ. रमेश चन्द्र जैन : हिन्दी पत्रकारिता का आलोचनात्मक इतिहास।
17. डॉ. रामचंद्र तिवारी : पत्रकारिता के विभिन्न रूप, पृ. 18-19
18. काशीनाथ गोविन्द जोगलेकर : पत्र, पत्रकार और सरकार, पृ. 4

तृतीय अध्याय

स्वतन्त्रता संग्राम और हिन्दी समाचार-पत्र

हिन्दी पत्रकारिता का जन्म ही स्वतन्त्रता, स्वभाषा-प्रेम, सामाजिक सुधार, शोषण और भ्रष्टाचार के खिलाफ संघर्ष के शस्त्र के रूप में हुआ था। पत्रकारिता द्वारा भारतीयों ने अंग्रेज़ों के विरुद्ध अपने ढंग की लड़ाई लड़ी थी। उसकी इस युद्धमुद्रा की प्रेरणा में विदेशी पत्रकारों का भी योगदान रहा। जेम्स आ. हिक्की पहले पत्रकार थे जिन्होंने प्रेस की आज़ादी के लिए ब्रिटिश सरकार को खुली चुनौती दी। उनकी पत्र नीति थी–''यह राजनैतिक और व्यापारिक पत्र खुला तो खबरें सबके लिए हैं, परन्तु प्रभावित किसी से भी नहीं है।'' इसका तात्पर्य पत्रकार की स्वतन्त्रता से था। उसे सत्ता, सम्पत्ति से खरीदा नहीं जा सकता। उसके चिंतन, विचार पर कोई भी दबाव बेअसर हो जाता है। साहसी पत्रकार हिक्की ने पत्रकारिता के प्रति अपने समर्पित भाव तथा अटूट निष्ठा को अभिव्यक्त करते हुए लिखा है कि ''अपने मन और आत्मा की स्वतन्त्रता के लिए अपने शरीर को बन्धन में डालने में मुझे आनन्द आता है।''

भारतीय मनीषियों ने भी पत्रकार की वैचारिक स्वतन्त्रता के बारे में अपने विचार प्रकट किए हैं। 'मिरातुल अखबार' 'संवाद कौमुदी' 'बंगदूत' तथा 'इंडिया हेराल्ड' आदि के प्रकाशक सुप्रसिद्ध समाज सुधारक राजा राममोहन राय[1] ने पत्रों के प्रकाशन के पार्श्व में निहित उद्देश्य को इन शब्दों में स्पष्ट किया है : ''मेरा उद्देश्य मात्र इतना ही है कि जनता के सामने ऐसे बौद्धिक निबन्ध उपस्थित करूँ जो उनके अनुभव को बढ़ाने और सामाजिक प्रगति में सहायक सिद्ध हों। मैं अपनी शक्तिभर शासक को उनकी प्रजा की परिस्थितियों का सही परिचय देना चाहता हूँ और प्रजा को उनके शासकों द्वारा स्थापित विधि व्यवस्था से परिचित कराना

चाहता हूँ ताकि शासन जनता से अधिक से अधिक सुविधा देने का अवसर पा सके और जनता उन उपायों से अवगत हो सके जिनके द्वारा शासकों से सुरक्षा पाई जा सके और अपनी उचित माँगें पूरी कराई जा सकें।''

हिन्दी पत्रकारिता के सूत्रधार सम्पादक युगल किशोर शुक्ल का 'उदन्त मार्तण्ड' हिन्दी भाषा तथा हिन्दुस्तानियों का शुभचिन्तक था। उन्होंने इसके पहले अंक (सन् 1826) की सम्पादकीय में लिखा है : ''यह 'उदन्त मार्तण्ड' अब पहले-पहल हिन्दुस्तानियों के हित हेतु जो आज तक किसी ने नहीं चलाया पर अंग्रेज़ी ओ पारसी और बंगले में जो समाचार का कागज छपता है उसका सुख उन बोलियों के जाने और पढ़नेवाले को ही होता है...ऐसी बातों के विचार से नाना देश के सत्य समाचार हिन्दुस्तानी लोग देखकर आप पढ़ और समझ लो ओ पराई अपेक्षा न करें ओ अपने भाषा की उपज न छोड़ें।'' शुक्लजी ने अपने पत्र-प्रकाशन की मंशा को उपर्युक्त पंक्तियों में प्रकट कर दिया है। वे देश-विदेश के सत्य समाचार हिन्दी में हिन्दी भाषियों को देना चाहते हैं। इसमें राष्ट्रीय स्तर पर हिन्दी भाषियों को जाग्रत करने का संकल्प दिखाई देता है और भाषा के नाम पर ही सही अपनी मिट्टी से जुड़े रहने की प्रतिज्ञा हिन्दी भाषीयों से कराने और प्रतीकात्मक ढंग से 'पराई अपेक्षा' न रखने की नसीहत देते हैं। वस्तुतः राष्ट्र की स्वतन्त्रता एवं अखण्डता प्रभुसत्ता एवं सार्वभौमिकता को बनाए रखने की प्राथमिक शर्त है–विचार अभिव्यक्ति की स्वतन्त्रता।

सन् 1826 से 1857 तक की अवधि में राष्ट्रीयता को उत्तेजित करनेवाले अनेक पत्र निकले। मुख्य रूप से बनारस अखबार (काशी सन् 1845), मार्तण्ड (कलकत्ता 184]6) मालवा अखबार (इन्दौर सन् 1848), सुधाकर (बनारस 1850), बुद्धिप्रकाश (आगरा 1852), सर्वाहित कारक (आगरा सन् 1852), समाचार सुधा दर्पण (कलकत्ता सन् 1854), ग्वालियर गजट (ग्वालियर सन् 1856) इत्यादि। सन् 1857 को दिल्ली से नेता अजीमुल्ला खाँ ने 'पयामे आज़ादी' हिन्दी और उर्दू भाषाओं में प्रकाशित कराया। कालान्तर में फिर यह पत्र सिर्फ हिन्दी में निकलने लगा। अंग्रेज विरोधी तेवर के कारण इसे जब्त कर लिया गया था। यह रक्त क्रान्ति का शंखनाद करता था। सरकार ने प्रेस को ही जब्त नहीं किया परन्तु जिनके पास इस अखबार की प्रति पाई जाती थी उसे भी गिरफ्तार कर उसे राजद्रोही करार दिया जाता था। इसमें 1857 का प्रसिद्ध राष्ट्रगीत प्रकाशित हुआ था। उस पत्र की एक बानगी से आप उसमें राष्ट्रीय चेतना के स्फुलिंगों को महसूस कर सकेंगे :

> हम हैं इसके मालिक, हिन्दुस्तान हमारा।
> पाक वतन है कौम का, जन्नत से प्यारा।
> आज शहीदों ने तुमको अहले वतन पुकारा।

तोड़ो गुलामी की जंजीरें, बरसाओ अंगारा।
हिन्दू मुस्लिम सिक्ख हमारा भाई प्यारा प्यारा।

भारतेन्दु युग (1867-1900)

भारतेन्दुजी के बहुमुखी व्यक्तित्व ने एक युग-विशेष को इतना प्रभावित तथा प्रेरित किया कि उस कालावधि को पत्रकारिता के इतिहास में भारतेन्दु युग से जाना-पहचाना जाने लगा। भारतेन्दुजी प्रतिभाशाली थे। निर्भीकता उनके स्वभाव की विशेषता थी। उन्होंने जहाँ एक ओर सामाजिक सुधारों के लिए प्रयत्न किए वहीं दूसरी ओर उन्होंने देशभक्ति एवं राष्ट्रीय चेतना का उद्‌घोष किया। उनकी पत्रिकाओं कवि वचन सुधा (काशी 1867), हरिश्चन्द्र मैगजीन (काशी 1874), श्री हरिश्चन्द्र चन्द्रिका (1874) आदि में उनके लेखों ने राष्ट्रीय जागरण की नई दिशा दी। वस्तुतः स्वदेशी आन्दोलन के प्रवर्तन का श्रेय भारतेन्दु को है। वे इस तथ्य से अच्छी तरह परिचित थे कि मूलतः अंग्रेज शासक-सिपाही नहीं है, बल्कि व्यापारी है। अगर इनके व्यापार को भारत से खत्म कर दिया जाए तो कदाचित् अंग्रेज़ों को इस देश में कोई दिलचस्पी नहीं रह जाएगी। उन्होंने विदेशी वस्त्रों की जगह स्वदेशी वस्त्र पहनने के लिए अपील की। उन्होंने भारतेन्दु मण्डल की स्थापना की जिसमें उस समय के सभी वरिष्ठ तथा विख्यात लेखक थे। बालकृष्ण भट्ट, प्रतापनारायण मिश्र, राधाचरण गोस्वामी, बालमुकुन्द गुप्त, प्रेमघन तथा अम्बिकादत्त व्यास। ये सभी साहित्यकार, पत्रकार तथा निबन्धकार थे।

पं. बालकृष्ण भट्ट का 'हिन्दी प्रदीप' (आगरा सन् 1878) पत्र राष्ट्रीय आन्दोलन की धुरी बन गया था। ब्रिटिश सरकार की भाषानीति, प्रेस, कराघात आदि नीतियों पर इन्होंने लट्ठमार शैली में धज्जियाँ उड़ाईं। प्रतापनारायण मिश्र के सम्पादन में सन् 1883 में 'ब्राह्मण' कानपुर से प्रकाशित हुआ। मिश्रजी के 'ब्राह्मण' के प्रकाशन के साथ हिन्दी में राष्ट्रीय पत्रों की परम्परा का सूत्रपात हुआ। हिन्दी, हिन्दू और हिन्दुस्तान के लिए समर्पित यह पत्र अपने लेखों के लिए स्वतन्त्रता के इतिहास में सदैव याद किए जाएँगे। पं. बालमुकुन्द गुप्त ने सन् 1878 में कलकत्ता से साप्ताहिक 'भारतमित्र' का प्रकाशन किया। कालान्तर में यह पत्र दैनिक हो गया। स्वतन्त्रता आन्दोलन में इस पत्र की अहम भूमिका थी। लार्ड कर्जन के अत्याचारों पर गुप्तजी की 'शिवशम्भु का चिट्ठा' शीर्षक से बड़ी ही मार्मिक बोधक एवं मारक टिप्पणियों ने जनता में अंग्रेज़ों के खिलाफ सुलगते क्रोध को और हवा दी। सारसुधानिधि (1879) विशुद्ध रूप से राष्ट्रीय पत्र था। इसमें राजनीतिक विषयों को प्रधानता से प्रकाशित किया जाता था। कलकत्ता क्रान्तिकारियों की जन्मस्थली और लीलास्थली है। यहाँ माँ बेटे नहीं बुलेट को जन्म देती हैं। अतः यह स्वाभाविक है कि यहाँ से प्रकाशित हिन्दी समाचार-पत्र 'स्वतन्त्र', 'मतवाला',

'विशाल भारत' तथा 'उचित वक्ता' स्वतन्त्रता के संघर्ष को अपने पैनेपन से अधिक प्रखर करें। सन् 1885 में कालाकांकर के नरेश रामपाल सिंह ने 'दैनिक हिन्दोस्थान' निकाला। पं. मदनमोहन मालवीय, बालमुकुन्द गुप्त आदि इसके सम्पादक रहे थे। यह पत्र भी राजनीतिक गतिविधियों का बेरोमीटर बन गया था। सन् 1894 में नागरी प्रचारिणी पत्रिका ने भी स्वतन्त्रता आन्दोलन को प्रज्वलित करने में अपना मौलिक योगदान दिया।

तिलक युग

जगदीश प्रसाद चतुर्वेदी ने हिन्दी पत्रकारिता की तेजस्विता का अभिनन्दन करते हुए लिखा है "जहाँ तक क्रान्तिकारी आन्दोलन का संबंध है, भारत का क्रान्तिकारी आन्दोलन बन्दूक और बम से नहीं समाचार-पत्रों से शुरू हुआ।"[2]

हिन्दी पत्रकारिता की बीसवीं शताब्दी के पहले दो दशक अपनी क्रान्ति-चेतना, राष्ट्रीयता तथा अंग्रेज शासन के प्रति विद्रोह का ज्वालामुखी 'स्वदेश' नामक साप्ताहिक पत्र निकला। इस पत्र का लक्ष्य निम्नलिखित पंक्तियों से स्पष्ट हो जाता है :

स्वर्गालय के लिए आत्मबलि हम न करेंगे।
जिस स्वदेश में जिए, उसी पर सदा मरेंगे।

उत्तर प्रदेश में 'स्वदेश' बहुत प्रसिद्ध हो गया था। पाण्डेय बेचन शर्मा 'उग्र' भी इस पत्र के सम्पादक कुछ समय तक रहे। सन् 1924 में प्रकाशित इसके 'विजयांक' में प्रकाशित इनका यह गीत 'क्रान्ति की उषा से होगा रक्त भारतीय व्योम' पर अंग्रेज शासन को बहुत आपत्ति थी। इसका अंग्रेजी अनुवाद कर इंग्लैण्ड भेजा गया ताकि वहाँ के पदाधिकारियों को भारतीयों की उग्र और तीव्र राष्ट्रीय भावना का परिचय मिल सके। इस कविता के कारण पाण्डेयजी को नौ माह का कारावास दिया गया। इनके अलावा नृसिंह तथा देवनागर (कलकत्ता 1907) पत्र भी स्वतन्त्रता की चेतना तथा लोकजागरण के लिए प्रकाशित किए गए।

इस प्रकार हम देखते हैं कि बीसवीं शती के पहले दो दशक स्वतन्त्रता सेनानी पत्रकारों तथा ब्रिटिश शासन के बीच संघर्ष का समय था। इस कालावधि में जहाँ पत्रकारों ने स्वतन्त्रता की लड़ाई को तीव्रतर किया वहीं ब्रिटिश शासकों ने जुर्माना, सजा, पत्र की जब्ती कर इस जनान्दोलन को कुचलने का क्रूर प्रयत्न किया। पर पत्रकारों की अदम्य जिजीविषा आर्थिक संकट, सीमित साधन, कम ग्राहक संख्या आदि होने पर भी इन्हें तोड़ नहीं सकी।

गाँधी युग (1920-1947)

तिलक के पश्चात् महात्मा गाँधी का व्यक्तित्व एवं कृतित्व उभर कर आया। गाँधीजी सत्य की शोध एवं विजय के लिए पत्रकारिता आवश्यक मानते थे।

गाँधीजी ने सन् 1903 में चार भाषाओं में 'इण्डियन ओपिनियन' साप्ताहिक पत्र का प्रकाशन किया। इसमें एक ही पत्र में हिन्दी, अंग्रेज़ी, गुजराती और तमिल भाषा में छः कॉलम होते थे। अफ्रीका से वापस भारत आने पर उन्होंने एक पृष्ठ का बुलेटिन 'सत्याग्रही' नाम से प्रकाशित किया। न तो पत्र के लिए आवश्यक सरकारी सहमति ही उन्होंने ली और न इसका कुछ दाम ही रखा। तत्पश्चात् वे अंग्रेज़ी में प्रकाशित होनेवाले 'यंग इण्डिया', साप्ताहिक का सम्पादन करने लगे। कुछ दिनों बाद 'यंग इण्डिया' का गुजराती संस्करण नवजीवन (1919) प्रकाशित होने लगा। इसी समय यह पत्र मासिक से साप्ताहिक हो गया। गाँधीजी ने महादेवभाई, प्यारेलाल तथा जे सी कुमारप्पा इत्यादि के सक्रिय सहयोग से 'हिन्दी नवजीवन' का प्रारम्भ किया। कालान्तर में गाँधीजी ने 'यंग इण्डिया' 'नवजीवन', 'हिन्दी नवजीवन' पत्रों को 'हरिजन' संज्ञा दी। गाँधीजी ने स्वतन्त्रता आन्दोलन का नेतृत्व किया तथा 'सत्याग्रह' 'असहयोग' अहिंसा के अहिंसक अस्त्रों से इस आन्दोलन को एक नई दिशा दी। 'भारत छोड़ो आन्दोलन' 'करो या मरो' की उद्घोषणा कर उन्होंने सारे देश को उद्वेलित कर दिया। जिसका परिणाम सन् 1947 में भारत की आज़ादी के रूप में सामने आया।

सन् 1920 के कांग्रेस अधिवेशन में हिन्दी को राष्ट्रभाषा स्वीकार किया गया। राष्ट्रीय स्वतन्त्रता आन्दोलन और जनसंपर्क दोनों का माध्यम हिन्दी हो गई। अतः हिन्दी की पत्रकारिता को नई भूगि तथा नई दिशा मिल गई। उसका प्रभाव-क्षेत्र भी विस्तृत हुआ। डॉ. रामरतन भटनागर[3] ने हिन्दी पत्रकारिता का महत्त्व इन शब्दों में अभिव्यक्त किया है : कांग्रेस ने जनता के पास पहुँचने के लिए हिन्दी भाषा को अपनाया। फलतः हिन्दी पत्रकारिता द्रुतगति से बढ़ी। जैसे-जैसे राष्ट्रीय आन्दोलन तीव्र हुआ, हिन्दी पत्रकारिता सशक्त एवं तेजस्वी हुई।

इस युग के कुछ महत्त्वपूर्ण पत्र हैं : 'आज' (बनारस सन् 1922), 'स्वतन्त्र' (कलकत्ता सन् 1920), 'कर्मवीर' (जबलपुर/खण्डवा 1920), 'महारथी' (दिल्ली 1925), 'संघर्ष' (1935), 'नवजीवन' (1939), 'संसार' (काशी 1947), जीवन (ग्वालियर सन् 1940) तथा 'विप्लव' (लखनऊ सन् 1938), इनके अतिरिक्त 'मतवाला', 'सुधा', 'चाँद', 'माधुरी', 'हंस' और 'विशाल भारत' ने साहित्यिक गतिविधियों के साथ राजनीतिक क्षेत्र में भी घुसपैठ की। इन पत्रिकाओं में भी राष्ट्रीय स्वतन्त्रता आन्दोलनों पर विविध लेख, कविताएँ, कहानियाँ प्रकाशित होती थीं। सन् 1933 में दिल्ली से 'दैनिक हिन्दुस्तान' प्रारम्भ हुआ। इसमें भी राष्ट्रीयता के सन्दर्भ में स्वामी श्रद्धानन्द ने 'वीर अर्जुन' पत्र प्रारम्भ किया जो सम्पूर्ण तथा

राष्ट्रीय आन्दोलन को समर्पित था।

प्रमुख-पत्र : 'आज'

क्रान्ति चेतना एवं राष्ट्रीय आन्दोलन के प्रति यह समाचार-पत्र काफी सतर्क था। इसके सम्पादक थे–विष्णु पराड़कर। इन्होंने अपने सम्पादकीय लेखों से क्रान्तिकारियों, पत्रकारों तथा राष्ट्रभक्त नेताओं को आन्दोलन की रणनीति बतलाई। कांग्रेस के उग्रदल के लाड़ले नेता लोकमान्य बाल गंगाधर तिलक की 'स्वाधीनता मेरा जन्मसिद्ध अधिकार है और मैं उसे लेकर रहूँगा।' उद्घोषणा ने भारतीय मानस को आलोकित कर दिया। प्रखर पत्रकार श्री विष्णुशास्त्री चिपलूणकर और तिलक ने जनवरी सन् 1881 में मराठी में 'केसरी' तथा अंग्रेज़ी में 'मराठा' साप्ताहिक निकाले। सन् 1903 में नागपुर से केसरी का हिन्दी संस्करण 'हिन्दी केसरी' के नाम से प्रकाशित किया जाने लगा। इन पत्रों के सम्पादकीय तथा अन्य लेख राष्ट्रीय-संघर्ष के लिए जनता को निरन्तर उत्तेजित कर रहे थे और लगता था कि कभी भी विस्फोट हो सकता है। हिन्दी पत्रकारिता के पितामह अम्बिकाप्रसाद वाजपेयी ने सन् 1907 में कलकत्ता से 'नृसिंह' साप्ताहिक प्रकाशित किया। इस अखबार के सम्पादकीय 'स्वराज्य की आवश्यकता' तथा 'परदेशी भारतवासी' लिखकर सिर्फ तिलकजी का समर्थन ही नहीं किया बल्कि आज़ादी के यज्ञ में इन्होंने लेखों की समिधा दी। पत्रकारिता के दमनात्मक तथा क्रान्तिकारियों के साथ सरकार के व्यवहार और दमन-चक्र को लेकर वाजपेयीजी ने अपनी अन्तर्व्यथा इन शब्दों में अभिव्यक्त की है : "जिस देश में लिखने-बोलने की स्वतन्त्रता नहीं, जहाँ देश भक्त राजद्रोही समझे जाते हैं और बिना अपराध निर्वासित कर दिए जाते हैं, जहाँ भले मानस व देशनायक चोर, डाकुओं से भी बीते समझे जाते हैं वहाँ जो न हो वही आश्चर्य है।" सन् 1907 में शान्तिनारायण भटनागर के सम्पादन में 'स्वराज्य' साप्ताहिक निकला। 'स्वराज्य' के सम्पादक के वेतन के बारे में दिया गया विज्ञापन पत्र की क्रान्ति ऊर्जा की ओर संकेत करता है– "चाहिए–'स्वराज्य' के लिए एक सम्पादक। वेतन दो सूखी रोटियाँ, एक गिलास ठण्डा पानी और हर सम्पादकीय के लिए दस साल की जेल।" राष्ट्रीय भावना के प्रचार-प्रसार के अपराध में इस पत्र को कई बार जुर्माना भरना पड़ा तथा सम्पादक को सज़ा हुई।

सन् 1907 में पं. मदनमोहन मालवीय ने वसंत पंचमी के शुभ दिन इलाहाबाद से 'अभ्युदय' साप्ताहिक प्रारम्भ किया। सन् 1918 में यह दैनिक हो गया। सरदार भगतसिंह को फाँसी दिए जाने पर 'अभ्युदय' ने 'झाँसी डाक' निकाल कर अपनी निर्भीकता, साहस और दृढ़ निश्चय का परिचय दिया। पुरुषोत्तमदास टण्डन और पं. कृष्णकान्त मालवीय भी इस समाचार-पत्र से संबद्ध रहे। पं. मदनमोहन मालवीय की प्रेरणा से स्वतन्त्रता आन्दोलन तथा राष्ट्रीय विचारधारा को प्रचारित करनेवाले

अखबार 'लीडर' का भी प्रकाशन हुआ। सरकार ने 1908 तथा 1910 के दमनकारी कानूनों के तहत इसे बन्द करवा दिया। इसी दौरान 'युगान्तर' का प्रकाशन शुरू हुआ। दूसरे शीर्षक से ही इस पत्र का उद्देश्य 'युग को बदलना' सांकेतिक रूप से स्पष्ट हो जाता है। इसका तात्पर्य यह है कि ब्रिटिश शासन का युग समाप्त कर भारत को स्वतन्त्र कराना 'युगान्तर' का लक्ष्य था। इस पत्र की विधेयता यह थी कि इसमें सम्पादक को कोई जान नहीं पाता था। समय-समय पर कुछ व्यक्ति अपने आपको 'युगान्तर' का सम्पादक घोषित कर देते थे और जेल जाते थे। सन् 1909 में इसे भी बन्द कर दिया। 'युगान्तर' के एक अंक में बम बनाने की विधि प्रकाशित की गयी थी। इसका मूल्य छपा था—फरंगहि कांचा माथा (फिरंगी का तुरन्त काटा हुआ सिर) लाला हरदयाल ने अमेरिका में जब गदर पार्टी की स्थापना की तब उन्होंने पार्टी के कार्यालय तथा गदर पत्र के प्रकाशन स्थल का नामकरण 'युगान्तर आश्रम' किया।

सन् 1912 में क्रान्तिकारी लाला हरदयाल के संरक्षण में और सरदार करतारसिंह के सम्पादन में 'गदर' पत्र प्रकाशित हुआ। यह पत्र भारत की विभिन्न भाषाओं में छपता था और चीन, जापान, मलाया तथा कनाडा आदि में भारतीय क्रान्तिकारियों को दिशा-निर्देश देता था। पूर्ण स्वराज्य, स्वदेशी प्रचार, विदेशी सरकार तथा राष्ट्रीय शिक्षा के महत् उद्देश्यों को लेकर विपिनचन्द्र पाल ने हरिदास हलधर के सहयोग से 'वन्दे मातरम्' दैनिक प्रारम्भ किया। महर्षि अरविन्द के कर्मयोगिन से प्रेरणा पाकर पं. सुन्दरलालजी ने 'कर्मयोगी' पत्र निकाला। कर्मयोगी स्वाधीनता आन्दोलन तथा राष्ट्रीय विचारधारा का प्रखर प्रबन्ध बन गया था। हारमद ने सन् 1908 तथा 1910 के दमनकारी कानूनों के अंतर्गत इसे बन्द करवा दिया। इसी दरमियान गणेशशंकर विद्यार्थी ने कानपुर से 'प्रताप' साप्ताहिक की शुरुआत की। सभी राष्ट्रीय आंदोलनों में विद्यार्थीजी का सक्रिय सहयोग रहा करता था। क्रान्तिकारी भगतसिंह भी पुलिस से बचने के लिए 'प्रताप' कार्यालय में रहे थे और 'प्रताप' में वे बलवन्तसिंह के छद्म नाम से लिखते-पढ़ते थे। विद्यार्थी जन-मन के नायक थे अतः 'प्रताप' जनान्दोलन का प्रतीक बन गया और समर्पण, क्रूरता, निराशा तथा एकता आदि शब्द उनके शब्दकोश में नहीं थे। विद्यार्थीजी प्रत्येक दशहरे को 'प्रताप' का राष्ट्रीय अंक निकाला करते थे। उन्हीं की प्रेरणा से हिन्दी पत्रकारिता में विशेषांक निकालने की परम्परा शुरू हुई। श्री विद्यार्थीजी हिन्दी प्रदेश के लोकमान्य तिलक जाने जाते थे। इन्हीं की प्रेरणा से पं. माखनलाल चतुर्वेदी, बालकृष्ण शर्मा 'नवीन', पं. दशरथ द्विवेदी पत्रकारिता के क्षेत्र में आए। सन् 1919 में गोरखपुर से पं. दशरथ प्रसाद द्विवेदी को सम्बोधित करते हुए लिखा : ''आज विजयादशमी है। पराजित, पीड़ित, निर्बल भारत भी आज विजयादशमी का उत्सव मना रहा है। कैसी विडम्बना है। अर्थ का कैसा विपर्यय हो रहा है। पराजित

के घर जयोल्लास, पीड़ित के घर आनन्दोत्सव, निर्धन के घर तृष्णोड़द्गार और शस्त्रहीन के घर शस्त्रगर्मा का पूजन ? कैसा विपरीत क्रम है ?''

4 अगस्त 1920 को 'स्वतन्त्र' दैनिक पं. अम्बिकाप्रसाद वाजपेयी ने कलकत्ता से शुरू किया। इस पत्र में महात्मा गाँधीजी के भाषणों और व्याख्यानों को प्रमुखता से प्रकाशित किया जाता था। इस पत्र में राजनीतिक, साहित्यिक तथा व्यापार संबंधी खबरों तथा लेखों को प्रमुखता दी जाती थी।

रामचंद्र शर्मा के सम्पादन में सन् 1925 में दिल्ली से 'महारथी' का प्रकाशन शुरू हुआ। सरकारी नियम के बावजूद शर्माजी ने नौ महीने तक 'डिक्लेरेशन' नहीं लिया। लाला लाजपतराय पर लिखे गए लेख के कारण उन्हें जेल की सज़ा हुई।

पं. माखनलाल चतुर्वेदी ने 'कर्मवीर' पत्र जबलपुर से निकाला। फिर उन्होंने इसे खण्डवा से निकालना शुरू किया। इसमें प्रधान सम्पादक माधवराव सप्रे थे। 'कर्मवीर' त्याग, बलिदान का अखबार था। क्रान्ति का अनहद नाद 'कर्मवीर' के प्रत्येक अंक में सुनाई देता था। इसका कार्य-क्षेत्र मध्य प्रदेश था। उसने सारे मध्य प्रदेश को राष्ट्रीय-भावना से आलोड़ित कर दिया।

दैनिक साप्ताहिक, आगरा से कृष्णदत्त पालीवाल ने प्रकाशित किया। सन् 1925 में यह दैनिक हो गया। इस पत्र ने उत्तर प्रदेश के जन-जीवन को राष्ट्रीयता का मन्त्र दिया।

यशपाल ने 'विप्लव' का प्रकाशन किया। यह पत्र भी रक्त-क्रान्ति की दुर्दम्य-भावना से ओतप्रोत था। इसका उद्देश्य था :

''तुम करो शान्ति समता प्रसार
विप्लव गा अपना, अमर गान।''

इन लक्ष्यगर्भित पंक्तियों से भी यह स्पष्ट हो जाता है कि यशपाल, महात्मा गांधी के शान्ति तथा सविनय आन्दोलन के पक्ष में नहीं थे। उन्हें स्वतन्त्रता के लिए केवल स्व-क्रान्ति में ही विश्वास है। यह पत्र हिन्दी के अत्यधिक लोकप्रिय पत्रों में रहा था।

भूमिगत प्रकाशन

यद्यपि प्रेस और शासन का रिश्ता प्रायः छत्तीस का रहा है। सन् 1835 से आज तक थामसन प्रेस को अपने हित में नियन्त्रित करने का प्रयत्न करता रहा है। समय-समय पर सरकार ने प्रेस कानून बनाए इस कारण आज़ादी के पूर्व कई समाचार-पत्र बन्द हो गए। प्रेस जब्त हो गए। सम्पादकों को कारावास भुगतना पड़ा। ऐसी विषम परिस्थितियों में भी स्वतन्त्रता के दीवाने पत्रकारों ने 'तू डाल-डाल मैं पात-पात', शैली का अनुकरण कर भूमिगत क्रान्तिकारी पत्रों को निकाला। ऐसे

पत्रों के सम्पादकों के नाम हैं : सर्वश्री बाबूराव विष्णु पराड़कर, रामचन्द्र वर्मा, दुर्गाप्रसाद खत्री तथा दिनेश दत्त झा, वगैरह ने विप्लवकारी पत्र प्रकाशित किए। इनका केन्द्र काशी था। 'रणभेरी', 'शंखनाद', 'चिनगारी', 'चण्डिका' और 'तूफान' जैसे पत्रों ने स्वतन्त्रता आन्दोलन जारी रखा।

रणभेरी

'आज' की नीति के कारण अंग्रेज़ों ने इसके प्रकाशन पर प्रतिबन्ध लगा दिया। अंग्रेज़ों की दमन नीति के खिलाफ 'पत्रों' का प्रकाशन बन्द नहीं हुआ। विष्णु पराड़करजी ने 'रणभेरी' का गुप्त प्रकाशन प्रारंभ किया। उन्होंने अपने हाथों से लिखकर 'रणभेरी' निकालना प्रारम्भ किया। यह दो पृष्ठों का हुआ करता था पर रविवार के चार पृष्ठ हुआ करते थे। इसमें सम्पादक का नाम सीताराम छपा करता था और पता रहता था–पुलिस सुपरिंटेंडेंट, कोतवाली बनारस। सन् 1932 में इसे 'हैण्ड प्रेस' पर छापना प्रारम्भ किया गया पर सन् 1942 में 'रणभेरी' के प्रेस पर छापा मारकर अनेक व्यक्तियों को पकड़ा गया और इसका प्रकाशन बन्द हो गया।

हिन्दी का पहला पत्र : 'दिग्दर्शन'

सन् 1931 के 'विशाल भारत' में श्री बृजेन्द्रनाथ बंद्योपाध्याय ने 'हिन्दी समाचार पत्रों की प्रारम्भिक कथा' नामक अपने शोधपरक लेख में 'उदन्त मार्तण्ड' को हिन्दी का प्रथम समाचार-पत्र सिद्ध किया। डॉ. महादेव साहा ने सन् 1818 में प्रकाशित 'दिग्दर्शन' को हिन्दी का पहला अखबार माना है। परन्तु ब्रिटिश संग्रहालय में हिन्दी 'दिग्दर्शन' की कोई प्रति नहीं है। श्रीरामपुर कॉलेज के ग्रन्थपाल को भी इस प्रकार की किसी हिन्दी-पत्र के प्रकाशन की कोई सूचना नहीं है। इसी प्रकार 'दरबार रोजनामचा' की न तो कोई प्रति राष्ट्रीय अभिलेखागार में है और न उसके बारे में कहीं कुछ विशिष्ट जानकारी मिलती है।

वस्तुतः दिग्दर्शन हिन्दी पत्रकारिता का सूत्रधार न होकर हिन्दी पत्रकारिता का एक रचनाधर्मी प्रयत्न था। इसके पास तो न तो प्रकाशन की स्वीकृति थी और न देश-विदेश के समाचारों का संग्रह। मूलरूप से यह छात्रोपयोगी था जिसकी महत्ता छात्रों के ज्ञान संवर्धन एवं मनोरंजन तक थी। इसके विपरीत 'उदन्त मार्तण्ड' सही मायनों में हिन्दी की अस्मिता एवं राष्ट्रीय चेतना का दस्तावेज था। अभी तक 'उदन्त मार्तण्ड' को हिन्दी के पहले समाचार-पत्र होने का गौरव प्राप्त था; परन्तु सन् 1984 के दिसम्बर अंक में डॉ. जे. एच. आनन्द ने अपनी नवीनतम शोध को उद्घाटित करते हुए 'गॉस्पल मैगजीन' को हिन्दी की प्रथम पत्रिका घोषित किया। वे 'गॉस्पल मैगजीन' के बारे में लिखते हैं–''जब मैंने इस हिन्दी पत्रिका का टाइटल पेज देखा तो मैं आनन्द के मारे उछल पड़ा। प्रकाशन तिथि 1820, उदन्त मार्तण्ड

सन् 1826-27 में प्रकाशित हुआ था, पर उसके छः साल पहले 'गॉस्पल मैगजीन' कलकत्ता से नियमित रूप से नागरी लिपि में प्रकाशित हो रही थी।'' डॉ. आनन्द इस अंक की फोटो लेकर आए थे। बंगाल की 'बंगाल आग्जीलरी मिशन की सोसायटी' नामक संस्था ने 1819 के दिसम्बर माह से अंग्रेजी-बंगला में द्विभाषी पत्रिका 'गॉस्पल मैगजीन' का प्रकाशन प्रारम्भ किया। जनवरी 1820 से यह पत्रिका सिर्फ बंगला में प्रकाशित होने लगी। जुलाई 1820 के विज्ञापन से पता चलता है कि इस पत्रिका का नागरी संस्करण भी प्रकाशित होने लगा था। इससे ऐसा आभास होता है कि 'गॉस्पल' के अंग्रेज़ी संस्करण का स्थान हिन्दी को दे दिया गया था। इस पत्रिका में प्रायः धार्मिक सामग्री प्रकाशित होती थी। उदाहरण :

> ''अंतःकरण के मालिन्य का विनाश, चौत्यवृत्ति, ताकरविशु,
> दुविचारी नाश।'' भाषा की बानगी देखिए—''कोई समय में
> बंगदेशीय एक पण्डित ने कहा जो...''।

अतः डॉ. आनन्द की इस शोध के आधार पर 'गॉस्पल मैगजीन' (1820) को हिन्दी की प्रथम पत्रिका कहा जा सकता है।

सन्दर्भ

1. हेमेन्द्र प्रसाद घोष : द न्यूज पेपर इन इंडिया, पृ. 25-26
2. डॉ. रमेशचन्द्र जैन : हिन्दी पत्रकारिता का आलोचनात्मक इतिहास, पृ. 122 से उद्धृत
3. डॉ. रामरतन भटनागर : दी राइज एण्ड ग्रोथ ऑफ हिन्दी जर्नलिज्म, पृ. 357-58

चतुर्थ अध्याय

समाचार समिति, संवाददाता एवं आचार संहिता

(क) समाचार समिति

समिति : तात्पर्य एवं कार्य

समाचार-पत्रों में समाचारों का अत्यधिक महत्त्व है। अगर समाचार न हों तो समाचार-पत्र की संज्ञा परिवर्तित करनी पड़ेगी। सचमुच समाचार-पत्र की धुरी है समाचार। समाचार-पत्रों को भारत के कोने-कोने से ही नहीं, बल्कि विदेशों में घटित घटनाओं के बारे में अल्पतम समय में नवीनतम जानकारी देनेवाला जीवित उपकरण ही संवाददाता कहलाता है। वह संवाद या समाचार को सिर्फ सुनता नहीं देखता भी है और उसे विभिन्न उपकरणों—तार, टेलीफोन अथवा टेलीप्रिंटर (दूरमुद्रक) आदि के माध्यम से सविस्तार समाचार-पत्र के पदाधिकारी को भिजवाता है। वह प्रायः निष्पक्ष भाव से समाचारों को भेजता है। समाचार के साथ अपना कोई पूर्वग्रह नहीं भुनाता और अगर समाचार का विश्लेषण करता है तो तटस्थता की भूमिका का परित्याग नहीं करता। इसलिए समाचार समिति के प्रतिनिधि को संपादक की 'आँख और कान' कहा जाता है। समाचार समिति की 'विविध' 'खबर' को प्रायः समाचार समिति को भिजवाता है फिर संवाद समिति उसे आवश्यकता होने पर उचित परिवर्तित करके प्रेस कस्टमर्स को दिखा देती है। समाचार समितियाँ समाचार-पत्रों के अलावा अन्य जनसंचार माध्यमों आकाशवाणी तथा दूरदर्शन आदि को भी समाचार प्रेषित करती हैं।

देश-विदेश के समाचारों को अपने संवाददाता द्वारा प्राप्त करना बड़े-बड़े समाचार-पत्रों के लिए कोई आर्थिक मसला नहीं है। वे सम्पूर्ण विश्व के प्रमुख

स्थानों पर अपने संवाददाता नियुक्त कर सकते हैं; परन्तु आर्थिक रूप से दुर्बल छोटे-छोटे समाचार-पत्रों के लिए यह व्यवसाय प्रबंध संभव नहीं है। ऐसी स्थिति में समाचार-पत्रों के समाचारों का वैश्विक स्तर बनाए रखने के लिए 'समाचार एजेंसी' अस्तित्व में आई। ये समाचार समितियाँ अपने संवाददाताओं द्वारा समाचार संकलन करती हैं और अपने ग्राहकों की माँग के अनुसार उन्हें निष्पक्ष तथा तथ्यात्मक समाचार देती हैं। अब्र यह समाचार-पत्र की नीति पर निर्भर करता है कि वह कौन से समाचार को कितनी प्राथमिकता दें। समाचार समितियों की यह कारोबारी नीति होती है कि वह समाचार को निष्पक्ष, सर्वतोमुखी और यथातथ्य भाव से अपने संयुक्त सदस्य समाचार-पत्रों को भिजवाएँ। न्यूज सर्विस या कारोबारी लेन-देन में वे अपनी व्यावसायिक मर्यादा का पूर्णरूप से पालन करती हैं। अतएव वे समाचारों का संकलन तथा वितरण किसी पूर्वग्रह के बिना करती हैं। अपने किसी वैयक्तिक स्वार्थ के लिए वे तथ्य या आँकड़ों में जोड़-तोड़ कर किसी विवाद को जन्म देना अपने व्यावसायिक 'एथिक्स' के खिलाफ समझती हैं। इसलिए वे नवीनतम समाचारों को नवीनतम तथ्यों एवं आंकड़ों सहित वितरित करती हैं। समाचार संस्थान चाहे तो अपनी नीति के अनुकूल उन्हें जोड़-तोड़ कर प्रकाशित करे। पर समाचार एजेंसी को 'आल इंडिया न्यूज पेपर एडीटर्स कॉन्फरेन्स' ने समाचारत्व अथवा समाचार-मूल्य का निष्कर्ष देते हुए लिखा है कि जन सामान्य जिसे समाचार मानता है, अथवा जिस तरह के समाचार की अपेक्षा रखता है, वही उसका समाचार-मूल्य कहा जाएगा। इसके अलावा, समाचार समितियों को इस तरह की सीधी-सादी भाषा में निष्पक्ष समाचार देने चाहिए ताकि विभिन्न नीतियों के समाचार-पत्रों को संवाद समिति की नीयत पर किसी तरह का सन्देह न हो। सन्देश समितियों की कार्य प्रक्रिया इस प्रकार हो कि वे स्थानीय समाचारों को किसी प्रादेशिक या राष्ट्रीय समाचार पटल (न्यूज डेस्क) पर सम्पादन के लिए अग्रेषित कर दे और वहाँ से एक सामान्य नीति तथा मापदण्ड के अनुकूल उनको सम्पादित कर स्थानीय पत्रों को दे दिया जाता है। उदाहरणार्थ पी.टी.आई जो कि समाचार प्रेस रिलीज के लिए तैयार करेगा उसे दूरमुद्रक द्वारा दिल्ली भेजा जाएगा। दिल्ली में पी.टी.आई. के राष्ट्रीय अथवा स्थानीय समाचार पटल पर उसका सम्पादन किया जाएगा। इसके बाद समाचार दूरमुद्रक से पी.टी.आई. की सेवा लेनेवाले राजधानी के समाचार-पत्रों में भेज दिए जाएँगे। इस प्रक्रिया से कई लाभ होते हैं–

(1) स्थानीय संवाददाता पर समुचित निरीक्षण तथा नियन्त्रण।

(2) स्थानीय संवाददाता को सरकारी दबाव पत्रकार के कर्तव्य से च्युत नहीं कर पाता है और समाचार समितियों की सेवाओं को अपने हित में कार्यशील नहीं कर पाती हैं। इतना अवश्य है कि संवाददाता अपनी नियोक्ता की नीति के अनुरूप समाचार संग्रह करता है जबकि समिति

का प्रतिनिधि किसी भी तरह के पूर्वग्रह से मुक्त होता है।

(3) समाचार समिति भी किसी राजनीतिक दल की पक्षधरता से मुक्त रहती है।

(4) पी.टी.आई. ने अपनी सेवाओं को ए, बी एवं सी श्रेणियों में विभक्त कर दिया है। 'ए' में सभी समाचार अपनी सम्पूर्णता में दिए जाते हैं। इनका शुल्क उन सबसे ज्यादा होता है। बी में ए की तुलना में कम समाचार एवं कम विस्तार होता है। 'सी' में सिर्फ समाचारों का सार संक्षेप मात्र दिया जाता है। 'ए' को 'स्पेशल' और 'बी' को एकस्ट्रा स्पेशल तथा 'सी' को जनरल सर्विस कहा जाता है।

अंतर्राष्ट्रीय समाचार समिति

समाचार एजेंसी का अधिनायक फ्रांसीसी युवक चार्ल्स आवाख है। सन् 1825 में इसने 'न्यूज ब्यूरो' का गठन किया और समाचार वितरण तथा प्रेषण के लिए तार व्यवस्था के अलावा संवाददाताओं की नियुक्ति की। उसने मुगलियाँ ढंग से कबूतरों का इस्तेमाल भी किया। सन् 1849 में इसी के एजेंसी के एक कर्मचारी बर्नार्ड वोल्फ ने वोल्फ एजेंसी की स्थापना की। आवाख एजेंसी के प्रशिक्षित एक अन्य युवक जुलिएस कावटर ने लन्दन में 'रायटर एजेंसी' प्रारम्भ की। क्रमशः लन्दन के कई अखबार उसके ग्राहक बन गए। इसके अनंतर कई संयुक्त समितियाँ बनीं पर स्थायित्व नहीं प्राप्त कर सकीं। यूनेस्को के सन् 1952 के सर्वेक्षण के आधार पर छः समितियों को अंतर्राष्ट्रीय समितियाँ होने का गौरव प्राप्त हुआ–

(1) ए.पी. (Associates press) (अमेरिका)
(2) आई.एन.एस (International News Service) (अमेरिका)
(3) यू.पी. आई. (United Press international) (अमेरिका)
(4) रायटर (Reuters) (ब्रिटेन)
(5) ए.एफ.पी. (Agency France Press) (फ्रांस)
(6) तास (Tass) (रूस)
(7) तानजुंग (Tanjung) (युगोस्लाविया)

इन समितियों के अलावा पौलेण्ड और पश्चिमी जर्मन की समितियाँ भी भारत में समाचार भेजती हैं।

हिन्दुस्तान में समाचार समिति का प्रारम्भ बीसवीं शती में तत्कालीन अंग्रेज़ी के 'पायोनियर', 'स्टेट्समैन', 'इंग्लिशमैन' तथा 'इण्डियन डेली न्यूज' इन चार समाचार-पत्रों की पारस्परिक स्पर्धा से हुआ। इनमें 'पायोनियर' के पास अन्य समाचार-पत्रों की तुलना में पहले और प्रामाणिक समाचार प्रकाशित होते थे क्योंकि 'पायोनियर' का अंग्रेज अधिकारियों से निकट का संबंध था पर समाचार प्राप्त करने

की यह सुविधा अन्य अख़बारों को नहीं थी फलस्वरूप वे 'पायोनियर' की तुलना में पिछड़ जाते थे। अपने इस अभाव को दूर करने तथा व्यावसायिक स्पर्धा में बने रहने के लिए स्टेट्समैन तथा अन्य पत्र प्रतिनिधियों ने सन् 1903 में श्री के.पी. राय के साथ मिलकर 'एसोसियेटेड प्रेस ऑफ इंडिया' नामक समाचार समिति का गठन किया। श्री राय समाचार संग्रह एवं प्रेषण में दक्ष थे। परन्तु इनकी समाचार-पत्रों के प्रतिनिधियों से अधिक समय तक नहीं जमी। श्री राय ने अपनी एक स्वतन्त्र समाचार समिति प्रेस न्यूज ब्यूरो के नाम से प्रारम्भ की। श्री राय के इस उपक्रम से अंततः समाचार-पत्रों को झुकना पड़ा परन्तु आर्थिक दृष्टि से कमजोर ए.पी.आई. समाचार समिति को बन्द करने की नौबत आ गई और अंत में 'रायटर' ने इसका अधिग्रहण सन् 1915 में कर लिया। श्री राय को पुनः एक बार उपेक्षा मिली और फलस्वरूप उन्होंने 'इंडिया न्यूज एजेंसी' की स्थापना की। सन् 1925 में श्री एस. सदानन्द ने 'फ्री प्रेस इण्डिया' (एफ.पी.आई.) का गठन किया तथा 'फ्री प्रेस' समाचार-पत्र भी प्रारम्भ किया। सन् 1933 में एफ.पी.आई. भी आर्थिक एवं राजनैतिक कारणों से बन्द हो गई। तत्पश्चात् यू.पी.आई. (यूनाइटेड प्रेस ऑफ इंडिया) का प्रारम्भ सन् 1933 में किया। यह समाचार समिति भारतीय समाचारों को भारतीय हित की दृष्टि से निर्भीक भाव से देती थी।

वर्तमान भारतीय समाचार समितियाँ

इस समय देश में प्रमुख समाचार समितियाँ—पी.टी.आई., यू.एन.आई., हिन्दुस्तान समाचार, समाचार भारती, यूनिवार्ता तथा भाषा हैं इसके अलावा 'प्रेस इन इण्डिया' के आँकड़ों के अनुसार भारत में अन्य 5 भारतीय समाचार समितियाँ एवं 34 विदेशी समाचार समितियाँ कार्यरत हैं। प्रमुख समाचार समितियों का परिचय नीचे दिया जा रहा है।

1. हिन्दुस्तान समाचार समिति : इसका गठन 1948 में किया गया। यह भारतीय भाषाओं की पहली समाचार समिति थी। 'इण्डियन एक्सप्रेस ग्रुप' ने इण्डियन न्यूज सर्विस (आई.एन.एस.) प्रारम्भ की। परन्तु यह भी चल नहीं पाई। अंततोगत्वा सन् 1961 में 'यूनाइटेड प्रेस ऑफ इण्डिया' (यू. एन. आई.) की स्थापना हुई जिसने दूसरी समाचार समिति की आवश्यकता को पूरा किया।

2. प्रेस ट्रस्ट ऑफ इण्डिया : (पी.टी.आई.) : यह एशिया की सबसे बड़ी 'समिति' है। ए.पी.आई. के स्थान पर सरदार बल्लभभाई पटेल के प्रयत्नों से इसकी स्थापना हुई। पी. टी. आई. ने सन् 1949 से कार्यारंभ किया। भारत के सभी मुख्य समाचार केन्द्रों तथा प्रान्तीय राजधानियों में इसकी शाखाएँ हैं। देश भर में इसके लगभग 120 कार्यालय हैं और यह 70,000 किलोमीटर लम्बी दूरमुद्रक लाइन से जुड़े हुए हैं। इसके करीब 350 अंशकालिक संवाददाता देश के विभिन्न भागों में

कार्यरत हैं। इसका नेटवर्क बड़ा व्यापक है। यह 35 देशों तक फैला हुआ है और इनमें इसके अपने अंशकालिक संवाददाता भी वहाँ सक्रिय हैं। न्यूयार्क, कोचिन, लन्दन, ढाका, टोकियो, हांगकांग आदि स्थानों से समाचार संकलन एवं प्रेषण का कार्य होता है। यह समिति प्रतिदिन राजनैतिक, आर्थिक, व्यापारिक, सामाजिक, तकनीकी आदि विषयों से सम्बन्धित लगभग एक लाख शब्द समाचार-पत्रों को भिजवाती है। इसके पास कम्प्यूटर तथा फीचर भी होता है। 'रायटर' ए.एफ.पी. तथा यू.पी.आई. अमेरिका से इसका समाचार सेवा के आदान-प्रदान का समझौता है। यह अंग्रेजी के समाचार प्रेषित करनेवाली पहली समाचार समिति है।

3. यूनाइटेड न्यूज ऑफ इण्डिया : यह भी अंग्रेजी में समाचार प्रेषण करनेवाली समाचार समिति है। इसने सन् 1961 से अपना कार्य प्रारम्भ किया। इसके 90 से ज्यादा कार्यालय हैं और प्रतिदिन 80,000 किलोमीटर तक समाचार प्रेषित करते हैं। यह 80,000 कि.मी. दूरमुद्रक लाइन से सम्बद्ध है। यह तकरीबन 400 समाचार-पत्रों को अपनी सेवाएँ दे रही है। यह 15 संवाद समितियों से समाचार आदान-प्रदान करती है। इन समितियों में पी.यू.एन.आई. ताश (रूस) आदि का समावेश हो जाता है। यू.एन.आई. समाचारों के अलावा कुछ विशेष सेवाएँ—वाणिज्य सेवा, सन्दर्भ सेवा, कृषि सेवा इत्यादि सेवाएँ भी संचालित करती है।

4. हिन्दुस्तान समाचार : सन् 1948 में इसकी स्थापना हुई। इसके संस्थापक श्री एस.एस. आप्टे हैं। यह हिन्दी के अतिरिक्त पंजाबी, गुजराती, बंगला, मराठी, तेलगू, मलयालम, कन्नड़, असमी, उड़िया तथा उर्दू में समाचार प्रेषण करती है। इसका क्षेत्र विशेष रूप से यहीं के समाचारों का संकलन एवं प्रेषण हैं। इसके अलावा प्रसंग सेवा तथा हिन्दुस्तान समाचार वार्षिकी इसकी विशिष्ट सेवाएँ हैं। आजकल यह समिति बन्द हो गई है।

5. समाचार भारती : यह सन् 1967 से अपने 150 ग्राहकों की सेवा कर रही है। 'देश और दुनिया' वार्षिकी भी उल्लेखनीय है। फिलहाल यह समिति भी बन्द है।

6. यूनीवार्ता : 48 शहरों में कार्यालय संस्थापित करनेवाली समिति यूनीवार्ता सन् 1982 से 150 ग्राहकों को अपनी सेवाएँ प्रदान कर रही है। यह हिन्दी के अलावा अन्य भारतीय भाषाओं को भी अपनी सेवाएँ देती है। हिन्दी प्रदेश में यह अग्रणी समिति है।

यह भारतीय भाषा-भाषी पत्रों की एक ऐसी पूर्ण समाचार समिति है जो राष्ट्रीय, अंतर्राष्ट्रीय, प्रादेशिक, राजनीतिक, सामाजिक, खेलकूद, व्यापार तथा मनोरंजन आदि सभी क्षेत्रों में समाचार उपलब्ध कराती है।

7. भाषा : अप्रैल 1986 में पी.टी.आई. ने हिन्दी समाचार सेवा 'भाषा' प्रारम्भ

की। भाषा की विशिष्टता यह है कि यह कोई अनुवाद संवाद समिति न होकर मूल समाचारों के हिन्दी में ही संकलन तथा प्रेषण का कार्य करती है। यह वाक्य विन्यास, भाषा-शैली, वर्तनी तथा नामों के सही उच्चारण और प्रेषण पर विशेष ध्यान दे रही है। 'भाषा' हिन्दी की पहली समाचार समिति है जिसने वर्तनी और शब्दों के मानकीकरण के लिए ठोस व रचनात्मक कार्य किए हैं। 'भाषा' के सम्पादक डॉ. वेदप्रताप वैदिक उच्चारण के लिए किए जा रहे प्रयत्नों, समाचार के वैविध्य के आधार पर 'पी.टी.आई.' यदि देव है तो 'भाषा' महादेव जैसी सूक्ति देते हैं। उनका कहना है कि भाषा की खबर उसी के नाम से ही बिकनी चाहिए जैसे स्टील टाटा की, जूते बाटा के और खबर 'भाषा' की।

8. समाचार : यह कोई स्वतन्त्र रूप से, अपने ही साधन स्रोतों से कार्य करनेवाली समाचार समिति नहीं थी, परन्तु आपातकाल के दौरान पी.टी.आई., यू. एन.आई., हिन्दुस्तान समाचार तथा समाचार भारती को मिलाकर जनवरी 1976 में इसका गठन किया गया।[1] सरकार की ओर से की गयी यह व्यवस्था अप्रत्यक्ष रूप से समाचार समिति पर नियन्त्रण रखने का प्रयत्न ही था। आपातकाल के समाप्त होने पर सन् '78 में इसे भी विघटित कर दिया गया और चारों एजेंसीज, अपना कार्य पूर्ववत् करने लगीं। यद्यपि अनेक संवाद समितियाँ हिन्दी पत्रों को समाचार सेवा प्रदान करती हैं परन्तु ये सभी समितियाँ प्रायः अंग्रेज़ी में समाचार देती हैं। इस कारण भाषा में एकरूपता, स्थानों और व्यक्तियों के नाम अशुद्ध रूप से प्रकाशित हो जाते हैं। अगर वर्तमान हिन्दी समितियों को एक कर दिया जाए तो समाचार लेखन प्रसारण में विश्वसनीयता और तेज़ी आ सकती है। आज की आवश्यकता है कि 'हिन्दी समाचार समिति' गठित की जाए ताकि हिन्दी-समाचार समितियाँ अन्य विदेशी भाषाओं पर आश्रित न रहें।[2]

समाचार-सम्प्रेषण की अधुनातन प्रणालियाँ

कम्प्यूटरीय प्रणाली तथा उपग्रह प्रणाली : पी.टी.आई. में दिल्ली, बम्बई, मद्रास, कलकत्ता में कम्प्यूटर के जरिये समाचारों का संकलन, सम्पादन तथा वितरण हो रहा है। अब कागज़ कलम की जगह कम्प्यूटर द्वारा परिचालित 'वीडियो डिस्प्ले इकाइयों' ने ले ली है। इन्हीं के द्वारा समाचारों का वर्गीकरण, ताज़ा खबरों का सम्पादन और वितरण किया जाता है। दिल्ली केन्द्र की एक ध्वनि इकाई प्रेस ट्रस्ट के दिल्ली केन्द्र में कार्यरत है। ये सभी घटक केन्द्रीय कम्प्यूटर से संबद्ध हैं। जब किसी सम्पादित समाचार को टेलीप्रिंटर से भिजवाना हो तो मात्र एक बटन दबाते ही यह केन्द्रीय कम्प्यूटर में दर्ज हो जाता है जिसमें एक ही समय में कई समाचार एक पंक्ति में अपनी प्राथमिकता तथा लीड के साथ क्रम में लगे रहते हैं। अपने समय पर ये समाचार क्रमानुसार स्वतः 55-60 शब्द प्रति मिनट की गति से दूरमुद्रक

पर अंकित होते चले जाते हैं। 'इलेक्ट्रोनिक कम्प्यूटर' आने पर प्रति मिनट 300 शब्दों का वितरण हो सकेगा।[3]

इस समय की आधुनिकतम सेवाओं में प्रेस ट्रस्ट की 'स्केन' सेवा है। इसका प्रारम्भ सन् 1982 को हुआ। इनमें टी.वी.नुमा एक पर्दे पर 15-15 पंक्तियों के समाचार प्रति एक-डेढ़ मिनट के अंतराल से आया करते हैं। इस प्रकार इसमें देश-विदेश की खबरें, व्यापार, विज्ञान तथा खेल जगत् के समाचार चौबीसों घण्टे आते रहते हैं। होटलों, मन्त्रालयों तथा हवाई अड्डों पर टी.वी रिसीवर सेट की व्यवस्था मिलती है। दूरदर्शन के लिए समाचार रील बनाने में भी प्रेस ट्रस्ट पदार्पण कर चुका है। इनके अलावा इनसेट-1 बी उपग्रह की सहायता से समाचार जल्द व दूर के स्थानों तक शीघ्रता से भिजवाये जा सकेंगे। इसकी प्रयोग-विधि में एक विशेष प्रकार का 'डिश एण्टीना' और सीधे रिसीवर सेट की ज़रूरत रहेगी। इससे इन्सेट-1 बी उपग्रह की सहायता से ऐसी भाषाओं की ख़बरों को फोटो द्वारा प्रेषित किया जा सकेगा जिनके पास अपना कोई टाइप की-बोर्ड नहीं है। इस प्रकार जनसंचार माध्यम के सरकारी एवं गैर-सरकारी पारम्परिक तथा गैर-पारम्परिक साधन जनता तक विभिन्न समाचारों को जल्द से जल्द भिजवाने के लिए बहुत उपयोगी सिद्ध हो रहे हैं।

(ख) संवाददाता

(1) अभिप्रेत : जनसंचार माध्यमों—समाचार-पत्र, आकाशवाणी, फिल्म, दूरदर्शन, डाक-तार एवं टेलीफोन आदि ये देश-विदेश के समाचारों को स्वतन्त्र रूप से अथवा पत्र प्रतिनिधि अथवा विदेशी एवं भारतीय समाचार समितियों के माध्यम से प्रेषित करनेवाला पत्रकार संवाददाता कहलाता है। समाचार संकलन एवं प्रेषण में संवाददाता की भूमिका को स्पष्ट करते हुए श्री नन्दकिशोर त्रिखा[4] लिखते हैं; "समाचार-पत्र का मौलिक कच्चा माल न कागज है न स्याही। वह है समाचार। फिर चाहे प्रकाशित सामग्री ठोस संवाद के रूप में हो या लेख के रूप में सबके मूल में वही तत्त्व रहता है जिसे हम समाचार कहते हैं। समाचार-पत्रों के लेख भी किसी समाचार विशेष अथवा संवाद-समूह या शृंखला की नींव पर खड़ी शिलाएँ होते हैं और इन सब शिलाओं का दृश्य-अदृश्य शिल्पी संवाददाता होता है।" लार्ड नार्थक्लिक के अनुसार "संवाददाता अखबार लिखता है और उपसम्पादक उसे बनाता है। संवाददाता समाचार सूँघता, खोजता, खोदता, गढ़ता और लिखता है।"

(2) विशेषताएँ : एक कुशल संवाददाता में निम्नलिखित विशेषताएँ होनी चाहिए—

(i) संदर्भ और समझ : संवाददाता को दुरूह घटनाओं तथा विभिन्न समस्याओं की समझ होनी चाहिए। अगर संवाददाता घटना या समस्या को उनके

सम्पूर्ण परिदृश्य में नहीं समझेगा तो उसका 'समाचार' भी आधा-अधूरा रहेगा। न वह पाठकों को घटना के बारे में सही-सही जानकारी दे पाएगा और न समस्या का स्वस्थ प्रस्तुतीकरण दे पाएगा। श्री राजेन्द्र ने पौराणिक नारद के माध्यम से उपर्युक्त तथ्य की व्याख्या की है–

"उनके सामने (नारदजी) जो भी स्थिति आती वे अपनी सूझबूझ और प्रखर प्रतिभा के सहारे तुरन्त ही उसके मर्म और सार तत्त्व तक पहुँच जाते। फालतू और अनावश्यक तत्त्वों को छोड़ कर वे उसका ठीक-ठीक अर्थापन करते और अविलम्ब ही उसे प्रसारित करने में अपनी प्रत्युत्पन्न मति और क्षिप्रकारिता का प्रमाण देते थे।"

(ii) तीक्ष्ण दृष्टि एवं श्रवण शक्ति : यदि संवाददाता के पास तीक्ष्ण दृष्टि एवं श्रवण शक्ति नहीं होगी तो वह समाचारों के महत्त्व तथा आवश्यकता को विस्तार से नहीं समझ पाएगा फलस्वरूप वह घटनाओं के प्रति किसी विशिष्ट मुद्दे को न उठा पाएगा और न उनका अर्थापन ही वह ठीक-ठीक कर सकेगा। कभी-कभार हो सकता है कि अन्य कोई व्यक्ति उसे गुमराह ही कर दे।

(iii) उसमें Nose for News अर्थात् किसी घटित हो रही या घटी हुई साधारण-सी लेखों की दृष्टि से महत्त्वहीन घटना रूप में भी कुशल पत्रकार किसी महत्त्वपूर्ण घटना के सूत्र खोज लेता है और उसकी यह पड़ताल 'समाचार' को एक अभिनव मोड़ देती है। और यह तो विश्व के इतिहास की कड़ियों की नई व्याख्या की दिशा में प्रवृत्त कर सकता है।

(iv) जिज्ञासावृत्ति, उत्सुकता एवं उत्तरदायित्व की भावना : वास्तव में संवाददाता के जीवन की ये प्राणभूत विशेषताएँ हैं। अगर संवाददाता में ये गुण नहीं हुए तो उसकी संवाद कला को जंग लग जाएगी। संवाददाता अपने समाचारों के प्रेषण और समाचारों की प्रामाणिकता के प्रति जिम्मेदार होता है।

(v) विश्वसनीयता, सत्यता एवं निर्भीकता : संवाददाता के व्यवसाय को गरिमा देनेवाले तत्त्वों में विश्वासपात्रता एक अहम भूमिका अदा करती है। उसे समाचार संकलन के लिए काफी ऐसे व्यक्तियों से मिलना पड़ता है एवं ऐसे व्यक्ति स्वयं उससे मिलते हैं जो सशर्त बहुत गोपनीय ख़बर देते हैं जिससे देश-विदेश में तहलका मच सकता है। घोटाले, भ्रष्टाचार, व्यभिचार आदि के मामले उजागर तो हो जाते हैं, परन्तु वे संवाददाता से अपना नामोल्लेख अथवा इस समाचार के साथ स्वयं को जोड़ा न जाए, यह शर्त रखते हैं। सत्य एवं विश्वसनीयता को समर्पित संवाददाता इसे स्वीकार कर लेता है और दबावों-प्रभावों के होने पर भी वह स्रोतों का उद्घाटन नहीं करता है।

(vi) स्रोत : अविराम : ऐसा नहीं होता है कि लोग खुद इनसे सम्पर्क कर समाचार दें। बहुत-सी बार संवाददाता को भी 'खबरिया' के पास विनत और ललक

भाव से जाना पड़ता है।

(vii) भौगोलिक कार्य क्षेत्र का ज्ञान : प्रत्येक संवाददाता को यह जानकारी होनी चाहिए कि उसकी कार्य-सीमा कहाँ तक है और इसके साथ ही उसे अपना समाचार संकलन और प्रेषण का कार्य करना चाहिए। अगर उसे स्थानीय अथवा जिला अथवा राज्य स्तर के समाचार भेजने हैं तो वह इन्हीं क्षेत्रों के समाचारों के लिए प्रयत्न करेगा। समाचारों के अलावा इन क्षेत्रों की विविध प्रवृत्तियों—सांस्कृतिक, खेल-कूद, व्यापार, साहित्यिक तथा मौसम वगैरह की जानकारी भी अपने समाचार-पत्र को भिजवाएगा। अगर उसका समाचार कार्य अत्यधिक सीमित क्षेत्र में हो तो उसे वहाँ के महत्त्वपूर्ण व्यक्तियों का साक्षात्कार तथा पारिवारिक समाचारों जैसे—विवाह, मृत्यु के समाचार भिजवाने चाहिए।

(viii) क्षणजीवी समाचार एवं समाचारों का सम्भाव्य अर्थापन : अख़बार के समाचारों का जीवन तो आजकल एक दिन तक भी नहीं होता है (आजकल शाम के अखबार एवं अन्य संचार माध्यमों के कारण) अतः संवाददाता को ऐसा प्रबन्ध रखना चाहिए कि समाचारों को यथाशीघ्र संवाद समिति या समाचार-पत्र को भिजवाए अन्यथा कुछ ही देर में उनका 'समाचार-मूल्य' नहीं रहेगा। इस कारण उसे देश-परदेश की घटनाओं, वर्तमान एवं संभाव्य को समझने और उनका अर्थापन करने में विशेष दक्षता की आवश्यकता होती है।

(ix) संवाददाता : अध्ययन क्षेत्र : संवाददाता से यह अपेक्षा की जाती है कि वह अपने क्षेत्र के बारे में सूक्ष्म, गहरा तथा विस्तृत ज्ञान रखे। इसके अलावा यदि संभव हो तो अन्य भाषाओं के समाचार-पत्रों में प्रकाशित घटनाओं पर भी वह नज़र रखे और उसे अपने समाचार-पत्र तक भिजवाए। संवाददाता का अध्ययन जितना अधिक होगा, उसका समाचार भी उतना ही महत्वपूर्ण होगा।

(x) मनोरंजक शैली : समाचार-पत्र आखिर तो आज एक फलता-फूलता पेशा बन गया है। इस क्षेत्र में भी प्रतियोगिता बढ़ गई है; अतः समाचार के जेनुइन होने के साथ अगर उसकी भाषा शैली एवं प्रस्तुतीकरण मनोरंजक और रोचक हो तो वह और अधिक दिलचस्प बन सकता है और समाचार-पत्र की प्रसार संख्या को विधायक ढंग से प्रभावित कर सकता है।

(xi) विभिन्न ज्ञान शाखाओं का परिचय : संवाददाता को घटना की वस्तुस्थिति को जानने के लिए उसे बहुत कुछ टोटके अपनाने पड़ते हैं। पत्रकार मोरिस फेंगस[6] के शब्दों में "गुप्तचर, मनोवैज्ञानिक तथा वकील की सर्वश्रेष्ठ विशेषताओं से उसे गुज़रना पड़ता है। संवाददाता गुप्तचर की भाँति समाचार सूँघता है, उसमें मनोवैज्ञानिकों के गुण भी होते हैं। मनुष्यों से मिलकर, उनके दिलों की बात वह निकाल लेता है। वह वकील की भाँति प्राप्त तथ्यों, उदाहरणों से तर्कपूर्ण निर्णय लेता है।"

(3) **विविध वर्ग :** संवाददाताओं की विभिन्न श्रेणियाँ होती हैं :

(i) **लाइनर :** छोटे कस्बे से प्रायः शौकिया समाचार भेजनेवाला संवाददाता लाइनर कहलाता है। उसे बँधा हुआ वेतन नहीं मिलता। समाचार के शब्दों के आधार पर उसे पारिश्रमिक दिया जाता है।

(ii) **स्ट्रिंजर :** यह भी पूर्णकालिक नहीं होता। इसे निश्चित तथा प्रतिमाह वेतन मिलता है। इसे 'रिटेक' भी कहा जाता है।

(iii) **फुलफ्लेज्ड जर्नलिस्ट** (Full fledged Journalist) : इन्हें उपसम्पादक के समान सारी सुविधाएँ दी जाती हैं। ये जिला मुख्यालयों पर पूर्णकालिक संवाददाता के रूप में नियुक्त किए जाते हैं।

(iv) **स्टाफर्स** (Staffers) : ये प्रदेशों की राजधानियों में रखे जाते हैं। ये पूर्णकालिक होते हैं। ये पत्र के नियमित कर्मचारी माने जाते हैं। ये समाचारादि कार्यों के लिए समाचार-पत्र के मुख्यालय से सम्पर्क रखते हैं।

संवाददाताओं की कुछ और श्रेणियाँ

संवाददाताओं की चार श्रेणियाँ होती हैं :

(1) **कार्यालय संवाददाता :** ये कार्यालय में ही रहते हैं और वहाँ उपलब्ध संवादों को ही देखते हैं।

(2) **विशेष संवाददाता :** समाचारों का मात्र संकलन ही नहीं पर अर्थापन तथा विश्लेषण भी इस वर्ग के समाचार संवाददाता करते हैं। समाचार तो किसी घटना का तुलनात्मक ब्यौरा होता है पर पाठक इससे कुछ अधिक की अपेक्षा समाचार से करता है। विशेष संवाददाता घटना का परिप्रेक्ष्य, आधारभूत तत्त्वों की पृष्ठभूमि तथा उसमें विविध पहलुओं के साथ विभिन्न वर्गों के लिए उसका मूल्यांकन भी करता है; अतएव विभिन्न विषयों में उसकी अच्छी-खासी पकड़ होनी चाहिए।

(3) **मुफसिल संवाददाता :** छोटे-छोटे स्थानों के संवाद प्रेषकों को मुफसिल संवाददाता कहा जाता है।

(4) **विदेश संवाददाता :** विदेशी खबरें भेजनेवाला वार्ताहार विदेश संवाददाता कहा जाता है। यह क्षेत्र विशेष में पारंगत बुद्धिजीवी होता है। वह एक संकेतक भी होता है और सतर्क करनेवाला भी होता है। वह समाचार समितियों की भाँति भी सूचनाएँ देता है। वह घटनाओं का पूर्वानुभव भी कर सकता है। अब पत्रकारिता का विशेषीकरण हो रहा है—खेल-कूद तथा स्वतन्त्र पत्रिकाएँ आदि प्रायः सम्पादक विशेष संवाददाता को किसी विषय विशेष पर प्रलेख तैयार करने के लिए कहता है ताकि एक अच्छा सम्पादकीय तैयार हो सके। वह सम्पादक का कान, आँख और

सलाहकार होता है। वह पत्र की नीति के अनुकूल आलेख तैयार करता है। वह अपने उत्तरदायित्व से परिचित होता है। पारिश्रमिक भी वह अन्य संवाददाताओं से अधिक पाता है।

दूसरे वेतन आयोग ने संवाददाताओं की चार श्रेणियाँ बनाई हैं :

(1) **विशेष संवाददाता** : समाचार-पत्र के सहायक सम्पादक, सम्पादकीय लेखक तथा समाचार सम्पादक के समकक्ष महत्त्वपूर्ण व्यक्ति विशेष संवाददाता होता है।

(2) **मुख्य कार्यालय संवाददाता** : इन्हें चीफ रिपोर्टर भी कहते हैं जो दूसरी श्रेणी में आते हैं।

(3) **उपमुख्य कार्यालय संवाददाता** : इसमें तीसरी श्रेणी के संवाददाता आते हैं।

(4) **कार्यालय संवाददाता** : ये चौथे वर्ग में आते हैं। इन्हें संवाददाता भी कह सकते हैं। समिति संवाददाता का कार्य-क्षेत्र एवं ज्ञान की दिशाएँ विस्तृत हो गई हैं। उसे अपने क्षेत्र के अलावा अन्य संवाददाताओं के भी विशेष क्षेत्रों का जानकार और अनुभवी होना चाहिए ताकि किसी की अनुपस्थिति में भी वह कार्य कर सके एवं उससे समाचार-पत्र का सम्पूर्ण कार्य सुचारु ढंग से चल सके तथा उसमें स्तर का भी निर्वाह हो सके। यह ज्ञान एवं अनुभव संवाददाता की नियुक्ति की अलिखित शर्त है और यह कार्य किसी भी श्रेणी या वर्ग के जिम्मेदार संवाददाता को करने पड़ते हैं।

समाचारों के लिए कुछ विशिष्ट स्रोत

फीचर (रूपक) : प्रासंगिक घटना-व्यापार तथा विविध क्षेत्रों की विशिष्ट जानकारी के सचित्र तथा मोहक विवरण को फीचर या रूपक का सम्बोधन दिया जाता है। कोई भी विशेष व प्रधान लेख, जो किसी समाचार-पत्र व पत्रिका में किसी प्रकरण संबंधी विषय पर प्रकाशित होता है उसे फीचर का प्रधान लेख कहते हैं।[7]–

समाचार तथा रूपक दोनों ही मनोरंजक ढंग से तथ्यों को प्रस्तुत करते हैं। परन्तु फीचर लेखक घटनाओं के बजाय संवादों की गहराई में प्रवेश करता है। वह समाचार की पार्श्वभूमि के अध्ययन से फीचर समाचार की प्रस्तुति को यथासंभव दिलचस्प बनाता है इससे पाठकों को समाचारों की जानकारी कुछ नीरस ढंग से होने के बजाय मनोरंजक ढंग से होती है।

जहाँ संक्षिप्तता समाचार की आत्मा कही जाती है वहीं फीचर में विस्तार ही उनकी ऊर्जा है। समाचार-पत्र में समाचार अत्यधिक सरल अथवा जनभाषा में दिया जाता है ताकि अधिक से अथिक पाठक उसे समझ सकें। परन्तु फीचर लेखन की

अपनी विशिष्ट शैली होती है। अलावा इनके समाचार-पत्रों के समाचारों में शब्द तथा उसे दिए गए स्पेस के अलावा विषय सामग्री की दृष्टि से उनमें प्रायः एकरूपता के दर्शन होते हैं क्योंकि समाचार के तथ्यों को परिवर्तित नहीं किया जा सकता है परन्तु अपनी शैली की विशेषता के कारण एक ही विषयवस्तु को लेकर विभिन्न समाचार-पत्रों में लिखा गया फीचर अलग-अलग अन्दाज देता है। समाचारों के शीर्षक प्रेषक संवाददाता नहीं उपसम्पादक तय करता है परन्तु रूपक पर अपने मनोनुकूल शीर्षक देता है। संवाद के साथ प्रायः संवाददाता का नाम प्रकाशित नहीं किया जाता है परन्तु फीचर के साथ उसके लेखक का नाम जा सकता है। समाचार-पत्र की अपनी कुछ सीमाएँ हैं। वह कालबद्ध तथा स्थानबद्ध होता है। समाचार बिना किसी अतिरिक्त साज-सज्जा के प्रकाशित किया जा सकता है; परन्तु फीचर में यह विधि संभव नहीं। फीचर को एक ओर अतीत से लेकर समाचार के भविष्य तक को तथ्य तथा कल्पना के सहयोग से पेश करने का अधिकार है। उदाहरण आस्ट्रेलिया का दौरा करने जा रही भारतीय टीम पर समाचार है परन्तु रूपक में फीचरकार दोनों देशों के पिछले दौरों का मूल्यांकन प्रस्तुत करता है, वर्तमान दौरे की दोनों टीमों की सम्भावित हार-जीत की दृष्टि से समीक्षा करता है एवं भविष्य की ओर इंगित करता है। इसी प्रकार सज्जाविहीन समाचारों की ओर इंगित करता है। इसी प्रकार सज्जाविहीन समाचारों की तुलना में कार्टून, चार्ट तथा ग्राफ-नक्शों का उपयोग फीचर को दिलचस्प तथा रोचक बनाता है। श्री डी.एस. मेहता समाचार एवं फीचर के अंतर को स्पष्ट करते हुए लिखते हैं–

"कब, क्यों, कहाँ, कैसे को सुस्पष्ट करनेवाले समाचारों से आगे बढ़कर कल्पना संयुक्त प्रस्तुति द्वारा रूपक अपना विशेष प्रभाव छोड़ता है। वह पाठकों के सम्मुख समाचार की तथ्य सत्य अभिव्यक्ति को मनोरम ढंग से प्रस्तुत करता है। जिज्ञासा, सहानुभूति, हास्य तथा आश्चर्य का संचार पाठकों में कराना फीचर का समाचारिक धर्म है। फीचरकार गहन अध्ययन, शोध तथा भेंटवार्ता के माध्यम से इन्हें सही पकड़ पाते हैं। घटना के परिवेश, विविध प्रतिक्रियाएँ एवं उनके दूरगामी परिणामों की ओर फीचर इशारा करता है।" वे आगे लिखते हैं कि–

"रोचक विषय की मनोरम तथा विस्तृत प्रस्तुति ही फीचर है। इसमें दैनिक समाचार, प्रासंगिक विषय तथा बहुसंख्य पाठकों की दिलचस्पीवाले विषयों पर चर्चा होती है। इसका उद्देश्य सूचना देना, मनोरंजन प्रदान करना एवं जनता को कार्य करने का अंगुलिनिर्देश देना है। वस्तुतः तथ्यों की गवेषणा ही रूपक है जिसका लक्ष्य प्रशिक्षण, मार्गदर्शन तथा आनन्दित करना है। रूपक पाठकों की समस्याओं की पाठक के साथ हिस्सेदारी कराता है।" डॉ. अर्जुन तिवारी फीचर को निम्नलिखित शब्दों में परिभाषित करते हैं– "मानवीय अभिरुचि के साथ सीमित समाचार जब चटपटा लेख बन जाता है तो फीचर (रूपक) के रूप में माना

जाता है।"

इस प्रकार फीचर में सम्बन्धित तथ्यों का संग्रह, उद्देश्य की केन्द्रीय स्थिति, सरस, सहस प्रस्तुति, आमुख तथा शीर्षक का निर्धारण एवं तथ्य को कार्टून, चित्रों तथा शब्दों द्वारा आकर्षित रूप प्रदान करना होता है। फीचर कई प्रकार के होते हैं—समाचार फीचर, घटनाश्रित, व्यक्तिपरक फीचर, लोकाभिरुचि पर आश्रित, सांस्कृतिक फीचर, फोटोफीचर, विज्ञान संस्था फीचर, विश्लेषणात्मक फीचर।

फीचर एवं लेख : गम्भीर अध्ययन पर आधारित प्रामाणिक रचना लेख होती है, (पुस्तकालय, जानकार तथा समाचार-पत्रों की कटिंग के आधार) परन्तु पाठकों की अभिरुचि के अनुकूल नाटकीयता से परिपूर्ण हल्की-फुल्की रचना फीचर है। एक का संबंध अगर मस्तिष्क से है तो दूसरे का हृदय से। फीचर एक प्रकार का गद्यगीत है। क्षणिक मुद्रा का अलंकरण है। लेख बहुआयामी, गम्भीर, उच्चस्तरीय तथा व्यंग्यपूर्ण कृति है। "लेख अनेक कमरोंवाला बहुमंजिला विशाल भवन है जबकि फीचर साफ-सुथरा तथा हृदयहारी एक कक्ष का कुटीर है।"[8] फीचर एवं लेख के वैषम्य को रेखांकित करते हुए डॉ. पी.डी. टण्डन लिखते हैं :

"किताब पढ़ कर, आँकड़े जमा करके लेख लिखे जा सकते हैं लेकिन 'फीचर' लिखने के लिए अपने आँख, कान, भावों, अनुभूतियों, मनोवेगों और अन्वेषण का सहारा लेना पड़ता है। लेख लम्बा, अरुचिकारक, भारी भी हो सकता है परन्तु ये बातें 'फीचर' की मौत हैं। फीचर को मज़ेदार, दिलचस्प और दिलपकड़ होना पड़ेगा।"[9] उदा. 'भारत की अछूत समस्या' पर लेख लिखते समय अछूत से आशय, विविध कालों में उसकी सामाजिक उपस्थिति का लेखा-जोखा, अभिशप्त आँकड़े, साधु-सन्तों, शासन-सरकार एवं इतर सामाजिक संगठनों द्वारा संविधान के तहत लिखी गई गम्भीर रचना—लेख कहलाती है। जबकि फीचर में यह समस्या किसी अछूत की कहानी की मनोरंजक, दिलचस्प प्रस्तुति रहेगी।

संक्षेप में लेख में प्रामाणिक जानकारी, सरल सुबोध भाषा, सम्बन्धित चित्र तथा समस्या एवं समाधान एवं प्रारम्भ दिलचस्प होना चाहिए, जबकि फीचर की अवयवी संरचना में इनका समावेश सहज रूप में ही हो जाता है। 'अच्छा प्रारम्भ और आनन्दमय अंत, यही फीचर लिखने की सफलता का मुख्य तत्त्व है।

भेंट वार्ता : साक्षात्कार : समालाप : भेंटवार्ता समाचार संग्रह की एक प्रभावशाली विधा है। सामान्य रूप से यह धारणा प्रचलित है कि 'संकलन-कार्य' के लिए यह सर्वाधिक सरल विधि है। भेंट कर्ता किसी समस्या अथवा योजना आदि पर कुछ प्रश्न लिख लेता है। और फिर समस्या अथवा योजना से जुड़े किसी अधिकारी को प्रत्यक्षतः मिलकर उनसे उत्तर प्राप्त कर प्रसंगोचितता के अनुसार उनका व्यवस्थित व नियन्त्रित लेखन कर संवाद समिति के माध्यम से अथवा स्वतन्त्र रूप से समाचार-पत्र, अथवा पत्रिका को भिजवा देता है। अन्य संचार

माध्यमों में अपनी उपस्थिति अथवा पूर्व रिकार्डिंग कर वह इस कार्य का कारण बनता है। इतना अवश्य है कि समालाप (भेंट वार्ता) करते समय उसे माध्यम के साथ स्वयं का सामंजस्य करना पड़ता है। परन्तु वास्तव में 'साक्षात्कार' कर्म उतना सरल नहीं है। जितना समझा जाता है। वह तो ''तलवार की धार पे चलने'' जैसा कठिन कर्म है।

डॉ. अर्जुन तिवारी ने इसीलिए भेंटवार्ता को कला कहा है : ''प्रकाशनोपयोगी तथ्यों को प्राप्त करने की कला ही साक्षात्कार है।''[10] 'चैम्बर्स डिक्शनरी' में 'साक्षात्कार' को इन शब्दों में व्याख्यायित किया गया है :

''एक महत्त्वपूर्ण व्यक्ति और पत्रकार अथवा आकाशवाणी या दूरदर्शन के उद्घोषक के बीच हुआ संवाद ही भेंटवार्ता है। इसमें भेंटवार्ताकार उस महत्त्वपूर्ण सज्जन से 'किसी समस्या पर' चर्चा कर उनके विचार जानना चाहता है।''

आजकल संचार माध्यमों के बदलते स्वरूप, देश एवं विदेश की आर्थिक, राजनैतिक परिस्थितियाँ, विघटित होते मानव मूल्य, सत्य, ईमानदारी के बजाय कुर्सी की रक्षा के लिए की जानेवाली एकपक्षीय बयानबाजी के बीच से संबद्ध महत्त्वपूर्ण व्यक्तियों से साक्षात्कार कर सत्यान्वेषण, तथ्यों की वस्तुस्थिति, समस्या या योजना के विविध आयामों का अनुसन्धान करता है और उसे विविध संचार माध्यमों से जनता तक पहुँचाता है ताकि जनता के बारे में लिए गए निर्णयों से जनता स्वयं भी समझ सके और उन विचारों-वक्तव्यों के प्रति अपनी सक्रिय भागीदारी कर सके। भेंटवार्ता, समालाप या साक्षात्कार द्वारा समाचार के 'क्यों' और 'कैसे' की गहरी जानकारी मिलती है, समाचार पूर्णता को प्राप्त होता रहे। इस उद्धरण से भेंटवार्ता की गम्भीरता, उसमें निहित उत्तरदायित्व के भाव उद्घाटित होते हैं, अतः इण्टरव्यूकार (समालापक) को समालाप्य से भेंट करने के पूर्व कुछ तैयारी करनी अपेक्षित है। इसे निम्नलिखित बातों का ख़याल रखना चाहिए :

(1) समालाप्य (Interviewer) के निवास का पता एवं टेलीफोन नम्बर ताकि वह उससे 'समय' तय कर सके।

(2) समालाप्य के बारे में जानकारी प्राप्त कर लेनी चाहिए ताकि उसकी रुचि-अरुचि, पक्ष-विपक्ष, स्वभाव की अन्य विशेषताओं का पता चल सके। इसके लिए समालाप्य के किसी परिचित व्यक्ति अथवा सन्दर्भ ग्रन्थ का उपयोग करें। प्राप्त सूचना के आधार पर समालाप्य से पूछे जानेवाले सवालों को एक शक्ल देने में सहूलियत हो जाती है।

(3) समालापक को अत्यधिक सहिष्णु, शान्त एवं धैर्यवान होना चाहिए। आवश्यकता पड़ने पर उसे अपने व्यक्तित्व और विचारों को लचीला बनाने का गुण आना चाहिए क्योंकि उसे समालाप्य से उसके विचार, प्रतिक्रियाएँ जाननी होती हैं। और कभी-कभी समालाप्य का व्यवहार

अप्रिय अशोभनीय भी हो जाता है। समालाप्य का अहम् अथवा विकृत अहम् भी समालापक को बर्दाश्त करना पड़ता है। कभी-कभी समालाप्य प्रश्नों के उत्तर देने से बचना चाहता है। पत्रकार को उसे विश्वास में लेना होता है। उससे आत्मीयता स्थापित करनी पड़ती है। इसके लिए उसमें बहुत धैर्य होना चाहिए। कभी-कभी स्वभावगत चिड़चिड़ेपन अथवा विकृत अहम् से पीड़ित अथवा समस्या से उत्तेजित कोई पदाधिकारी भेंटवार्ताकार से बदतमीजी से पेश आता है। ऐसे समय पत्रकार की सहिष्णुता संजीदगी का कार्य करती है।

(4) पत्रकार कुशाग्रबुद्धि से सम्पन्न, हाजिरजवाब तथा व्यवहारकुशल होना चाहिए। उसमें 'उड़ती चिड़िया' पहचानने की क्षमता होनी चाहिए तथा उसके पास विनम्रता भरी प्रश्न शैली होनी चाहिए। समालापक का कार्य कुछ इस तरह का औघड़ काम ही है कारण कभी-कभी समालाप्य विषय के बजाय स्वयं को ही भेंटवार्ता के केन्द्र में प्रतिष्ठित करने लगता है। कभी-कभी वह मूल विषय के बजाय इधर-उधर की बातों में भटक जाता है। कभी-कभी वह 'समस्या' के समाधान के बजाय अपने विपक्षियों पर ही प्रहार करने लगता है। कभी वह साक्षात्कार लेनेवाले को अपने समकक्ष नहीं समझता। उससे बातचीत करना उसे अपमानजनक लगता है। ऐसे अड़ियल समय पर भेंटवार्ताकार की व्यवहार कुशलता काम आती है। वह समालाप्य के असन्तोष को दूर करता है। प्रतिस्पर्धियों पर बिफर रहे हीनता की ग्रन्थि से पीड़ित उसे वह पूर्ण न्याय दिलाने का आश्वासन देता है और विषय से भटके समालाप्य को फिर विषय पर ले आता है।

(5) ऐसी परिस्थितियों से निपटने के लिए समालापक के लिए यह आवश्यक है कि वह इण्टरव्यू के विषय और उससे सम्बन्धित इतर विषयों के बारे में कामचलाऊ जानकारी जरूर प्राप्त कर ले ताकि स्वयं भी प्रश्नों के बीच, उत्तरों के बीच प्रश्न पूछ कर वह समालाप्य को सजग/सतर्क रहने को लिए अप्रत्यक्ष रूप से बाध्य कर सके और इस प्रकार साक्षात्कार बिना किसी अवरोध के सुखद वातावरण में परिपूर्णता पाता है।

(6) दोनों के बीच समालाप के समय ही किसी तरह की ग़लतफहमी पैदा न हो, इसलिए यह जरूरी है कि भेंटवार्ताकार अपना तथा समाचार-पत्र का परिचय उसे दे दें। अगर समालाप अख़बार से नाराज़ भी हो तो उसकी नाराज़गी को पत्रकार को सह लेना चाहिए। इससे समालाप्य के अहम् को सन्तोष मिलता है, और फिर प्रसन्नता से वह

कुछ ऐसी बातें भी बता जाता है जिससे भेंटवार्ता का महत्त्व बढ़ जाता है।

(7) कभी-कभी समयाभाव अथवा अन्य कारणों से समालाप्य 'इण्टरव्यू' टालना चाहता है। ऐसे समय इण्टरव्यूकार अपनी विनम्रता तथा कौशल से उस व्यक्ति से साक्षात्कार का जुगाड़ कर ही लेता है। अगर समालाप्य समालापक से भी कोई प्रश्न पूछे तो उसे निर्भय मगर चतुराई से संक्षिप्त उत्तर दे समालाप्य को फिर इण्टरव्यू के विषय पर ले आना होता है।

(8) समालापक को अपनी ओर से कम बोलना चाहिए और समालाप्य को बोलने का अधिक से अधिक मौका देना चाहिए ताकि विषय-सामग्री ज्यादा से ज्यादा मिल सके तथा शिष्टाचार की रक्षा हो सके।

(9) पहले साक्षात्कार के समय कागज पेन का उपयोग किया जाता था। उसमें प्रश्नोत्तर शैली हुआ करती थी। इससे इण्टरव्यू तो पूरा हो जाता था। परन्तु उसमें समालाप्य का सहज के बजाय सतर्क भाव अधिक परिलक्षित होता था और इस कारण 'इण्टरव्यू' में आनेवाली एक निर्बन्ध मस्ती या साफ़गोई पर विपरीत प्रभाव पड़ता था। किन्तु आजकल 'टेप रिकार्डर' के कारण भेंटवार्ता की ताज़गी बनी रहती है। उसकी विश्वसनीयता सन्देह की सीमा से परे हो जाती है। कोई अवरोध न होने के कारण सामग्री भी अच्छी मात्रा में मिल जाती है।

(10) साक्षात्कार लेते समय साक्षात्कारक को समालाप्य से किसी बात पर मतभेद हो जाने पर भी विवाद टाल देना चाहिए। दर्शकों-श्रोताओं में उत्सुकता जागती है और इस तरह से भेंटवार्ता में यान्त्रिकता के बजाय सजीवता आ जाती है।

(11) अगर समालापक समालाप्य की भाषा में चर्चा कर सके तो समालाप्य के सम्मुख भाषा संबंधी अड़चन न होने से वह बेझिझक और धाराप्रवाह शैली में बातचीत करता है। उसकी बातों में एक ताज़गी एवं तरावट आ जाती है 'वार्ता' की दृष्टि से समालाप्य का खुलापन 'भेंट' को सहज तथा अपेक्षित सामग्री से समृद्ध कर देता है। क्योंकि इण्टरव्यूकार ऐसे अवसर पर घटना की गहराई तथा उसकी प्रामाणिकता तक पहुँचने का प्रयत्न करता है और जिसमें प्रायः उसे सफलता मिलती है।

(12) साक्षात्कार दो प्रकार का होता है। पहले प्रकार में संवाददाता समालाप्य की वार्ता को शब्दशः प्रस्तुत करता है और दूसरे प्रकार में इण्टरव्यूकार पूरी भेंट वार्ता को अपने शब्दों में लिखता है।

(13) साक्षात्कार के अंत में समालाप्य के हस्ताक्षर लेना चाहिए ताकि भेंट वार्ता के किसी अंश की प्रामाणिकता को नकारा न जा सके। वैसे आजकल टेप रिकार्डर होने के कारण पत्रकार हस्ताक्षर लेने की अप्रिय स्थिति से बच जाता है। परन्तु संभव हो तो टेप से इण्टरव्यू तैयार करने के बाद उस पर वह समालाप्य का हस्ताक्षर लेकर भेंटवार्ता की प्रामाणिकता और विश्वसनीयता पर किसी प्रश्नचिह्न लगाए जाने की स्थिति से स्वयं को सुरक्षित कर लेता है।

चर्चा-परिचर्चा या वाद-विवाद

यह भेंटवार्ता का ही एक रूप है। इसमें राजनैतिक नेताओं, समाज के प्रमुख व्यक्तियों तथा विभिन्न वर्ग और वर्ण के लोगों से समाचार-पत्र किसी घटना या समस्या पर विचार आमन्त्रित करता है और उन्हें प्रकाशित करता है। दूसरे शब्दों में वह घटना या समस्या पर जनमत को प्रस्तुत करता है। जैसे अयोध्या के राममन्दिर तथा बाबरी मस्जिद प्रसंग पर जनमत क्या सोचता-समझता है अथवा विदेशी आर्थिक शक्तियों के सामने भारत का दमनीय समर्थन क्या जरूरी है। अथवा 'मण्डल आयोग पर सर्वोच्च न्यायालय का फैसला कितना उचित ?'

इस प्रकार की चर्चा-परिचर्चा के लिए पत्रकार को विभिन्न वर्गों के नेताओं, महत्त्वपूर्ण व्यक्तियों तथा सामान्य लोगों की जानकारी होनी चाहिए ताकि परिचर्चा को विभिन्न वर्गों के प्रतिनिधियों के विचारों से पूर्णता प्रदान की जा सके।

विषय की जानकारी होना भी पत्रकार के लिए आवश्यक है ताकि वह चर्चा-परिचर्चा के विभिन्न मुद्दों को जान सके तथा समझ सके। सम्प्रति, समाचार-पत्र, टीवी तथा आकाशवाणी में भेंटवार्ता का यह रूप अधिक लोकप्रिय हो रहा है। उदाहरणार्थ :

बम्बई के विशाल सभागार में आयोजित 'भारत सुन्दरी' प्रतियोगिता में प्रथम पुरस्कार से सम्मानित रेणु खन्ना ने एक प्रेस भेंट में अपने सौंदर्य के बारे में बतलाया कि नियमित व्यायाम, सन्तुलित आहार तथा सदा प्रसन्न मन रहने का स्वभाव ही सौंदर्य की वृद्धि तथा स्थिरता के लिए जरूरी है।

पत्रकार सम्मेलन (प्रेस कान्फ्रेंस)

भेंटवार्ता का व्यापकतर रूप पत्रकार सम्मेलन है। किसी पत्रकार अथवा संवाददाता की किसी विशिष्ट व्यक्ति से बातचीत पत्रकार के प्रेस की एकान्त धरोहर बनकर रह जाती है। पर कान्फ्रेंस में सभी प्रेस पत्रकार अपने-अपने ढंग से समाचार का दोहन करते हैं। अपने अख़बार की नीति को मद्दे नज़र रखकर समाचार-संग्रह को महत्त्व देता है। अपनी समाचारगत प्राथमिकताओं का निर्वाह करता है। किसी भी

पत्रकार को सम्मेलन में जाने के पूर्व उसके उद्देश्य को ठीक-ठाक समझ लेना चाहिए और तदनुकूल एक प्रश्नावली बना लेनी चाहिए। उसे सम्मेलन में कम-से-कम बोलना चाहिए और दूसरों के विचारों तथा प्रतिक्रिया को समझना चाहिए। उसे खण्डन-मण्डन अथवा उग्र विवाद को टालना चाहिए। व्यक्तिगत आक्षेप से बचना चाहिए। अपने सहकर्मियों को भी कान्फ्रेंस में सक्रिय भागीदारी का अवसर देना चाहिए। अगर कोई वक्ता या समालाप्य किसी सूचना को देने के बाद भी उसे 'ऑफ दी रिकार्ड' समझने का आग्रह करे तो उसकी बात का सम्मान कर उस सूचना को समाचार-पत्र में प्रकाशित नहीं करना चाहिए। सम्मेलन की उपस्थिति संवाददाता के लिए ख़बरों का ख़ज़ाना बन जाती है। उसे किसी विषय पर नये तथ्यों की जानकारी होती है जो समाचार-पत्र तथा स्वयं के अनुभव के विस्तार में सहायिका बनती है।

समाचारों का अनुवर्तन (फालोअप)

समाचारों का अनुवर्तन संवाददाताओं के लिए आवश्यक है। किसी संकेत, किसी घटना की गहराई में जाना तथा उपलब्ध तथ्यों का रहस्योद्‌घाटन करना उसकी कार्य-शैली की जीवट विशेषता होनी चाहिए। इससे समाचार-पत्र का समाचारिक मूल्य बढ़ता है। उसकी प्रसार संख्या में अनपेक्षित वृद्धि होती है। "गत दिवस की अगली और नवीन सूचना प्राप्ति की प्रक्रिया को समाचारों का अनुवर्तन कहा जाता है।" वह खुफिया या जासूसों की तरह ख़बर खोजता है। उससे सम्बन्धित अन्य बातों की पड़ताल करता है। इस तरह यह अपने समाचार-पत्र के प्रति जनता की उत्सुकता में निरन्तर अभिवृद्धि करता है। जैसे 'केन्द्रीय बजट' के बारे में पूर्वानुमान तथा उल्लेखनात्मक जानकारी लोगों में उपयोगी हो सकती है। वे अनुभासित बजट के आधार पर अपना व्यापारिक अथवा घर का बजट तैयार करने लगते हैं। फालोअप का समाचारों की दुनिया में बड़ा महत्त्व है।

(ग) आचार संहिता

आचार संहिता से तात्पर्य है किसी व्यक्ति का निर्धारित नियमों का पालन करते हुए अपने कार्य-व्यापार का संचालन करना। इसके अलावा अपने कार्य को अथवा व्यवसाय को करते समय उसे नैतिक मूल्यों, राष्ट्रीय चरित्र तथा लोकहित को निरन्तर दृष्टिगत रखना चाहिए। साथ ही साथ उसे स्वार्थ, दबाव, व्यक्तिगत अतिरिक्त उत्साह के प्रभाव में आकर अपनी व्यवसायगत पवित्रता तथा नैतिकता का विस्मरण नहीं करना चाहिए। पत्रकार का धर्म एवं आचरण इन्हीं तथ्यों का साक्ष्य चाहता है। उसकी स्वयं की आचार संहिता की भी यही माँग है। आज जनसंचार माध्यमों की शक्ति अत्यधिक बढ़ गई है। व्यक्ति, समाज तथा राष्ट्र के

जीवन को उद्वेलित करने का उसका सामर्थ्य अकूत हो गया है। खेद की बात है कि ऐसी शक्ति एवं सामर्थ्य से सम्पन्न आज के पत्रकारों का एक वर्ग अपने सभी आदर्शों, जीवन-मूल्यों, व्यावसायिक निष्ठा एवं ईमानदारी को भुलाकर अपनी अलिखित आचार संहिता का उल्लंघन कर रहा है। जहाँ पत्रकार को जन विचार धारा का प्रवक्ता बनना चाहिए, राष्ट्रीय चेतना का गायक बनना चाहिए। संस्कृति का प्रसारक तथा साम्प्रदायिक सद्भाव का प्रचारक बनना चाहिए। सामाजिक अन्याय, सांस्कृतिक दोहन-शोषण के खिलाफ क्षत्रिय की भूमिका में खड़ा होना चाहिए, नैतिक मूल्यों का कारक होना चाहिए, वहाँ वह आज अपने टुच्चे स्वार्थों या किन्हीं दबावों के तहत कैरियरिस्ट बनकर रह गया है। पर यह प्रश्न इतना सरल नहीं है। पत्रकार के कार्य की प्रस्तुति, वैधानिक सुविधाएँ, पत्र के प्रसार के लिए अपनाई जानेवाली विभिन्न नैतिक-अनैतिक युक्तियाँ, विज्ञापनों के लिए बेतहाशा भाग दौड़ एवं राष्ट्र, समाज, लोकहित से परे पत्र-स्वामी के पक्ष में किए गए समझौते, अपनी ज्ञान-लिप्सा, वातानुकूलित व्यवसाय को समर्पण, खोखला सम्मान आदि ने आचार संहिता की अनिवार्यता को रेखांकित किया है वहीं आचार संहिता के विपक्ष में खड़े एक प्रबुद्ध वर्ग ने इसका विरोध किया है। उनकी मान्यता है कि आचार संहिता की बन्दिश पत्रकार की स्वतन्त्र वाक् एवं अभिव्यक्ति के लिए घातक सिद्ध हो सकती है।[11] कथित आचार संहिता से उसकी सोच एवं दृष्टिकोण प्रभावित हो सकता है। वह चाहने पर भी सत्ता का न तो विरोध कर सकता है और न किसी घटना की यथार्थपरक रिपोर्टिंग ही कर पाएगा। उसे जनविरोधी लोगों के दबाव में भी रहना पड़ सकता है। ''यदि प्रेस घटनाओं को, जिस रूप में घटित होती हैं, उसी रूप में उन्हें प्रतिबिम्बित नहीं करे तो उसका होना कोई अर्थ नहीं रखता।''[12] वस्तुतः आचार संहिता उसे सामाजिक प्रतिबद्धता से वंचित करने का षड्यन्त्र बन जाएगी। इसी प्रकार आचार संहिता के नाम पर 'मिशनरी' पत्र शुद्ध व्यावसायिक लाभ-हानि के गणितज्ञ बनकर रह जाएँगे। किसी समाचार-पत्र का मालिक या सम्पादक सोचता है कि ऐसे समाचार दिए जाएँ जिनसे पत्र की बिक्री बढ़े और इसके लिए यदि वह सनसनीखेज पत्रकारिता (पीत पत्रकारिता), सम्प्रदायों में दुर्भाव फैलाना, व्यक्तिविशेष या संस्था विशेष की बुराई करने में प्रवृत्त होता है तो वह सब उस प्रक्रिया के अनिवार्य परिणाम हो जाते हैं। इनका इलाज केवल आचार-संहिता नहीं है।[13]

कुलदीप नायर लिखते हैं :

'' 'आचार संहिता' अख़बारों पर अप्रत्यक्ष लगाम लगाने की कोशिश है। कौन लोग हैं जो यह आचार संहिता तैयार करेंगे ? वही जो यथास्थिति के समर्थक हैं। हो सकता है प्रेस ने कोई आदर्श कार्य न किया हो, फिर भी यही एक मात्र ऐसी एजेंसी है कि जिसके माध्यम से कुछ किया जा रहा है। इस पर अंकुश लगाने

का एक ही अर्थ हो सकता है और वह है राष्ट्रीय अभिव्यक्ति पर पाबन्दी लगाना।"[14]

मुझे अगर आज़ाद और दायित्वहीन अख़बारों और गूँगे और दायित्वपूर्ण अख़बारों के बीच चुनाव करना पड़े तो मैं पहले को चुनूँगा।[15] द्वितीय प्रेस आयोग ने पत्रकारों के लिए आचार संहिता के गठन का विरोध किया।

आज आवश्यकता इस बात की है कि समाचार-पत्र आयोग को एक सार्वजनिक सेवा के रूप में घोषित किया जाए और जो पत्र स्वामी इसे मात्र धनार्जन एवं अपनी नीति में क्रियान्वयन का एक साधन समझते हों उनके हाथों में पत्रों के अप्रत्यक्ष सम्पादन, समाचारों अथ़वा विवादों का चयन नहीं होना चाहिए क्योंकि समाचार-पत्र समाज के स्याह कोनों को रोशन करते हैं वे सत्य के अन्वेषक तथा राष्ट्रीयता के आराधक होते हैं। फिर ऐसा भी नहीं है कि सम्पादक अथवा पत्रकारों ने अपने लिए आचरण संहिता की रूपरेखा तैयार न की हो और वे अलिखित रूप से उसका अनुपालन नहीं करते हों। पत्रकार की आचार संहिता को लेकर प्रथम प्रेस आयोग के सुझाव, अखिल भारतीय समाचार-पत्र सम्पादक सम्मेलन की आचार संहिता (1953) सत्रह सम्पादकों की समिति द्वारा तैयार 'आचार संहिता' राष्ट्रीय पत्रकार संघ के घोषणा पत्र आदि में विस्तार से चर्चा की गयी है। ये आचार संहिताएँ प्रायः प्रथम प्रेस आयोग के सुझावों पर आधारित हैं। 'समाचार-पत्र सम्पादक सम्मेलन' तथा 'राष्ट्रीय पत्रकार संघ का घोषणा पत्र' पत्रकारों की आचार संहिता के आधार स्तम्भ हैं।

अखिल भारतीय समाचार-पत्र सम्पादक सम्मेलन की आचार संहिता 1953

1. प्रेस जनमत निर्धारण का प्रमुख साधन है। अतएव पत्रकारों को अपना काम समझ कर करना चाहिए तथा लोकहित में संस्थान के दायित्व को वहन करने के लिए सदा तत्पर रहना चाहिए।
2. मूल मानवीय तथा सामाजिक अधिकारों के प्रति पत्रकार को प्रतिबद्ध होना चाहिए। अपने व्यवसाय की पवित्रता की रक्षा करनी चाहिए तथा कार्य के प्रति उसे निष्ठावान और कर्तव्यनिष्ठ रहना चाहिए।
3. जातीय, धार्मिक तथा आर्थिक भेदों से उत्पन्न हुए तनावों का विश्लेषण करते हुए पत्रकार को निष्पक्षता, सामाजिक चिंतन की स्पष्टता एवं भाषा की भद्रता का ख़याल रखना चाहिए तथा तदनुकूल समाचार प्रकाशनार्थ देने चाहिए।
4. जानबूझ कर मिथ्या तथ्य का प्रकाशन, वास्तविकता को तोड़-मरोड़ कर प्रस्तुत करना तथा ग़लत समाचारों को छापना, कोई महत्त्वपूर्ण तथ्य अपने स्वार्थ के लिए छिपा लेना—ये सभी बातें पत्रकारिता के

पावित्र्य के आगे प्रश्नचिह्न लगाती हैं।

5. अच्छे और सच्चे पत्रकार का यह दायित्व है कि अगर कोई अप्रिय एवं मिथ्या बात उसके समाचार-पत्र में प्रकाशित हो जाए तो इस गलती को वह खिलाड़ी भावना से स्वीकार कर लें। अगर दायित्व देना किसी कारण संभव नहीं हो तो उसे इसका पूर्व उल्लेख कर देना चाहिए।
6. अफवाह और अपुष्ट समाचारों को अफवाह तथा अपुष्ट लिखा जाए।
7. व्यवसायगत गोपनीयता को बनाए रखा जाए।
8. गलत खबरों का स्वयं ही निरसन कर देना चाहिए।
9. पत्रकारिता का उपयोग अपने हितों के लिए नहीं किया जाए। दूसरे शब्दों में पत्रकार अपने व्यावसायिक आचरण को व्यक्तिगत स्वार्थ से प्रभावित नहीं होने देंगे।
10. किसी समाचार के प्रकाशन अथवा प्रकाशित न करने के लिए रिश्वत लेना पत्रकार के साथ ही साथ व्यवसाय का अपमान तथा कलंक है।
11. अपने सहयोगियों का जीवन प्रभावित हो ऐसे समाचार अनावश्यक रूप से प्रकाशित नहीं करने चाहिए।
12. सार्वजनिक कार्यकर्त्ताओं तथा समधर्मी पत्रकारों का सम्मान करना पत्रकार का कर्तव्य होना चाहिए।
13. समाचार-पत्रों में व्यक्तिगत विवादों को तूल देना उचित नहीं है।
14. समाचारों तथा तथ्य संग्रह, समुचित टीका-टिप्पणी करने तथा प्रकाशन की स्वतन्त्रता के लिए पत्रकार को हमेशा सजग व तैयार रहना चाहिए।
15. अख़बार में ऐसी सामग्री न छापी जाए जिसे दुराचरणों, अवैध गतिविधियों तथा अपराधों को पनपने का मौका मिले।

राष्ट्रीय पत्रकार संघ का घोषणा-पत्र

राष्ट्रीय पत्रकार संघ (नेशनल यूनियन ऑफ जर्नलिस्ट) के घोषणा-पत्र में पत्रकारों से ये अपेक्षाएँ की गयी हैं :

हम भारत के श्रमजीवी पत्रकार, जो अपने व्यवसाय को ट्रस्ट समझते हुए, स्वतन्त्र तथा निष्पक्ष ढंग से समाचारों तथा टिप्पणियों को प्रकाशित कर, जनहितों की सेवा में विश्वास रखते हैं। यह मत व्यक्त करते हैं कि प्रेस की स्वतन्त्रता तथा जानने का अधिकार अहरणीय है तथा लोकतान्त्रिक प्रक्रिया में अंतर्निहित है, जो यह महसूस करते हैं कि प्रेस तथा समाज तभी विकास कर सकते हैं जब प्रत्येक व्यक्ति स्वतन्त्र रूप से मौलिक मानवीय अधिकारों का उपयोग करे, उन्हें इन्हें

मजबूत बनाना चाहिए, अतः हम इन अधिकारों का समर्थन एवं रक्षा करते हैं तथा ये मानते हैं कि पत्रकार का यह दायित्व है कि वह व्यक्तिगत एवं वृत्तिक गरिमा तथा अखण्डता के मानदण्डों को बनाए रखें और सिर्फ यही महसूस न करें कि वह भय या पक्षपात रहित है वरन् उसे व्यावहारिक रूप में प्रकट भी करें, पत्रकार को उचित जीवन-यापन तथा सेवा शर्तें मिलें, यह प्रतिज्ञा करते हैं तथा घोषित करते हैं कि[16] :

1. हम किसी भी कीमत पर तथ्यों को संकलित करने, प्रकाशित करने तथा निष्पक्ष टिप्पणी और आलोचना के अधिकार की रक्षा करेंगे।
2. हम समाचारों की रिपोर्ट तथा उनका विश्लेषण करते समय ईमानदारी बरतने का प्रयास करेंगे। सभी प्रकार के दबावों के होते हुए भी आवश्यक तथ्यों को दबायेंगे नहीं तथा सही ढंग से कार्य करने के नियमों की रक्षा व अनुपालन करेंगे।
3. हम किसी भी अधिकारी के द्वारा किसी भी रूप में लागू की गयी सेंसरशिप को स्वीकृत अथवा न्यायपूर्ण नहीं बतायेंगे तथा हम स्वयं किसी अन्य पर सेंसरशिप लगाने का प्रयास नहीं करेंगे।
4. मानवीय मौलिक अधिकारों तथा जनहित की रक्षा का हम प्रयत्न करेंगे।
5. व्यक्तिगत स्वार्थों के लिए हम अपने पद के द्वारा न तो किसी का शोषण करेंगे और ना ही स्वयं का शोषण होने देंगे। व्यावसायिक आचरण को व्यक्तिगत मामलों से प्रभावित नहीं होने देंगे। पत्रकारिता के व्यवसाय की प्रतिष्ठा व अखण्डता के प्रति जन विश्वास बनाये रखेंगे। केवल उन्हीं कार्यों को करेंगे जो पत्रकारिता की गरिमा और अखण्डता के अनुकूल हों।
6. हम जानबूझकर किसी व्यक्ति के व्यक्तिगत अधिकारों तथा भावनाओं का अतिक्रमण नहीं करेंगे किन्तु हम रिपोर्टिंग तथा सार्वजनिक प्रभावशाली व्यक्तियों का जनहित में पर्दाफाश करने के अधिकार पर समझौता नहीं करेंगे क्योंकि सार्वजनिक मामले सार्वजनिक रूप से ही हल किए जाने चाहिए।
7. किसी समाचार को प्रकाशित करने या न करने के लिए रिश्वत लेने को हम गम्भीर वृत्तीय अपराध मानेंगे।
8. व्यावसायिक दायित्वों का निर्वाह करते समय पत्रकार अथवा प्रेस पर किसी भी क्षेत्र से किसी भी रूप से पड़नेवाले दबावों का हम एक साथ तथा व्यक्तिगत स्तर पर विरोध करेंगे।
9. हम विश्वास का सम्मान करेंगे तथा वृत्तीय गोपनीयता की रक्षा करेंगे।

10. व्यावसायिक उन्माद तथा सामाजिक तनाव की घटनाओं के समय जनता के जानने के अधिकार के प्रति किसी प्रकार का पूर्वाग्रह न रखते हुए हम आत्म नियन्त्रण तथा विवेक से काम लेंगे।

11. अपने कार्य, दायित्व तथा स्थिति को देखते हुए हम सामूहिक रूप से अच्छा वेतन तथा बेहतर सेवा शर्तें प्राप्त करने के सतत प्रयत्न करते रहेंगे। हम अपने साथी पत्रकार के आर्थिक अथवा व्यावसायिक हितों को गलत तरीके से हानि नहीं पहुँचाएँगे।

सन्दर्भ

1. यू.एन.आई. के महाप्रबन्धक जी.जी.मीरचंदानी : भेंटवार्ता, नई दिल्ली, 21 अक्तूबर, 1986
2. डॉ. रमेश कुमार जैन : हिन्दी पत्रकारिता का आलोचनात्मक इतिहास
3. डॉ. वेदप्रकाश वैदिक : जब अंग्रेजी अखबार हिन्दी का टेलीप्रिंटर लगवाएँगे, 'धर्मयुग' 9 नवम्बर, 1986
4. नन्दकिशोर त्रिखा : समाचार संकलन और लेखन, पृ.1
5. डॉ. संपूर्णानन्द : राजेन्द्र : संवाद और संवाददाता से उद्धृत, पृ. 136
6. डॉ. अर्जुन तिवारी : आधुनिक पत्रकारिता से उद्धृत, पृ. 87
7. सविता चड्ढा : नई पत्रकारिता और समाचार-लेखन, पृ. 95
8. श्री डी.एस.मेहता : मास कम्यूनिकेशन एण्ड जर्नलिज्म इन इण्डिया
9. डॉ. पी.डी.टण्डन : डॉ. अर्जुन तिवारी की पुस्तक 'आधुनिक पत्रकारिता', पृ. 47
10. डॉ. अर्जुन तिवारी : आधुनिक पत्रकारिता, पृ. 52
11. डॉ. रमेशकुमार जैन : हिन्दी पत्रकारिता का आलोचनात्मक इतिहास, पृ. 174
12. अखिल भारतीय समाचार पत्र सम्पादक सम्मेलन राष्ट्रीय पत्रकार संगठन का (गुजरात के अहमदाबाद में आरक्षण विरोधी आन्दोलन सन् 1985 के सन्दर्भ में) प्रतिवेदन
13. टाइम्स ऑफ इण्डिया : सम्पादकीय, मई 1985
14. राजस्थान पत्रिका : 13 अगस्त 1985
15. दिनमान 30 जून-6 जुलाई, 1985, पृ. 23
16. संजय भानावत : प्रेस कानून और पत्रकारिता से उद्धृत, पृ. 176-177

पंचम अध्याय

सम्पादन कला

सम्पादक : तात्पर्य एवं कार्य

सन् 1867 के 'प्रेस एण्ड रजिस्ट्रेशन ऑफ बुक्स एक्ट' के अनुसार समाचार-पत्र में प्रकाशित होनेवाली सामग्री का चयन एवं नियमन करनेवाला व्यक्ति सम्पादक कहलाता है। वस्तुतः सम्पादन शब्द 'पद' धातु से व्युत्पन्न है और इसका अर्थ है–''किसी विषय में सम्यक् गति होना''। इस अर्थ में पत्र का सम्पादन संचालन कर्ता विशिष्ट गुणों से युक्त बुद्धिजीवी होता है जिसे सम्पादक कहा जाता है। उसका सम्पूर्ण जीवन सामाजिक चेतना एवं लोकहित की सम्पूर्ति की संघर्ष गाथा होती है। स्वतन्त्रता के पूर्व समाचार-पत्र राष्ट्रीय चेतना तथा सामाजिक अभिप्रायों को अभिव्यक्त करने के सशक्त माध्यम रूप में लोकप्रिय था, परन्तु आज समाचार-पत्र का प्रकाशन एक व्यवसाय बनकर रह गया है। सम्पादक को आज लोकरुचि तथा लोकहित की तुलना में स्वहित तथा प्रकाशक–स्वामी अथवा प्रकाशक–इकाइयों, संस्थाओं, राजनीतिक दलों आदि के हितों को सर्वोपरि महत्त्व देना पड़ता है। एक ओर स्वामित्व के प्रति कायर समर्पण तथा दूसरी ओर जनहित के लिए वांछित-अवांछित टोटके आज सम्पादक के व्यक्तित्व पर प्रश्नचिह्न लगा देते हैं। उसकी वैचारिक स्वतन्त्रता को कुण्ठित कर देते हैं। लोक-कल्याण तथा लोकरुचि से तालमेल स्थापित करने में उसे कभी-कभी आत्मवंचना के मार्ग का भी अवलम्बन करना पड़ता है। महँगाई के इस जमाने में, विज्ञान तथा मुद्रण कला की प्रगति ने एकाध पृष्ठ के पर्चों को जो आज़ादी के पहले सम्पादक के अन्तरंग के साक्ष्य थे उन्हें इतिहास के गवाक्षों के बाहर फेंक दिया है। समाचार-पत्रों में होती प्रतिस्पर्धा ने उसके विवेक को लकवा मार दिया है, फिर भी वह इस 'सेवा' के प्रति अपनी कर्मठता, अपने ईमानदाराना कर्तव्य का परिचय देता रहता है। आज

सम्पादक को अपने प्रशासन प्राविण्य, व्यवहार कुशलता, संवैधानिक दाम तथा लचीली सैद्धान्तिकता से एक समाचार-पत्र को चलाना पड़ता है। डॉ.अर्जुन तिवारी[1] के शब्दों में "एक आदर्श सम्पादक वह सचेत संस्था है जो पत्र के विविध क्षेत्रों के संचालन, नियमन, प्रोत्साहन एवं निर्माण हेतु सचेष्ट रहता है। संस्था के अवयव रिपोर्टर, संवाददाता, भेंटकर्ता, समालोचक, उपसम्पादक, प्रसार व्यवस्थापक एवं विज्ञापन-प्रबन्धक के बीच समन्वयवादी शक्ति संपादक की है जो पत्ररूपी शरीर के अंग-प्रत्यंग में गतिशीलता का संवाहक होता है। पत्र की नीति के निर्धारण और परिपालन द्वारा सम्पादक जन-चेतना, जन-आकांक्षा और जनहित का संरक्षक होता है।"

मुख्य विशेषताएँ

एक आदर्शवादी सम्पादक के बारे में श्री अनन्त गोपाल शेवडे[2] के विचार द्रष्टव्य हैं :

"श्रेष्ठ और सुयोग्य सम्पादक समाज का नेता होता है। वह बहती हुई बयार के अनुसार अपना मत नहीं बनाता, क्रेज के पीछे नहीं भागता बल्कि स्वतन्त्र बुद्धि और स्वतन्त्र चिन्तन के आधार पर निर्भीकतापूर्ण अपनी राय देता है। अप्रिय किन्तु हितकर बातें करने में वह कभी नहीं हिचकता और शासन को भी खरी-खरी सुनाने की हिम्मत रखता है। उसकी स्पष्टवादिता के पीछे लोकहित तथा सार्वजनिक कल्याण की गहरी भावना होती है।" स्वस्थ सम्पादन कार्य के लिए 'हिन्दुस्तान साप्ताहिक' (12.12.61) के सम्पादक बाँकेबिहारी भटनागर ने प्रतीक शैली में अपने विचार रखे हैं : "फूल सुन्दर है या असुन्दर, उनकी गंध मानव समाज के लिए कल्याणकारी है अथवा अहितकर और वे फूल वास्तविक हैं या कृत्रिम, यह सब देखना भी सम्पादक का कार्य है और यदि उसे वह सम्पन्न नहीं कर पाता तो निस्सन्देह वह एक असफल तथा अधूरा सम्पादक है।"[3]

एच वाय शारदाप्रसाद ने एक आदर्श सम्पादक को परिभाषित करते हुए लिखा है, "कानून की दृष्टि में सम्पादक वही है जिसका नाम पत्र में छपता है परन्तु वास्तव में अच्छा सम्पादक आस-पास की परिस्थितियों तथा घटनाओं का बोध कराता है एवं जन सामान्य की अनुभूतियों और विचारों को वाणी देता है। वह अपने व्यवसाय के साथ ही साथ सार्वजनिक क्षेत्र में भी नैतिक मूल्यों की स्थापना करता है।"

कार्लाइल एक आदर्श सम्पादक की छः विशेषताओं पर जोर देता है—सत्यनिष्ठा, प्रेस की स्वतन्त्रता, यथार्थबोध, सम्यक् व्यवहार, नेतृत्व तथा उत्तरदायित्व की भावना। इन छः नीति निर्देशक सिद्धान्तों का अनुपालन कर सम्पादक सच्चे सम्राट और धर्मोपदेशक की भूमिका निभा सकता है। पं. माखनलाल

चतुर्वेदी ने सम्पादन कार्य को 'अयाचित' या 'स्वयं स्वीकृत सेवा' की संज्ञा दी है क्योंकि "वह अपने नीरक्षीर विवेक, सच्चरित्रता, न्यायप्रियता, सहानुभूति तथा दायित्वबोध के सम्बल पर कर्तव्य की बलिवेदी पर चढ़ जाता है।" वास्तव में सम्पादक को देश की राजनीतिक एवं आर्थिक परिस्थितियों के प्रति सजग एवं सतर्क रहना चाहिए। उसे सांस्कृतिक प्रवाह एवं परिवेश का जानकार होना चाहिए। उसमें विश्लेषक की दृष्टि होनी चाहिए ताकि वह आज की घटना के सन्दर्भ में भविष्य में घटित होनेवाले परिणामों को समझ सके तथा पाठक, जनता को समझा सके। उसको न्याय का पक्षधर तथा अन्याय के प्रति निर्भीकता से विरोध के शपथ-पत्र पर हस्ताक्षर करने के लिए सदा सन्नद्ध रहना चाहिए। उसे प्रत्यक्ष-अप्रत्यक्ष आतंक से भयभीत नहीं होना चाहिए बल्कि उसे योद्धा की मुद्रा में प्रस्तुत हो उसके खिलाफ हथियार उठाना चाहिए। लोकहित, लोकरंजन, सहयोगी के प्रति स्नेह सहयोग की भावना, स्वामी के प्रति निष्ठा, पाठकों के प्रति समानान्तर भागीदारी, पूर्वग्रह मुक्त सम्पादन-लेखन, दलीय अथवा दलदली राजनीति से पूर्णतया असम्बद्धता, आदि उसके व्यक्तित्व और कृतित्व के विभिन्न पहलू हैं। डॉ. रामचन्द्र तिवारी ने 'सम्पादन के सिद्धान्त' नामक अपने लघुग्रन्थ में सम्पादकों के लिए एक अलिखित आचार संहिता दी है, उसके मुख्य तत्त्व इस प्रकार गिनाए हैं :

(1) **उत्तरदायित्व** : पत्रकार स्वार्थ साधन न करके, लोकहित की भावना से प्रेरित होकर कार्य करता है

(2) **स्वतन्त्रता** : जिन विषयों के विवेचन पर कोई कानूनन रोक न हो, उन सभी का बेहिचक विवेचन करता है।

(3) **निर्भीकता** : पक्षपातरहित होकर वह लोककल्याण को ही ध्यान में रखकर लिखता है और सभी प्रकार के बन्धनों, दबावों से वह मुक्त होता है।

(4) **ईमानदारी** : पाठकों के प्रति पूर्ण ईमानदारी बरतता है।

(5) **सत्यता** : जो लिखता है, उसकी सत्यता की जाँच-परख करके ही लिखता है।

(6) **निष्पक्षता** : समाचार प्रकाशन में कोई विशिष्ट झुकाव नहीं रखता। सम्पादकीय निष्पक्षता का अर्थ यही समझा जाता है कि वह भले ही किसी विशेष विचारधारा से प्रभावित हो फिर भी विरोधी विचारधारा का समान रूप से सम्मान करे।

(7) **नैतिकता** : वह ऐसी सामग्री प्रसारित नहीं करता जिससे किसी व्यक्ति के चरित्र पर आक्षेप लगता हो और सम्बन्धित व्यक्ति को उन आक्षेपों का उत्तर देने का अवसर न मिलता हो।

(8) **शिष्टता** : वह लोक रुचि के उत्थान-पतन को ध्यान में रखकर ही सामग्री प्रसारित करता है।"

श्री अनंत गोपाल शेवडे ने भी आदर्श सम्पादक के लिए कुछ सुझाव दिए हैं परन्तु आज सुझावों पर कोई अमल करता हो, ऐसा नहीं लगता।

1. सर्वसाधारण रीति से भद्रता का ध्यान रखें। ऐसे समाचार-पत्र का उत्पादन करो जिसका परिवार में स्वागत हो।
2. समाचार-पत्र में आवश्यक एवं महत्त्वपूर्ण समाचार अवश्य हो। लोकतन्त्र में समाचारों के आधार पर ही जनमत तैयार होता है।
3. प्रमाणिकता तथा न्यायनिष्ठा समाचार-पत्र के भूषण हैं। ध्यान रखो कि किसी भी प्रश्न के दो पहलू हुआ करते हैं। समाचारों के प्रस्तुतीकरण में किसी पर अन्याय न हो इसका ध्यान रखो।
4. दुखी त्रस्त और पीड़ित लोगों की बात सुनने के लिए सदा तत्पर रहो।
5. भारत के संविधान की, कायदे-कानूनों की प्रतिष्ठा का सतत जतन करो उसी प्रकार राज्यों के तथा स्थानीय नगरपालिका जैसी संस्थाओं के विधिनियमों का आदर करो। कायदे का शासन (Rule of Law) प्रजातन्त्र की आवश्यक शर्त है।
6. ध्यान रहे कि समाचार हमेशा ही यथार्थ, अचूक, अवैयक्तिक तथा पूर्वग्रह से मुक्त होने चाहिए।
7. अपने समाज या राष्ट्र की समस्याओं की चर्चा करते समय हमेशा विधायक दृष्टि अपनाओ।
8. समाचार-पत्र एक महत्त्वपूर्ण एवं प्रभावशाली माध्यम है। इसके संचालन में संयम और सन्तुलन से काम लो।
9. समाचार-पत्र का सामाजिक दृष्टिकोण हमेशा व्यापक और उदार होना चाहिए, प्रतिस्पर्धी की ओर भी सहानुभूति और समझदारी की भावना हो। स्मरण रहे कि समग्र मानवता की यही भाषा है।
10. प्रत्येक नागरिक के मन में सामाजिक दायित्व एवं अपने क्षेत्र का नेतृत्व का दिशा दर्शन करने की प्रेरणा जाग्रत हो ऐसा प्रयत्न समाचार-पत्र का सहज कर्तव्य है।
11. अपनी निष्ठाओं और धारणाओं के लिए संघर्ष करने की तैयारी और साहस रखो। सार्वजनिक कल्याण के लिए कुछ खोट भी सहनी पड़े या त्याग करना पड़े तो वह पत्रकारिता का भूषण है।
12. अरात्य, अन्याय, शोषण, हिंसाचार और जुल्म-ज्यादतियों को कभी प्रश्रय मत दो। उलटे, इनके खिलाफ आवाज़ उठाना समाचार-पत्र का कर्तव्य है। जनहित के लिए कर्तव्य-पालन करने से ही समाचार-पत्र की प्रतिष्ठा बनती है, उसका चरित्र उभरता है।[4]

सम्पादक : कल और आज

स्वतन्त्रता के बाद समाचार-पत्र भी आर्थिक रूप से पूर्णतया एक 'बिकाऊ उत्पाद' बन गया। वह जन-मानस की धरोहर न रहकर प्रायः स्वामी की इच्छाओं का दलाल बन कर रह गया है। आज प्रबन्धक ही सम्पादक बन गए हैं। यह स्थिति पत्रकारिता के लिए त्रासद है। वह अब राष्ट्रीय नवनिर्माण, राष्ट्रीय चरित्र के नवीनतम आयामों के उद्‌घाटन कलम का सिपाही बनने के बजाय राष्ट्रीय चरित्र के ह्रास का सिपहसालार बन रहा है।

आज पत्रकारिता छद्‌म पीत पत्रकारिता में परिवर्तित होती जा रही है। सरकारी जनसंचार हो या किसी स्वामी अथवा दल का प्रवक्ता समाचार-पत्र हो वह लोकहित के बजाय अपने मालिकों के स्वार्थ-साधन का पैरोकार बनकर रह गया है।

परन्तु आज जनता को उनके कर्तव्यों के प्रति निरन्तर सजग करने तथा उनमें अपने अधिकारों के लिए शासन-व्यवस्था के परिदृश्य में प्रतिपक्ष की भूमिका के लिए अलख जगाना अब सम्पादक के लिए बहुत कम सम्भव रह पाया है। स्वतन्त्रता पूर्व का सम्पादक न तो रागदरबारी था न उसका राग 'हुजूर-ए-दरबार' था वह तो शताब्दियों से गुलामी से पीड़ित भारतीय मानस में राष्ट्रीय उद्‌बोधन के गीत गाने में लगा रहता था। उनमें अपनी सांस्कृतिक गौरवशालिनी परम्पराओं में राष्ट्रीय चेतना का शंखनाद करता रहा था। सड़ांध मारते सामाजिक मूल्यों में समय एवं परिस्थितियों के अनुकूल बदलाव लाने के लिए प्रयत्नशील रहा। इन महत् उद्देश्यों के लिए जेल-यात्रा, अपनी जेब से खर्च कर अख़बार चलाना, देश की स्वतन्त्रता के विशाल लक्ष्य में राष्ट्रीय अस्मिता की पहचान के लिए अपना योगदान मानता था। उसे किसी राजकीय, शासकीय तथा साहित्यिक पुरस्कार की परोक्ष-अपरोक्ष कामना नहीं थी पर वह तो देश की स्वतन्त्रता के लिए सेतु बन रहा था, सामाजिक मूल्यों का संस्थापक बन रहा था। सत्य का अन्वेषक बन रहा था। इन महान् उद्देश्यों की सम्पूर्ति के लिए न तो उसने कभी शासक वर्ग से चिरौरी की न उनकी मिथ्या महानता पर कसीदे ही पढ़े। उसने केवल थकते, टूटते, पराजित पर चुप मनुष्य को देखा। गुलामी के अनपेक्षित सलीब को ढोते, सामाजिक फूहड़ता में जीते मानव को देखा और उसने इनके पक्ष में अपनी कलम को तराशा। उसकी साहित्यिक रचना में कदाचित् साहित्यिकता के मानक-मूल्यों के अभाव का आरोप समीक्षक करें परन्तु साहित्य उनके लिए साध्य से अधिक साधक था और उसके अपने विशिष्ट उद्देश्यों के प्रति आस्था, विश्वास, जीवटता तथा जिद को प्रश्नांकित नहीं किया जा सकता है। वे 'स्व' नहीं 'पर' के लिए समाचार-पत्र का प्रकाशन करते थे। वे न तो किसी महत्त्वाकांक्षा को केन्द्रीकृत कर समाचार-पत्र की दुनिया में आए और न ही किसी राजनीतिक वीभत्स प्रेरणा की प्रतिच्छाया उन पर हावी

हुई। वे राष्ट्रीयता के आराधक एवं समाज सुधारक थे। और 'घर फूँक तमाशा' देखना उनका संकल्प और शगल था। वे आज के सम्पादकों से बिल्कुल अलग थे। आज का सम्पादक नौकरीपेशा आदमी है। स्वामित्व की दबंग मुद्रा के सम्मुख हाथ जोड़े उनकी मंशाओं को प्रकाशित करता है वह राजनैतिक, आर्थिक सम्पर्कों का उपयोग अपने समाचार-पत्र एवं अपने हित में करता है। सामाजिक क्षेत्र में वर्ग-संघर्ष के उठते अंधड़ को वह हवा नहीं देता। आज इस देश की अर्थव्यवस्था का ढाँचा कुछ इस तरह है कि समानता के सिद्धान्त की दुहाई देने पर भी अमीर और अधिक अमीर तथा गरीब और ज्यादा गरीब होता जा रहा है। पर आज के सम्पादक को इस सच्चाई से कोई वास्ता नहीं है। पश्चिमी भोगवादी संस्कृति आज भारतीय संस्कृति, सभ्यता एवं कला-मूल्यों को अपने सशक्त विशाल जनसंचार माध्यमों द्वारा तेज़ी से विघटित कर रही है पर प्रायः विदेश यात्रा के लिए उत्सुक सम्पादक इनके प्रति कमोबेश उदासीन हैं। कृषि क्षेत्र की हरित क्रान्ति, दूध की धवल क्रान्ति से उसमें अपने राष्ट्र की बढ़ती खुशहाली के प्रति बहुत अधिक दिलचस्पी नहीं मिलती। वह अपने आकाओं की प्रसन्नता के लिए अहोरात्र चिन्तित है। साम्प्रदायिकता का विषधर प्रायः उसकी चिन्ता का विषय नहीं है। इसके खिलाफ लिखना उसके लिए एक सम्पादकीय औपचारिकता भर है। ऐसी बिना रीढ़ की हड्डी के सम्पादकों की जमात आजकल बढ़ती जा रही है। वह 'बहुजन सुखाय' के बजाय 'आत्मनः सुखाय' में ऊबडूब रहता है। आजकल का सम्पादक संघर्ष के बजाय समझौते का मार्ग अपनाता है। वह दफ्तर में पहुँच कर डाक का बँटवारा अपने सहयोगियों में करता है। उन्हें सम्पादकीय लेख का विषय सुझाता है। सम्पादकीय पृष्ठ पर और कौन-सी प्रथम सामग्री जानी चाहिए उसका निर्देश करता है। संवाददाता को 'कवरेज' के लिए भिजवाता है। वह अन्य पत्रों के दिलचस्प स्तम्भों को अपने समाचार-पत्र में नवीन लेख के साथ लिखवाता है। इसमें भी 'श्रेष्ठतरता' का प्रतिस्पर्धात्मक भाव ही प्रमुख होता है। वह रेडियो, दूरदर्शन के समाचारों को सुनता है। राजनेताओं, उद्योगपतियों, विभिन्न व्यवसायों के बड़े पदाधिकारियों से निरन्तर प्रत्यक्षतः मिलता-जुलता है अथवा सतत उनके सम्पर्क में रहता है ताकि उनसे 'खबर' मिल सके। उस खबर को सर्वप्रथम प्रकाशित कर वह अपने पाठकों को चौंकाता है। अख़बार के प्रति उनके आकर्षण को व्यावसायिक दृष्टि से बढ़ाता है। समाचार पाने की दौड़ में उसका समाचार-पत्र, सर्वप्रथम रहे वह इसकी व्यवस्था करता है। वर्तमान युग में इसी वर्ग के सम्पादकों की अधिकता है। आजकल ऐसे सम्पादक कम ही मिलेंगे जो किसी के दबाव से नहीं, परन्तु अपनी वैचारिक सोच के आधार पर नैतिकता का निर्धारण कर पत्र की नीति तय करते हैं। अपना सम्पादकीय लिखते हैं। वे किसी अत्यधिक महत्त्वपूर्ण घटना विशेष पर राष्ट्रीय परिवेश एवं राष्ट्रहित की बृहत्तर पृष्ठभूमि का विश्लेषण करते हुए सक्रिय

भागीदारी करते हैं। जिन्हें ''ज्ञान क्षितिज के विस्तार के साथ अनुभूति की केन्द्रभूत गहनता'' का खयाल रहता है। जो स्वतन्त्रता के आत्मद्रव से गर्वीले राष्ट्र एवं समाज के हित में 'माँग के खइबो, मसीद में सोइबो' के फकीराना अन्दाज़ के सम्पादकों की तुलना में स्खलित दिखता है। आज सम्पादक की आदर्शवादी आशावादी प्रतिमा की समाचार-पत्र के देवालय में वर्तमान सन्दर्भों में प्रतिष्ठा असम्भव-सी हो गई है। सम्पादक का राजसत्ता का पिछलग्गू बन जाना, स्वहित साधन के लिए निरन्तर जोड़तोड़ में रहना, सत्य के अनुसन्धान के प्रति लापरवाही बरतना, 'मिशन' की भावना का लोप हो जाना इत्यादि की सुरंगों ने आदर्शवादी पत्रकारिता में सेंध लगा दी है।

सम्पादकीय लेखन

सम्प्रति बड़े समाचार-पत्रों के सम्पादकीय लेख स्वयं सम्पादक नहीं लिखते यह कार्य सहायक सम्पादक को सौंप दिया जाता है। सम्पादक सहायक सम्पादक को सम्पादकीय का विषय अथवा मुद्दा समझा देता है और फिर सहायक सम्पादक उस विषय से सम्बन्धित उपलब्ध साहित्य एवं अखबारी कतरनों (क्लिपिंग) का अध्ययन कर सम्पादकीय लिखता है, और उसे सम्पादक को दिखाता है। सम्पादक के दिए गए सुझावों और त्रुटिहीन तथ्यों एवं समाचार नीति का अनुपालन कर वह उसे 'प्रेस' में भिजवा देता है।

कभी-कभी सम्पादकीय में मात्र तथ्यात्मक जानकारी दी जाती है। कभी उसमें घटना या मुद्दे का गम्भीर विश्लेषण प्रस्तुत किया जाता है। कभी किसी घटना पर विचार कर उसका पूर्वापर सम्बन्ध कार्यकारण भाव तथा उसके दूरगामी परिणामों की ओर संकेत किया जाता है। कभी-कभी सम्पादकीय हास्य और व्यंग्य के माध्यम से अपने सहज पाठकों को मनोरंजन परोसता है। सम्पादकीय लेख प्रायः दो खण्डों में विभाजित रहता है। पहले खण्ड में प्रतिपादन का संकेत रहता है तथा दूसरे खण्ड में उसका विश्लेषण-विवेचन होता है। कभी-कभी तीसरा खण्ड भी दिया जाता है। जिसमें सम्पादक प्रतिपादन के बारे में अपने निष्कर्ष या निर्देश देता है। इस लेखन की अपनी कोई विशिष्ट भाषा-शैली नहीं होती है। भाषा-शैली का अगर कोई मानक है तो वह है विषय के प्रति न्याय हो और भाषा ऐसी हो कि प्रतिपादक से सम्बन्धित पाठक उसे अच्छी तरह समझ सके। अलंकृति, चमत्कृति तथा कला-मूल्यों का सम्पादकीय लेखन के लिए कोई विशेष महत्त्व नहीं हो पाता है। सहायक सम्पादक से यह अपेक्षा की जाती है कि वह सिर्फ, सूचनाओं का शब्दकोश न हो पर संवेदनशील भी हो कारण यह है कि वह केवल यान्त्रिकता का निर्वाह नहीं करता है। उसे निर्भीकता से लोक कल्याण, सत्य की प्रतिष्ठा करनी होती है एवं अपने समाचार-पत्र को अन्य समाचार-पत्रों से अलग विशिष्ट भंगिमा प्रदान

करने के दायित्व को भी पूरा करना होता है।

सम्पादकीय पृष्ठ में भी सामग्री का चुनाव आकर्षक ढंग से किया जाता है। इसमें सम्पादकीय लेख के अलावा इतर गम्भीर समीक्षात्मक लेख होते हैं। इसी पृष्ठ पर पाठकों के पत्र प्रकाशित होते हैं जिनके आधार पर पाठकों की रुचि तथा समाचार-पत्र की सीमाओं का ज्ञान होता है। अपनी सुविधा से इसमें स्तम्भलेखन भी होता है। इस प्रकार कहा जा सकता है कि किसी समाचार-पत्र की पहचान उसके सम्पादकीय पृष्ठ से बनती है।

सम्पादकीय विभाग

एक दैनिक समाचार-पत्र में सम्पादकीय मण्डल का गठन निम्न प्रकार से किया जाता है :

1. प्रधान सम्पादक 2. सहायक सम्पादक 3. समाचार सम्पादक
4. मुख्य उपसम्पादक 5. वरिष्ठ उपसम्पादक 6. उपसम्पादक
7. मुख्य संशोधन सम्पादक (प्रूफरीडर) तथा उसके सहयोगी।

प्रधान सम्पादक : सम्पादन के लिए वह जिम्मेदार होता है। समाचार-पत्र की साजसज्जा ले आउट, बढ़िया गेट अप, सुन्दर त्रुटिहीन छपाई के लिए वह उत्तरदायी होता है। प्रबन्धन की नीतियों का परिपालन तथा स्टाफ के प्रति सुघड़ अनुशासन भी सम्पादक के व्यक्तित्व की झलक देता है। अन्य समाचार-पत्रों की तुलना में सामग्री का चयन एवं अभिनव प्रस्तुतीकरण कर वह अपने पत्र की प्रसार संख्या में निरन्तर अभिवृद्धि करने का प्रयत्न करता है। वह खुद सम्पादकीय न लिखे पर विषय, विश्लेषण एवं निष्कर्षों के प्रति सजग रहता है और इसी कारण सहायक सम्पादक द्वारा लिखी गई सम्पादकीय पढ़कर सन्तुष्ट हो जाने के बाद ही वह उसे 'प्रेस' में भिजवाने का निर्देश देता है।

सहायक सम्पादक : आलेख व समीक्षा करना सहायक सम्पादक का मुख्य कार्य है।

मुख्य उपसम्पादक : मुख्य उपसम्पादक को अनेकविध कार्यों पर ध्यान देना पड़ता है। उसे समाचार-शोधन और प्रस्तुतीकरण के स्वरूप को निश्चित करना होता है। इस कार्य में उसे समाचारों एवं उनके शीर्षकों को अर्थगर्भित एवं आकर्षक रूप में तैयार करना-करवाना पड़ता है। उसे प्रकाश्य सामग्री को समाचार-पत्र की विस्तार की क्षमता के अनुकूल बनाना पड़ता है। उसे तथ्य एवं भाषा की शुद्धता का खयाल रखना पड़ता है। कानूनी पेचीदगियों के प्रति उसे निरन्तर सावधान रहना पड़ता है। इन सारी सतर्कताओं के साथ उसे समाचार की स्पष्टता एवं सार्थकता के साथ मुद्रण पर भी विशेष नज़र रखनी पड़ती है। संक्षेप में, मुख्य उपसंपादक को विचारों के दबाव, पुनरावृत्ति, आवश्यक तथ्यों का ग्रहण, तालमेल की ज़रूरत, विज्ञापन,

धोखाधड़ी, समाचारों की ताज़गी एवं प्रतिस्पर्धात्मक वातावरण आदि का ख़याल रखना पड़ता है।

वरिष्ठ उपसम्पादक : यह समाचार सम्पादक के कार्यों में सहयोग देता है।

उपसम्पादक : समाचारों के चयन, शोधन, संस्कार-निर्माण, शीर्षकों का लेखन, शीर्षकों के हेतु टाइप का सुझाव, मुखपृष्ठ हेतु महत्त्वपूर्ण तथा आवश्यक चित्रों से पत्र को आकर्षित बनाने का कार्य उपसम्पादक करता है। संवाददाता, स्तम्भलेखक, कम्पोजिटर तथा व्यवस्थापकों के बीच की कड़ी उपसम्पादक ही होता है। उसमें दायित्वबोध, आदर्शवादिता, पारदर्शी बुद्धि तथा लेखन में प्रवीणता का होना आवश्यक है।

समाचार सम्पादक : यह समाचार विभाग के कार्यों का निरीक्षक होता है। सभी संस्करणों के प्रकाशित समाचारों के लिए वह जिम्मेदार होता है। समाचार सम्पादक 'न्यूज डेस्क' का इन्चार्ज होता है। उसके इस कार्य में मुख्य उपसम्पादक, वरिष्ठ उपसम्पादक तथा इतर उपसम्पादकों का सहयोग रहता है। वह संवाददाताओं को अपने समाचार-पत्र की नीति के अनुकूल समाचार भिजवाने के लिए दिशा निर्देश देता है। समाचारों का चुनाव, शीर्षकों की परिशुद्धता, समाचार पृष्ठों का गेट अप, डिस्प्ले, ले आउट सुन्दर दिलचस्प बनाने का कार्य समाचार सम्पादक की देखरेख में होता है। समाचारों से समाचार सम्पादक सम्बद्ध होता है।

समाचार प्रायः दो तरह के होते हैं : (1) दैनिक तथा (2) विशिष्ट समाचार स्तम्भ के समाचार।

(1) दैनिक समाचार में सामान्य और अत्यधिक महत्त्वपूर्ण क्षेत्रों के समाचारों का समावेश हो जाता है। सामान्य समाचारों से तात्पर्य है रोजमर्रा के जीवन से आम तौर से जुड़े तथा प्रभावित करनेवाले समाचार। इसी प्रकार महत्त्वपूर्ण समाचारों से तात्पर्य राष्ट्र की राजनैतिक, आर्थिक, सामाजिक तथा साहित्यिक वगैरह स्थितियों को सीधे-सीधे प्रभावित करनेवाले समाचार।

(2) दूसरे वर्ग के समाचारों में निश्चित नीति से परिचालित स्तम्भों में प्रकाशित किए जाने वाले समाचारों का समावेश होता है। जैसे अपराध समाचार, खेल समाचार, वाणिज्य समाचार, स्वास्थ्य समाचार, विज्ञान, कृषि, साहित्य संस्कृति, तथा समीक्षा, पुस्तक रिव्यू, खेल, भविष्यफल आदि स्तम्भों को सम्पादक प्रतिदिन अथवा सप्ताह में एक दिन अपने पत्र में स्थान देता है।

समाचार सम्पादन

संवाददाताओं, टेलीप्रिंटर तार तथा टेलेक्स टेलीफोन डाक से प्राप्त समाचारों तथा सरकारी सूत्रों से मिले समाचारों को स्थान, समय और महत्त्व के आधार पर प्रकाशन में प्राथमिकता दी जाती है। समाचार-पत्र विज्ञापनजीवी होता है। उन्हें

छापने में तरजीह दी जाती है। उनसे बचे रहे स्थान पर सम्पादकीय तथा समाचार प्रकाशित किए जाते हैं। स्थान, समय और महत्त्व को दृष्टि में रखकर समाचारों के कलेवर को भी कम-ज्यादा किया जा सकता है। "समाचार-सम्पादन कक्ष समाचार-पत्र का वह अंग है, जहाँ समचार-पत्र को रूपाकार दिया जाता है। इस रूप में समाचार सम्पादन अखबार की रीढ़ है।"[5] समाचार चयन के समय प्रासंगिकता, महत्त्व एवं उसके आकार पर खयाल रखना पड़ता है। इसे जनाकर्षण कहा जा सकता है।

समाचार-सम्पादन में समाचार सम्पादक के सहयोगी मुख्य उपसम्पादक और उपसम्पादक संकलित समाचारों में से चुनाव करते हैं और अखबार के बचे हुए स्थानों पर उसे काट-छाँट कर शीर्षक सहित लगा देते हैं। वह महत्त्वपूर्ण समाचारों में से प्रमुख ख़बर (फर्स्ट लीड स्टोरी) तथा दूसरी लीड के लिए समाचार छाँटता है। अगर समाचार के तद्रूप चित्र मिल जाता है तो उसका भी वह उपयोग करता है। इस कार्य में उपसम्पादक हिन्दीतर विभिन्न स्रोतों से प्राप्त समाचारों के सम्पादन एवं अखबार का भी कार्य करते हैं। ज़रूरत होने पर किसी प्राप्त समाचार को फिर से लिखते हैं। कुछ समाचारों को एक कॉलम अथवा दो कॉलम्स अथवा तीन कॉलम्स का शीर्षक देकर समाचार सम्पादक के पास फाइनालाइज (Finalize) करने के लिए भिजवा देते हैं। समाचार सम्पादक कौन-सा 'समाचार' किस पृष्ठ पर जाएगा इसका संकेत कर देता है। अगर समाचार 1-2 पृष्ठ के अलावा हुआ तो उसके शेष अंश को किसी दूसरे पृष्ठ पर छापना होता है तो वह स्लग देता है। तत्पश्चात् सामग्री को कम्पोजिंग के लिए भेजा जाता है। फिर कम्पोज्ड मैटर को गलतियाँ सुधारने के लिए प्रूफ पठन विभाग में भेजा जाता है। प्रूफ संशोधन के बाद उसे पुनः शोधन करने के लिए कम्पोजिंग अनुभाग को भेजा जाता है। सुधारे गए मैटर को प्रूफ रीडर पुनः देखता है। प्रूफ को गैली कहा जाता है। इस प्रकार समाचार-सामग्री गैली प्रूफ, मेकअप प्रूफ, प्रथम प्रूफ, दूसरा प्रूफ, तीसरा प्रूफ, प्रिण्ट ऑर्डर प्रूफ के ये वे सोपान हैं जिनमें सामग्री कम्पोज, प्रूफ रीडिंग के पश्चात् मुद्रण शामिल है।

समाचार-चुनाव

मुख्य उपसम्पादक विभिन्न समाचार स्रोतों से प्राप्त समाचारों को उनके समाचारिक-मूल्यों के अनुसार विभिन्न वर्गों में विभाजित करता है। जैसे भूगोल की दृष्टि से, देशी-विदेशी विषय की दृष्टि से, राजनीतिक, विज्ञान, खेल, व्यापार, फिल्म तथा स्थानीय समाचारों को अलग-अलग उपसम्पादकों को भिजवा देता है।

समाचार चुनाव में प्रत्येक उपसम्पादक को यथाशक्य अपनी आचार संहिता लोकहित तथा राष्ट्रहित का खयाल रखना पड़ता है। साथ ही साथ उसे पत्र मालिक

की नीतियों का ध्यान रखना पड़ता है।

उपसम्पादक को 'ख़बर' की तथ्यात्मक सच्चाई जाँच करनी चाहिए। यह सत्यान्वेषण समाचार-पत्र को पाठकों के लिए प्रामाणिक बनाता है। जहाँ तक भाषा का प्रश्न है उसे समाचार की भाषा के प्रयोग के समय अपने पाठकों की साक्षरता को ध्यान में रखना चाहिए। वह जानता है कि व्याकरण सम्मतता और छोटे-छोटे वाक्य भाषा को जीवन्त बनाते हैं। उपसम्पादक को टाइप और उनके प्रयोग का ज्ञान होना चाहिए। मानक चिह्नों का प्रयोग किया जाना चाहिए। ठीक समय पर सामग्री का चयन करना चाहिए ताकि सम्पूर्ण सामग्री प्रक्रिया से गुज़रती हुई 'प्रिण्ट ऑर्डर' के लिए प्रेस को जा सके। रोचक ख़बर के लिए 'बॉक्स' का इस्तेमाल किया जाना चाहिए। उपसम्पादक को स्थानीय समाचारों की उपेक्षा नहीं करनी चाहिए। पर यह भी ख़याल रखना चाहिए कि वे समाचार या ख़बरें ताज़ी हों।

आमुख (इण्ट्रोडक्टर) अथवा कथामुख

अंग्रेजी का इण्ट्रोडक्टर शब्द 'इंट्रो' का पूर्णरूप है। अमेरिकी अंग्रेजी में इसी को लीड कहा जाता है। इसका अर्थ है समाचार का प्रथम अनुच्छेद जिसमें संवाद का पूरा-पूरा सार होता है। ख़बर के बारे में क्या, कहाँ, कब, किससे, क्यों और कैसे की सूचना आमुख से मिल जाती है। डी.ए.मेहता ने इसे समाचार-पत्र का प्रदर्शन-कक्ष (Show window) कहा है। इस प्रकार आमुख में समाचार के मूल तत्त्व का चुनाव, आमुख में दिए जानेवाले तथ्यों की पड़ताल, संक्षेपण, समाचार के सार में समाचार की सम्पूर्णता, ख़बर को लेकर जमनेवाली सभी तरह की उत्सुकताओं (क्या, कहाँ, कब, किससे, क्यों और कैसे) की समाहिती हुआ करती है। इसे अनेक प्रकार से लिखा जाता है– सारांश आमुख, मूल भाव की संक्षिप्त प्रस्तुति, विस्तृत समाचार विषयात्मक सूचनाएँ, दुर्घटना आमुख, घटना सम्बन्धी सभी आवश्यक संक्षिप्त जानकारी। पंच आमुख समाचार के केन्द्रीय घटना क्रम, आश्चर्यजनक आमुख, आश्चर्यजनक तथ्यों की प्रस्तुति, कारतूस आमुख, बड़ी घटना को सीधे-सीधे लिखना, उद्धरण आमुख किसी समारोह, किसी प्रमुख विचार को उद्‌धृत करना। आलंकारिक आमुख, अलंकृत शब्दावली में किया गया आमुख, सूक्ति आमुख किसी सार्वभौम सत्य की सूक्ति-प्रस्तुति।

समाचार के तथ्य को जानने की जिज्ञासा का निर्वाह इंट्रो करता है। अतः इंट्रो की भाषा सरल अर्थगर्भित एवं तुरन्त अभिप्राय व्यक्त करने में सक्षम होनी चाहिए। अधिक महत्त्वपूर्ण समाचार का 'इंट्रो' मोटे टाइप में रहता है और दो, तीन, चार कॉलमों तक फैला रहता है।

शीर्षक-रचना

समाचार-पत्र वस्तुतः समाचारों का संग्रह होता है। इस संग्रह में विभिन्न प्रकार के समाचार यथा–राजनैतिक, सामाजिक, आर्थिक, सांस्कृतिक, साहित्यिक तथा अपराध आदि होते हैं। इन समाचारों को एक-दूसरे से अलगाने, रोचक, दिलचस्प बनाने तथा समाचार-सार को शीर्षक द्वारा सम्पादित किया जाता है। वस्तुतः शीर्षक देना भी एक कला है। व्यस्त जीवन में अखबारों से अधिक उसके शीर्षक बिकते हैं। उससे समाचार-पत्र की प्रसार संख्या में अभिवृद्धि होती है। पं. कमलापति त्रिपाठी ने शीर्षक के सम्बन्ध में अपने विचार इन शब्दों में स्पष्ट किए हैं : "शीर्षक केवल समाचार की सूचना अथवा उसका संक्षिप्ताशय अथवा उसकी व्याख्या मात्र नहीं करता। इन सबके सिवा वह स्वयं 'समाचार-शरीर' का प्राण होता है जो सारे स्तम्भ में जीवन का संचार कर देता है। पाठक जीवन के इसी स्पन्दन का अनुभव करता है।"[6] डॉ.अर्जुन तिवारी ने शीर्षकसंरचना के महत्त्व को समझाते हुए लिखा है : "समाचार के शीर्षक आँखों को विश्राम देते हैं, ये पत्र के विज्ञापन जैसे होते हैं जो पाठकों को पत्र खरीदने हेतु प्रेरित करते हैं।"[7]

शीर्षक तैयार करते समय इस बात का खयाल रखना चाहिए कि उपसम्पादक समाचार के शीर्षक के बजाए समाचार का सार पाठक को दें; अतएव उसे समाचार का 'न्यूज पाइंट' समझ लेना चाहिए। साथ ही साथ उसे कौतूहल खरीदनेवाले पाठक वर्ग के लिए चटपटे, चुटीले, संक्षिप्त, पैने तथा यथासम्भव संक्षिप्त शीर्षक तैयार करने चाहिए। जहाँ आवश्यक हो 'डैक' शैली (एक से अधिक पंक्तियों के शीर्षक) अपनाई ज़ा सकती है। शीर्षक सदा सकारात्मक होने चाहिए। शीर्षक में पूर्णवाक्य और क्रियापद का प्रयोग नहीं किया जाना चाहिए। कारण इनसे शीर्षक का कसाव, गतिशीलता एवं प्रभावान्विति पर गहरा असर पड़ता है। इसी प्रकार 'द्वारा' आदि के प्रयोग शीर्षक को भद्र से भद्दा बना देते हैं। अतः ऐसे शब्द प्रयोग से भी बचना चाहिए। समाचार-पत्र में प्रायः स्थानाभाव होता है एवं तथ्य की प्रामाणिकता उसकी विशिष्ट पहचान; अतएव स्थान के फैलाव से बचने के लिए 1000 के स्थान पर शब्दों में हजार क्रमशः के स्थान पर 'जारी' का प्रयोग करना चाहिए।

भारतीय जनता पार्टी के लिए भाजपा, इन्दिरा काँग्रेस की जगह 'इंका' के संक्षेपों का उपयोग करना चाहिए, जैसा कि पहले लिखा गया है समाचारों में वैविध्य होता है जैसे कृषि, अर्थव्यवस्था, युद्ध, इत्यादि। इनके शीर्षकों में उपसम्पादक को अपनी सारी प्रतिभा का उपयोग कर उन्हें रोचक, मनमोहक तथा कभी-कभी मनोरंजक भी बनाना चाहिए। उदा.–डाकू के घर डाका।

इस प्रकार एक स्वस्थ शीर्षक में समाचार का 'न्यूज पाइंट' रोचकता, सरलता से तत्त्व की समझ आनी चाहिए। अकर्मक क्रिया के प्रयोग से प्रायः बचा जाता

है। इसी प्रकार शीर्षक में 'विशेषण' या 'अभिमत' नहीं दिया जाना चाहिए। उसे भूतकाल में नहीं लिखना चाहिए। शीर्षक को एकार्थी अर्थगर्भित होना चाहिए उसे द्विअर्थक शब्दों के उपयोग से बचना चाहिए। पृष्ठ सज्जा के लिए भी कलात्मक टाइपों का प्रयोग पृष्ठ को अविराम सौंदर्य देता है।

शीर्षक संरचना में घटनाओं, समाचारों के प्रस्तुतीकरण के लिए टाइप ए का प्रयोग विविध प्रकार से किया जाता है :

(1) क्रास लाइन अथवा 'की लाइन'

इसके अन्तर्गत एक कॉलम अथवा बीच में शीर्षक दिया जाता है : उदा. सुनीलदत उपवास करेंगे

(2) ड्राप लाइन (स्टेप हड) दो या तीन पंक्तियों के शीर्षक जो क्रमशः बायें से दायें को उन्मुख होते हुए पहली पंक्ति से दूसरी पंक्ति में शब्द बढ़ा कर लिखा जाता है। इसमें शीर्षक सोपान की तरह दिखाई देता है :

मध्य प्रदेश के
मुख्य मन्त्री
हटाए गए।

(3) विलोम सोपानी—इस तरह के शीर्षक में बायीं ओर से प्रारम्भ होता शीर्षक (दो या तीन पंक्तियों का) नीचे की ओर बढ़ता हुआ छोटा होता जाता है :

संसद की बैठक
आज से
शुरू

(4) पूर्ण पंक्ति—इसमें शीर्षक के अक्षरों की संख्या एक कॉलम की चौड़ाई से अधिक नहीं होती :

देवरस नज़र कैद।

(5) फ्लश लेट—इसकी पंक्ति भी बायीं ओर से प्रारम्भ होती है परन्तु इसकी पंक्ति का क्रम अनिश्चित ही रहता है :

साम्प्रदायिक
संगठनों की
परिभाषा बदलेगी

(6) विलोम स्तूपी—इसमें तीन पंक्तियाँ होती हैं। पहली पंक्ति पूरे कॉलम को घेर लेती है। दूसरी और तीसरी पंक्ति के दोनों ओर कुछ स्थान छोड़ दिया जाता है :

नकली नोटों के प्रेस पर
पुलिस का छापा
दो गिरफ्तार

(7) हैडिंग इन्डेंशन—इसमें पहली पंक्ति पूरे कॉलम की होती है, दूसरी और तीसरी पंक्तियों को बाईं ओर से समान स्थान छोड़कर लिखा जाता है :

बसन्त ऋतु में अकेले
एवरेस्ट विजय
का कीर्तिमान

(8) स्कवायर इन्डेंशन– पूरे कॉलम में फैले तीन अथवा चार पंक्तियों वाले शीर्षक को स्कवायर इन्डेंशन कहा जाता है :

इंका की बैठक
की तारीख
अभी अनिश्चित

(9) कटि शीर्षक– युवती के कटि-प्रदेश अथवा डमरू की तरह के शीर्षक को कटि शीर्षक कहा जाता है। इसमें पहली और तीसरी पंक्तियाँ पूरी होती है। दूसरी पंक्ति दोनों तरफ से समान दूरी पर और छोटी होती है। आजकल इसका प्रचलन नहीं रहा है :

देवरस नज़रबन्द
या
गिरफ्तार नहीं

(10) कपाली शीर्षक– मुख्य शीर्षक के ऊपर छोटे टाइप में दिए गए शीर्षक को कपाली शीर्षक कहते हैं। इस शीर्षक के नीचे एक पंक्ति दे दी जाती है

शेयर्स घोटाला

सी बी आई शीघ्र जाँच करेगी

(11) पताका शीर्षक– पूरी चौड़ाई में सबसे मोटे टाइप में दिया जानेवाला शीर्षक पताका (बैनर) अथवा स्ट्रीपर शीर्षक कहलाता है।

(12) गगन रेखा (स्काई लाइन) विशेष परिस्थितियों में समाचार-पत्र के नाम पट्ट के ऊपर सर्वाधिक मोटे टाइपों में दिया जाता है :

राजीव गाँधी नहीं रहे

(13) बाक्स तथा इनसेट– अप्रत्याशित, चुटीले समाचार को कभी बॉक्स में दिया जाता है। कभी बॉक्स के बजाय इनसेट का उपयोग किया

जाता है। जिसमें इस प्रकार के समाचार को फूलदार फ्रेम दी जाती है। लम्बे समाचारों के बीच ऐसे समाचार पाठकों का ध्यानाकर्षित करने में सक्षम होते हैं :

> अमिताभ की सफ़ेद दाढ़ी
> बम्बई 17 दिसम्बर 91
> एक्शन फिल्म लाइन से
> संन्यास लेने का रहस्य
> अभी खुला नहीं था कि
> अमिताभ ने सफेद दाढ़ी से...

समाचार-पत्र की भाषा

समाचार निरन्तर आम जनता से संवाद करता है। सामान्य जनता साहित्यिक भाषा के कलोत्कर्ष से प्रायः अपरिचित रहती है। उसे न कल्पना की ऊँची उड़ान अथवा चिन्तन की गहराई से कोई सम्बन्ध होता है। न वह कविता समझ पाती है और न कहानियाँ। समीक्षा का क्षेत्र उसके लिए पूर्णतया अपरिचित तथा बीहड़ हो सकता है। उसका भाषा से सम्बन्ध बिल्कुल सीधा-सादा होता है। ठीक दो दूनी चार की तरह। वह भाषा के अर्थों का दोहन नहीं करती। भाषा की नई अर्थवत्ता से कोई नजदीकी रिश्ता नहीं जोड़ती। भाषा से उसकी आत्मीयता मात्र एक सहज सरल माध्यम के रूप में होती है। अलंकृति, चमत्कारिता तथा गोरखधन्धी द्रविड़यामी कवायद से आम जनता को कुछ लेना-देना नहीं होता। वह भाषा के माध्यम से समाचारों की दुनिया में पहुँचती है अतः समाचार-पत्र की भाषा अपने पाठकों के बौद्धिक स्तर को ध्यान में रखकर निश्चित की जाती है। प्रायः सरल, सीधी-सुलझी शब्दावली एवं छोटे-छोटे वाक्य समाचार-पत्र की भाषा के नियन्ता होते हैं। इसके अलावा समाचार-पत्र में शब्दों का एकार्थक होना, उसके अर्थ का सुनिश्चित होना, अभिव्यक्ति का दुविधाविहीन होना आवश्यक है। इसके अलावा उसकी सामाजिक मर्यादा एवं नैतिक मूल्यों का भी ध्यान रखना चाहिए ताकि वह एक संस्कारी, शील सम्पन्न अखबार की तरह घरों में पढ़ा जाए। भाषा के अनगढ़ प्रयोग पाठकों को उस समाचार-पत्र से ही ऊबा देते हैं और इससे उसकी प्रतिष्ठा तथा प्रसार संख्या में भी कमी आ सकती है। भाषा का लचीलापन शब्द के अनेक पर्याय समाचार-पत्रों के लिए अत्यधिक महत्त्वपूर्ण भूमिका निभाते हैं। समाचार-पत्रों में 'स्थान' मुख्य समस्या होती है। इस कमी को दूर करने में पर्यायवाची शब्दों से बहुत सहायता मिलती है। 'देहात' की जगह गाँव, 'आवश्यक' के स्थान पर जरूरी जैसे शब्द कम स्थान घेरते हैं। अतः कहा जा सकता है कि समाचार-पत्र की भाषा यथासम्भव सीधी, सरल एवं सार्थक शब्दों से सम्पन्न हो।

पत्रकारिता के रूप विन्यास की आधुनिक पद्धति

टंकण : बहुत से पत्रकारों तथा पाठकों के हस्ताक्षर पठनीय नहीं होते। अथवा हस्ताक्षरों के वर्तुलाकर होने के कारण कभी अर्थ का अनर्थ होने की भी सम्भावना रहती है। इससे कम्पोजिटर्स को भी बहुत अधिक कठिनाइयों का सामना करना पड़ता है। इससे उसकी कार्यगति भी प्रभावित होती है। इनसे निजात पाने के लिए प्रेसों में अब टंकण मशीन का उपयोग होने लगा है। इससे 'सामग्री' तैयार करने में गलतियाँ कम होती हैं। इससे सम्पादक, मुख्य उपसम्पादक आदि को मैटर पढ़ने में परेशानी नहीं होती है। कम्पोजिटर्स को भी कम्पोजिंग कार्य में सरलता हो जाती है। इस कार्य में संलग्न समाचार टंकक को हाशिये पर सामान्य रूप से ज्यादा जगह छोड़नी चाहिए ताकि मुख्य उपसम्पादक को अगर समाचार अथवा लेख में कुछ संशोधन करना पड़े तो वह हाशिये में संशोधित अथवा परिवर्तित वाक्य लिख सके। आजकल सामान्य टाइपराइटर के साथ ही साथ इलेक्ट्रोनिक टाइपराइटर भी उपलब्ध है।

आशुलेखन : आजकल बड़े-बड़े प्रतिष्ठानों, दफ्तरों में आशुलेखन प्रायः एक अनिवार्यता बन गया है। टाइपिस्ट के लिए आशुलेखन की जानकारी आवश्यक हो गई है। यह एक अतिरिक्त योग्यता मानी जाती है एवं आशुकार तथा टाइपिस्ट को टाइपिस्ट की तुलना में वेतन भी अधिक मिलता है। उच्चपदाधिकारी डिक्टेशन देने को प्राथमिकता देते हैं। यह आधुनिक युग में स्टेटस सिम्बल-सा बन गया है। आशुलेखक से एक ओर तो डिक्टेशन देनेवाले उच्च पदधिकारियों आदि का समय बचता है वहीं आशुलेखक को भी पुनः हस्तलेखन की ज़रूरत नहीं रहती। टाइपराइटर पर वह सीधे-सीधे सामग्री टंकित कर देता है।

आशुलेखन की एक उल्लेखनीय विशेषता है कि इसमें लिखे गए पत्र अथवा दस्तावेजों की गोपनीयता बनी रहती है क्योंकि इस लिपि को बहुत कम लोग पढ़ या समझ पाते हैं।

मुद्रण : सर्वप्रथम चीन में मुद्रण कला का जन्म हुआ। सन् 650 ई. में भगवान बुद्ध की मूर्ति को छापने के लिए इस कला का उपयोग किया गया। इसमें लकड़ी के ब्लॉक का प्रयोग किया गया। जर्मनी में जन्मे तथा स्ट्रायबर्ग के नागरिक जॉन गुटनबर्ग ने बाइबिल को जल्दी से जल्दी छापने के लिए टिन, पीतल, सीसा आदि धातुओं से टाइप बनाए। तदनंतर मुद्रित पुस्तकों, अपील, फोल्डर इत्यादि की माँग बढ़ जाने से इस कला में भी निरन्तर प्रयोग होने लगे और बेहतर मुद्रण के लिए प्रयत्न किए जाने लगे। सर्वप्रथम सन् 1577 में नागरी टाइप यूरोप में बनाए गए। सन् 1675 में पहली उपलब्ध पुस्तक 'चाइना इलस्ट्रेटा' है, जो नागरी टाइप में प्रकाशित की गई है। भारत में नागरी टाइप के जन्मदाता श्री पंचानन कर्मकार हैं।

मुद्रण प्रक्रिया में (1) टाइप (2) कम्पोज (3) छपाई तथा (4) मेकअप आदि चरण होते हैं।

(1) टाइप : अंग्रेजी का टाइप शब्द ग्रीक के 'टाइपोस' से व्युत्पन्न हुआ है। टाइप में अक्षर धातु अथवा लकड़ी पर आयताकार रूप में उल्टा खुदा हुआ होता है। टाइप के फेस पर एक विशेष प्रकार की स्याही लगाई जाती है, और मशीन के दाब से कागज़ पर छपाई होने लगती है। फेस की संरचना की दृष्टि से अनेक सीरीज तथा नाम के अनेक पाइंटों के टाइप होते हैं।

(2) कम्पोज : टाइपों की सहायता से दिए हुए 'मैटर' को 'लाइन' व 'पृष्ठ' तैयार करने के कार्य को कम्पोजिंग कार्य कहते हैं। कम्पोजिंग हाथ और मशीन दोनों तरीकों से की जाती है। लकड़ी के केसों के खानों में अलग-अलग टाइप होते हैं। कम्पोज करते वक्त उन्हीं टाइपों की सहायता से लाइन व पृष्ठ तैयार किया जाता है जिसे पीतल के फ्रेम से चारों ओर से इस तरह बाँधा जाता है कि कम्पोज मैटर छपाई के दरमियान सुरक्षित रहे और छपाई सफाई के साथ हो। कार्य पूरा हो जाने पर फिर कम्पोज्ड मैटर को तोड़कर टाइपों को उनके खानों में रख दिया जाता है।

आजकल कम्पोजिंग का कार्य मशीनों से होने लगा है। इसके दो प्रकार हैं :

(1) मोनोटाइप तथा (2) लाइनोटाइप। मोनोटाइप में दो मशीनों का इस्तेमाल किया जाता है (1) की-बोर्ड एवं (2) कास्टर। की-बोर्ड बहुत-कुछ टाइपराइटर के आकार का होता है। इसके बटन पर उँगली मारने से कागज की रील में दो महीन सुराख हो जाते हैं। जो प्रत्येक अक्षर के लिए पृथक्-पृथक् माप के होते हैं। कागज का यह गोल बण्डल (स्पूल) 'कास्टर' पर चढ़ाया जाता है जिससे एक-एक अक्षर अलग-अलग ढलता चलता है। इस पद्धति से मैटर के स्पूल से वही मैटर दुबारा ढाला जा सकता है।

(2) लाइनो टाइप में पूरी की पूरी पंक्ति कम्पोज होकर ढलती है। इसमें मोनो टाइप की तरह 'पंचिंग' और 'कास्टिंग' की प्रक्रिया से नहीं गुज़रना पड़ता है। यद्यपि इस पद्धति से 'मेकअप' जल्द होता है पर यदि एक शब्द भी अशुद्ध टाइप हो गया तो पूरी की पूरी पंक्ति फिर से कम्पोज करनी पड़ती है।

(3) छपाई : छपाई की तीन पद्धतियाँ हैं। (1) लेटर प्रेस (2) फोटोलिथो या ऑफसेट (3) फोटो ग्रेल्मोर।

लेटर प्रेस—इसमें तीन तरह की मशीनें होती हैं— प्लेटन मशीन, सिलेंडर मशीन तथा रोटरी मशीन। प्लेटन मशीन छोटे आकार की सामग्री की छपाई के लिए उपयुक्त है। सिलेंडर मशीन में बड़े आकार के फर्मे छप सकते हैं। इसमें आटो मशीन स्वयं कागज लेती है और दूसरी जगह इकट्ठा कर देती है। आज पत्रकारिता एवं मुद्रण की दृष्टि से रोटरी मशीनें पसन्द की जाती हैं। इसमें अत्यधिक शीघ्रता से लाखों की संख्या में समाचार-पत्र छप सकते हैं। यह मशीन एक घंटे में 32

से 64 पृष्ठों तक के रंगीन अख़बार की पचास हज़ार प्रतियाँ छाप सकती हैं। इनमें कागज़ों के गोलाकार पूरे के पूरे थान चलाए जाते हैं। इनमें पूरा समाचार-पत्र छपकर, घड़ी होकर और कटकर दूसरी ओर निकल जाता है।

(4) मेकअप : पूरे के पूरे पृष्ठ को उसमें दी जानेवाली 'सामग्री' समाचार, आलेख आदि को टाइप की विभिन्नता से संवारने को मेकअप कहा जाता है। इसमें 'स्थान' के अनुसार टाइप की व्यवस्था की जाती है। पर टाइपों का चुनाव इस तरह से किया जाता है कि 'मैटेरियल' उभर कर पाठकों के सम्मुख आए। साथ ही साथ टाइपों की सज्जा से वह समाचार के महत्त्व को समझ पाता है। यह 'ले आउट' का काम भी मुख्य उपसम्पादक अपनी कला-दृष्टि, कल्पनाशीलता तथा समाचारिक बोध (News Sence) से करता है। वह 'मेकअप' को सौंदर्य प्रदान करने के लिए ब्लॉकों का उपयोग भी करता है। 'मेकअप' हो जाने पर उसकी प्लेट बनाई जाती है। सभी पृष्ठों की प्लेटें बन जाने पर उन्हें रोटरी मशीन पर छापने का कार्य शुरू होता है। और कुछ ही सैकण्डों में पूरा का पूरा अखबार छप कर कट कर वितरण के लिए तैयार होकर निकलता है।

सामान्य रूप से आज सम्पादनकर्मी को प्रेस की प्रारम्भिक जानकारी होनी आवश्यक मानी जाती है। क्योंकि कभी-कभी ऐसी परिस्थिति आ जाती है कि मुख्य उपसम्पादक को अन्तिम क्षणों में कोई सूचना या समाचार अपने अखबार में देना आवश्यक हो जाता है और मेकअप किए गए पूर्ण पृष्ठों में उसे कैसे दिया जाए यह प्रश्न खड़ा हो जाता है तब उसका प्रेस सम्बन्धी ज्ञान काम आता है। वह किसी मैटर को डिस्टर्ब किए बिना स्थान बनाता है और जरूरी खबर को कम से कम शब्दों में लिख कर उसी पृष्ठ पर दे देता है। उसकी मुद्रण सम्बन्धी जानकारी ही इस वक्त उसके काम आती है।

फोटोग्राफी

वर्तमान युग में समाचार-पत्र में शाब्दिक समाचार पाठक को इतना आकर्षित नहीं कर पाता जितना सचित्र समाचार। फोटोग्राफर अपने कैमरे में किसी सुखद-दुखद प्रसंग, सभा-संगोष्ठी अथवा किसी महत्त्वपूर्ण व्यक्ति के ऐसे चित्र गिरफ्तार कर लेता है जो कभी ऐतिहासिक महत्त्व के हो जाते हैं। इस तरह के फोटोज़् के लिए कभी-कभी वह अपनी जान को भी दाँव पर लगा देता है।

फोटोज़् दो तरह के होते हैं। पहले प्रकार में रंगीन फोटोज़् आते हैं और दूसरे प्रकार में श्वेत-श्याम फोटोज़् आते हैं। पत्रकारिता के क्षेत्र में फोटो विज्ञापन से लेकर किसी समाचार की सम्पुष्टि के कार्य को सम्पन्न करते हैं और पृष्ठ की साज-सज्जा में भी अभिवृद्धि करते हैं। दूरदर्शन के प्रचार-प्रसार में चित्र की भूमिका काफी महत्त्वपूर्ण हो गई है। वह दूरदर्शन की आँखें हो गई हैं।

पत्रकारिता से सम्बद्ध फोटोग्राफर भी दो तरह के होते हैं :

(1) स्टगलर अथवा फ्रीलांसर। ऐसे फोटोग्राफर किसी प्रतिष्ठान से नहीं जुड़ते हैं। पर स्वतन्त्र रूप से फोटोग्राफी कर अपना जीवन-यापन करते हैं।

(2) इस वर्ग में ऐसे फोटोग्राफर्स आते हैं जो किसी संस्थान अथवा प्रतिष्ठान में नौकरी करते हैं और अपने संस्थान की फोटोज़ की ज़रूरत को पूरा करते हैं।

सन्दर्भ

1. डॉ. अर्जुन तिवारी : आधुनिक पत्रकारिता, पृ. 78
2. डॉ. अनन्त गोपाल शेवडे : श्रीमती सविता चड्ढा : नई पत्रकारिता और समाचार लेखन से उद्धृत।
3. बांकेबिहारी भटनागर : सविता चड्ढा : नई पत्रकारिता और समाचार
4. अनन्त गोपाल शेवडे : समाचार-पत्र-व्यवस्थापन
5. डॉ. रामचन्द्र तिवारी : सम्पादन के सिद्धान्त, पृ. 54
6. पं. कमलापति त्रिपाठी : पत्र और पत्रकार
7. डॉ. अर्जुन तिवारी : आधुनिक पत्रकारिता, पृ. 62

षष्ठ अध्याय

पत्रकारिता एवं जनसम्पर्क

पत्रकारिता के सन्दर्भ में जनसम्पर्क उस विधा को कहते हैं जिसमें से जन-जन से सम्पर्क रख अनुकूल जनमत को तैयार करने का सुव्यवस्थित प्रयास किया जाता है।

वेबस्टर कोरा[1] के अनुसार "कोई उद्योग, कॉर्पोरेशन, व्यवसाय, सरकार या अन्य संस्था जब अपने ग्राहकों, कर्मचारियों, हिस्सेदारों या जन-साधारण के साथ स्वस्थ एवं उत्पादक सम्बन्ध स्थापित करने या उन्हें स्थायी बनाने के लिए प्रयत्न करे, जिनसे वह अपने-आपको समाज के अनुकूल बना सके, अथवा अपना उद्देश्य समाज पर अभिव्यक्त कर सके, उसके उन प्रयासों को जनसम्पर्क कहते हैं।" एडवर्ड एल.बर्नेज के अनुसार "जनमत के अभिमन्त्रण के प्रयास को ही जनसम्पर्क कहते हैं।" डॉ. अर्जुन तिवारी जनसम्पर्क को परिभाषित करते हुए लिखते हैं कि "संस्था या व्यक्ति के लिए सार्वजनिक अनुकूलता अथवा सार्वजनिक अनुमोदन प्राप्त करने की कला ही जनसम्पर्क है।"[2]

डॉ. रामचन्द्र तिवारी जनसम्पर्क की व्याख्या करते हुए लिखते हैं : "लोकतन्त्र में जब हर कोई लोकमत को अपनी ओर मोड़ने में प्रवृत्त हो तो विशेष प्रकार की पत्रकारिता जन्म लेती है जिसका व्यवसाय अपने प्रतिष्ठान, संस्था या दल की ओर से जनता को शिक्षित करना हो जाता है। इसे आधुनिक भाषा में 'जनसम्पर्क' का कार्य कहते हैं।"[3]

वस्तुतः जनसम्पर्क, संस्थान, प्रतिष्ठान अथवा किसी राजनीतिक दल तथा जनता के दरमियान आपसी समझ पैदा करने तथा उसे हमेशा बनाए रखने के लिए जानबूझ कर, योजनाबद्ध तरीके से निरन्तर प्रयास करने की प्रक्रिया है। एक लोक-सम्पर्क अधिकारी को पत्रकार सम्मेलन का आयोजन कर जनता द्वारा माँगी

गई सभी जानकारियाँ देनी होती हैं। उसे पत्रकारों से मधुर सम्बन्ध रखने होते हैं। वह अपने प्रतिष्ठान या संस्थान की प्रचार सामग्री के प्रकाशन एवं वितरण के लिए सूची बनाता है। वह अपने संस्थान अथवा प्रतिष्ठान के बारे में छपी खबरों को निरीक्षण के लिए अपने उच्च अधिकारी को भिजवाता है। वह जनसम्पर्क के लिए प्रदर्शनी अथवा दूरदर्शन के प्रसारण के लिए सामग्री तैयार करता है। वह पत्रकार, प्रमुख लोग एवं सामान्य जन सभी को अपने कारखाने-मिल आदि दिखाता है। इतना अवश्य है कि वह अपनी संस्था के सिर्फ शुक्ल पक्ष को जनता के सम्मुख लाता है और जनता की अप्रियता के प्रतीकों को प्रिय बनाने के लिए प्रयत्न करता है। इस प्रकार उसका काम दोतरफा हो जाता है वह जहाँ अपनी संस्था की बात जनता तक पहुँचाता है, वहीं वह जनता के विचार भी संस्था के शीर्षस्थ व्यक्तियों तक पहुँचाता है।

आज के युग में लोकमत निर्णायक हो गया है। सवाल रह जाता है कि आखिर क्यों जनसम्पर्क आज महत्ता के शिखर पर है। आज उद्योग फल-फूल रहे हैं और उसका प्रशासकीय एवं प्रबन्धन का ढाँचा कुछ इस प्रकार हो गया है कि प्रबन्धन एवं कर्मचारियों का मेल-मिलाप सहज ढंग से सम्भव नहीं रहा है। बहुत से संस्थानों में प्रबन्धन अपने कर्मचारी तक का नाम नहीं जानते। अतः प्रबन्धन तथा कर्मचारियों के बीच के अन्तराल को दूर करने के लिए जनसम्पर्क एक महत्त्वपूर्ण माध्यम के रूप में उभर कर आया है। परिवहन की सुविधा ने भी लोगों को परस्पर निकटता प्रदान की है। यह समीपता भी लोक-सम्पर्क से ही सिद्ध हो पाई है। औद्योगिक प्रतिष्ठानों के बीच व्यापारिक प्रतिस्पर्धा ने भी प्रतिष्ठानों को जनमत संग्रह के लिए विवश कर दिया है। राजनैतिक प्रणालियों में से अपनाई गई प्रजातान्त्रिक प्रणाली ने भी बहुमत का महत्त्व स्पष्ट कर सम्बद्ध दलों को जनसम्पर्क की ओर उन्मुख किया है।

जनसम्पर्क वस्तुतः जनता को तथ्यों से परिचित कराने का माध्यम है। राजनीतिक दल अपने दल के पक्ष में जनमत तैयार करने के लिए जनसम्पर्क का आश्रय लेता है। प्रतिष्ठान उद्योगपति तथा व्यापारी अपने उत्पादनों के प्रति विश्वसनीयता और प्रामाणिकता का वातावरण बनाने तथा बिक्री में अभिवृद्धि के उद्देश्य से जनसम्पर्क अभियान चलाते हैं। इस प्रकार जनसम्पर्क विभिन्न वर्गों के हितों की रक्षा का एक सशक्त माध्यम है।

इसके अलावा रम्य भाव से प्रतिपाद के प्रति जनता को आकर्षित करना। अपने विचार को आंकड़ों, चित्रों एवं प्रामाणिक उदाहरणों के सहारे समझाना। उच्छृंखल, निरंकुश, लक्ष्यहीन जन-समुदाय को प्रभावित कर उसे सुपथ पर लाना। जनविश्वास, जनस्वीकृति तथा कल्याणकारी कार्यों के प्रति उन्हें आश्वासन देना। ये सभी कार्य जन-सम्पर्क के लक्ष्य हैं। किसी मुद्दे पर जनता की राय जानने के

सुलभ साधन हैं :

1. गवेषणा : इसमें जनता की सामाजिक, आर्थिक और राजनीतिक स्थितियों का सर्वेक्षण किया जाता है।

2. योजना-निर्माण : इसके द्वारा जनसम्पर्क के लक्ष्य निर्धारित होते हैं, इनकी नीतियाँ तय होती हैं और यह सुनिश्चित किया जाता है कि किस समय कौन, किस माध्यम से जनसम्पर्क कार्य करेगा और इस मद में कितना व्यय होगा।

3. समन्वय : किसी संस्था, विभाग या दल के प्रमुख लोगों के साथ सम्पर्क कर सूचना का आदान-प्रदान किया जाता है। जनसम्पर्क में लगे लोगों के मत एवं लोकमत से उन्हें अवगत कराया जाता है।

4. प्रबन्ध : जन-सम्पर्क कार्य के सुसंचालन हेतु आवश्यक व्यवस्था विषयक कार्य होता है।

5. उत्पादन : इसके अन्तर्गत जन-सम्पर्क सम्बन्धी सामग्री निम्नलिखित रूपों में तैयार की जाती है—प्रचार सामग्री तैयार करना, रेडियो, टेलीविजन एवं पत्र-पत्रिकाओं के सम्पादकों से सम्पर्क रखकर उनकी आवश्यकतानुसार सामग्री, समाचार, चित्र, फीचर लेख एवं सन्दर्भ सामग्री, प्रतिष्ठान का परिचय तैयार करके देना और समाचार-पत्रों एवं पत्रिकाओं को सामग्री भेजना, पत्रकार-सम्मेलन, पत्रकारों को घटनाक्रम की जानकारी, विज्ञापन देना, स्वयं अपनी पत्रिकाएँ निकालना, पुस्तिकाएँ छपवाना, शीर्षस्थ अधिकारियों के भाषणों की प्रतियाँ रखना, वार्षिक या अन्तरिम रिपोर्ट रखना, पोस्टर इन्सर्ट आदि की व्यवस्था, नीति विषयक निर्देशिकाएँ तैयार करना, मेले या उत्सवों के अवसर पर प्रदर्शनियों का आयोजन, लोकसंगीत, लोकनृत्य या कठपुतली, वृत्तचित्रों का प्रयोग आदि की व्यवस्था करना।[4]

मुख्य रूप से जनसम्पर्क के कार्य को पाँच इकाइयाँ अंजाम देती हैं :

1. समाचार-पत्र : समाचार-पत्र लोक-सम्पर्क का महत्त्वपूर्ण घटक है। पत्र जनसामान्य के लिए शिक्षक तथा उत्प्रेरक है। साथ ही शासकीय नीतियों और कार्यक्रमों का महानिरीक्षक भी है।[5] इस देश की जनता का एक बहुत बड़ा अंश अनपढ़ है; अतएव अखबार का पढ़ना उसके लिए काला अक्षर भैंस बराबर है। परन्तु जो पढ़ा-लिखा प्रबुद्ध-वर्ग है वही देश की हलचलों से परिचित होता है एवं देश की स्थितियों-परिस्थितियों से सक्रिय सरोकार रखता है। वह जनता की परेशानियों, तकलीफों का मसीहा बनकर प्रशासन एवं व्यवस्था के प्रति प्रखर मुखर होता है। प्रतिष्ठानों-संस्थानों के जनता विरोधी कार्यों का उद्घाटन करता है। उसके इस मारक हथियार से सरकार एवं प्रतिष्ठान हड़बड़ा जाते हैं। उनका अस्तित्व भी खतरे में पड़ जाता है, क्योंकि प्रजातान्त्रिक देश के समाचार-पत्र सत्ता-दल तथा सरकारी पदाधिकारियों के षड्यन्त्रों का पर्दाफाश करते हैं। अपने लेखन से वह इनके खिलाफ जनमत तैयार करता है और अपनी तीक्ष्ण आलोचना से सत्ता-शिविर

में हलचल मचा देता है। अधिकारी-गण अपने लिए दूसरी शरणगाह खोजने को मजबूर होने लगते हैं। डॉ. अर्जुन तिवारी[6] लोक सन्दर्भ में समाचार-पत्र की भूमिका स्पष्ट करते हुए लिखते हैं : सरकार की त्रुटियों की ओर ध्यान आकर्षित करने का कार्य पत्र ही करते हैं। अपने पाठकों से समाचार-पत्र संवाद-स्तम्भों तथा सम्पादकीय लेखों के माध्यम से वार्तालाप करता है। सार्वजनिक विषयों पर वाद-विवाद का माध्यम समाचार-पत्र ही है। जनसम्पर्काधिकारी को ऐसे समाचार-पत्रों के सम्पादकों, संवाददाताओं आदि से मधुर सम्बन्ध रखने पड़ते हैं कि सम्पादक चाहे उनके शासन-प्रशासन के विरुद्ध, संस्थान-प्रतिष्ठान के खिलाफ कुछ भी प्रकाशित करे उसे रोका नहीं जा सकता पर उससे यह अपेक्षा की जा सकती है कि वह समाचार देते समय कलम की धार कुछ भोथरी कर ले और वह सम्बद्ध पक्ष का स्पष्टीकरण प्रतिक्रिया या अभिमत भी उसी समाचार के साथ या अलग से प्रकाशित कर दे।

2. जनसम्पर्क कार्य में सरकारी विभागों की भूमिका : सरकारी विभाग जनसम्पर्क का दूसरा घटक है। सरकारी विभागों के जनसम्पर्काधिकारियों को सरकार की नीति का बचाव, नई नीति में समाहित हित-सम्भावनाओं को प्रचारित कर अनुकूल जनमत तैयार करना पड़ता है। उन्हें सरकारी नीतियों तथा उनसे जुड़े सामाजिक लाभों की ओर लोगों का ध्यान आकर्षित करना होता है। और इन कार्यों के लिए उसे सरकारी एवं गैर-सरकारी पत्र-पत्रिकाओं के सहयोग की ज़रूरत होती है। अतः वह सम्पादकों से अपने सम्बन्धों को निकटता देता है। वह एक ओर पत्रकारों को अपने उच्चतम अधिकारियों से मिलाता है और वे अधिकारी सम्पादकों को घोषित योजनाओं के कार्यान्वयन में हो रही 'देरी' अथवा उसके 'स्थगन' के बारे में सविस्तार जानकारी देते हैं सरकार की कठिनाइयों और सीमाओं को बतलाते हैं। सम्पर्काधिकारी सम्पादकों को सम्बद्ध विभाग के मन्त्री से भी मिलवाता है। सम्भव हो तो कार्य-स्थल पर भी ले जाता है ताकि किसी कार्य में होनेवाली देरी को सम्पादकगण स्वयं देख सकें। अनुभव कर सकें और 'देरी' के लिए अपने समाचार-पत्रों में उन पर तीखा प्रहार न करें। जनसम्पर्काधिकारी को 'पत्रों' को राजनीतिक खबरों से भी 'फीड' करना होता है। ऐसे समय वह अपने विवेक और चतुराई से 'समाचार' इस प्रकार तैयार करता है कि उससे समाचारों की 'खबरों' की भूख तो मिट जाती है और उसे भी किसी संकट का सामना नहीं करना पड़ता है। वह समाचार-पत्रों की अपेक्षित निर्भयता को भी काफी कम कर देता है। ऐसे समाचार को प्रकाशन के लिए भेजने के पूर्व वह उच्चाधिकारी से स्वीकृति लेना नहीं भूलता है।

सरकारी विभाग का दूसरा लोकसम्पर्क विभाग आकाशवाणी और दूरदर्शन है। इनके विविध कार्यक्रम जैसे नाटक, नृत्य, विचार-वार्ता, शृंखलाबद्ध प्रायोजित कार्यक्रम, किसी विषय के निष्णातों के इण्टरव्यू, समाचार-दर्शन आदि जहाँ मनोरंजन

देते हैं वहीं सरकारी नीतियों के शुक्ल पक्ष को भी उद्घोषित करते हैं। ये जन-समस्याओं पर प्रकाश डालते हुए उनके समाधान की दिशा भी प्रशस्त करते हैं। और इन सन्दर्भों में हो रहे कार्यों की जानकारी भी देते हैं। सरल, स्पष्ट, एकार्थी भाषा, कथ्य का सीधापन तथा विचारों की स्पष्टता, संचार माध्यम की सहायता से ये 'निरक्षर एवं साक्षर' दोनों तरह के श्रोता-दर्शकों को अपने ढंग से 'दीक्षित' और 'परीक्षित' करने का प्रयत्न करते हैं।

सांग, नौटंकी, लोकगीत, लोकनृत्य या कठपुतली नृत्य इत्यादि से भी दूरदर्शन सरकारी नीति का प्रवक्ता बन जाता है और 'जनता' के विचारों को सरकार के अनुकूल बनाने में प्रायः सफल होता है। सूचना एवं प्रसारण मन्त्रालय का सोंग एवं ड्रामा डिवीजन भी लोक-सम्पर्क का महत्त्वपूर्ण घटक है।

3. औद्योगिक प्रतिष्ठान एवं जनसम्पर्क : जन सम्पर्क का यह तीसरा घटक है। इस घटक के जनसम्पर्क अधिकारी को अपने उत्पाद के सम्बन्ध में ग्राहकों तथा बाहरी जनता को खरीद के लिए प्रेरित तथा गुणवत्ता के लिए आश्वस्त करना होता है। अगर 'उत्पाद' का विक्रय ठीक-ठीक चल रहा है और बाज़ार में उसकी साख हो गई हो तो भी जनसम्पर्क अधिकारी को बीच-बीच में माल को लेकर जनता से सर्वेक्षण कराते रहना चाहिए और उनके सुझावानुसार 'उत्पाद' में आवश्यक परिवर्तन कर अन्य कम्पनी, मिलों तथा कारखानों के 'माल' की प्रतिस्पर्धा में 'ब्रांड' की अर्जित प्रतिष्ठा को कायम रखना है और बिक्री में भी वृद्धि होने की सम्भावना को उत्पन्न कराना है। इस कार्य में उसे संस्था के बिक्री विभाग से सहयोग मिलता है। कभी-कभी कुछ ऐसी घटनाएँ भी हो जाती हैं जिससे प्रतिष्ठान की प्रतिष्ठा को आघात लग जाता है। ऐसे समय जनसम्पर्क अधिकारी तटस्थ भाव से अपने प्रतिष्ठान की स्थिति को स्पष्ट करता है। वह किसी तथ्य को गुप्त नहीं रखता। उसकी यह सत्यप्रियता और स्पष्टवादिता प्रतिष्ठान की प्रतिष्ठा को बढ़ाती है। पत्रकार का रुख भी उसके तथा प्रतिष्ठान के प्रति सहानुभूतिपूर्ण हो जाता है। प्रतिष्ठान के शेयर होल्डर्स तथा कर्मचारियों में भी किसी प्रकार की कोई घबराहट नहीं होती। इससे भी संस्थान की इज्जत बढ़ती है और उसका श्रेय व्यवहारकुशल, सत्यप्रिय, स्पष्टवादी तथा प्रत्युत्पन्नमति से सम्पन्न जनसम्पर्काधिकारी को जाता है।

प्रतिष्ठान की पत्रिकाएँ अपने कर्मचारियों को सूचना अथवा जानकारी देने के लिए प्रकाशित की जाती हैं। इन्हें आन्तरिक 'जनसम्पर्क पत्रिका' कहा जाता है। ये कर्मचारियों, एजेण्टों, सेल्समैन आदि से सम्पर्क रखने के लिए प्रकाशित की जाती हैं। पत्रिका के दूसरे प्रकार का सम्बन्ध स्टॉक होल्डर्स, ग्राहकों, वितरकों, जनसाधारण तथा दुकानदारों से होता है। इन्हें 'बाह्य जनसम्पर्क पत्रिका' कहा जाता है। तीसरे प्रकार की पत्रिका में आन्तर-बाह्य दोनों प्रकार का लोकसम्पर्क का कार्य होता है। इन पत्रिकाओं के प्रकाशन का लक्ष्य प्रतिष्ठान अथवा संस्थान

की साख में अभिवृद्धि करना है। इस उद्देश्य की सफलता अथवा असफलता की जिम्मेदारी जनसम्पर्क अधिकारी की प्रतिभा, योग्यता एवं व्यवहारकुशलता पर निर्भर करती है। इन पत्रिकाओं की साख का अन्दाज उसके पाठकवर्ग एवं वितरण से है। ये कहाँ-कहाँ पढ़ी जाती हैं। इन पत्रिकाओं की पृष्ठ संख्या प्रायः 8 से 25 पृष्ठों अथवा चालीस पृष्ठों तक की होती है। ये सामान्य रूप से डिमाई चौपेजी आकार की होती हैं। ये पत्रिकाएँ सस्ते सफेद कागज पर छपती हैं और निःशुल्क होती हैं। ये प्रायः मासिकी होती हैं। इन पत्रिकाओं की साज-सज्जा का अपना महत्त्व है। उससे पाठक को संस्थान अथवा प्रतिष्ठान की स्थिरता, आर्थिक-स्तर तथा 'उत्पाद' की गुणवत्ता का अनुमान होता है और इसका गहरा प्रभाव प्रतिष्ठान की साख पर पड़ता है। आजकल टाटा, बिड़ला, डालमिया, तथा मोदी आदि उद्योगपति, सरकारी निगम, केन्द्रीय उत्पाद-शुल्क आदि बड़े प्रतिष्ठान ही नहीं छोटे प्रतिष्ठान, राष्ट्रीयकृत बैंक, जीवन बीमा निगम, खाद निगम तथा विभिन्न मन्त्रालय, जैसे रेल मन्त्रालय, वैज्ञानिक और तकनीकी मन्त्रालय विभाग भी अपनी-अपनी पत्रिकाएँ प्रकाशित कर जन सम्पर्क का कार्य करते हैं। संस्था को ग्राहकों के बीच एक सशक्त लाभप्रद प्रतिष्ठान के रूप में स्थापित करने तथा कर्मचारियों को सुरक्षा कवच तथा मालिक एवं उनके बीच के सम्बन्धों में माधुर्य-भाव को परिकल्पित करने में संस्थागत पत्रिकाओं का विशेष योग रहता है। यही सहयोग तन्त्र जनसम्पर्क का मन्त्र बन जाता है। 'भारतीय औद्योगिक सम्पादक संस्था' एक ऐसा ही प्रयत्न है।

4. विज्ञापन : यह अपने ढंग का अलग लोक-सम्पर्क अभिकरण है। इसका सीधा-सीधा सम्बन्ध जन-संचार से है। विज्ञापन रेडियो, दूरदर्शन, फिल्म, सिनेमा स्लाइड, समाचार-पत्र, पत्रिकाएँ वगैरह विभिन्न प्रकार के गैर-परम्परागत तथा परम्परागत माध्यमों जैसे कठपुतली, लोक-नृत्य, लोक-गीत, आदि भी विज्ञापन के और प्रकारान्तर से लोक-सम्पर्क के लोकप्रिय माध्यम हैं। इनके अतिरिक्त पोस्टर्स, सूचीपत्र वस्तु की परिचय-पुस्तिका, हैण्डबिल, बैलून, भोंपूवाला, बाँस पर खड़ा लम्बू इत्यादि भी विज्ञापन-कार्य में अपनी सक्रिय भूमिका निभा रहे हैं।

विज्ञापन एक ऐसा साधन है जो शिक्षित तथा अनपढ़ दोनों को उपभोग्य वस्तुओं की सूचनाएँ देता है और इस प्रकार जनसम्पर्क को एक आयाम देता है। व्यक्ति अपने व्यवसाय, 'सेवा' एवं प्रतिष्ठान अपने 'उत्पाद' को बाज़ार में लाने, उसकी बिक्री बढ़ाने तथा नवीन वस्तुओं को पहली-पहली बार प्रस्तुत करते समय विज्ञापन एक सशक्त बहुआयामी माध्यम के रूप में अपना कार्य सम्पादित करता है। वस्तु को ग्राहक से जोड़ना विज्ञापन लोक-सम्पर्क का अश्वमेध है। इनके अलावा बड़ी कम्पनियाँ, रजिस्टर्ड संस्थाएँ, सहकारी बैंक तथा अन्य सहकारी प्रतिष्ठान जैसे कि पंजीकृत समिति भी अख़बारों में अपने प्रतिनिधियों की सूचना ग्राहकों, अंशधारियों तथा सामान्य जनता को देती हैं। ये सूचनाएँ एवं संस्थान की

गतिविधियाँ अपने परिणामों में जनसम्पर्क का कार्य ही करती हैं।

विज्ञापन लेखन भी अपने आप में एक कला है। विज्ञापन लेखक को कम से कम स्थान में संस्था की प्रमुख प्रवृत्तियों की चर्चा करनी होती है तथा उसे भाषा-प्रयोग के समय भी अत्यधिक सतर्क रहना पड़ता है। कारण विज्ञापन जनता के विविध वर्गों से सम्बन्धित होते हैं और उनके भाषा-स्तर के अनुकूल विज्ञापन लेखक को भाषा का इस्तेमाल करना पड़ता है। विज्ञापन का संबंध प्रायः ग्राहक की क्रयशक्ति को उत्तेजित, उत्प्रेरित करना अथवा प्रतिष्ठान की जानकारी देना होता है। अपने इन अभिप्रायों को निष्पादित करने के लिए उसे विज्ञापन कहाँ और कैसा देना चाहिए ? इस बारे में सजग और सतर्क रहना चाहिए ताकि विज्ञापन सही जगह और सही ग्राहकों तक पहुँच सके। एक अत्यधिक महँगी वस्तु का विज्ञापन निर्धन तबके के इलाके में जाया ही जाएगा। वस्तु की प्रस्तुति, विभिन्न वर्गों की क्रय क्षमता अथवा जानकारी के प्रति उनकी उत्सुकता विज्ञापन और लोक-सम्पर्क की महत्त्वपूर्ण कड़ियाँ हैं।

5. राजनीति और जनसम्पर्क : प्रजातान्त्रिक शासन पद्धति में जनसम्पर्क ही सत्ता प्राप्ति का मूल साधन होता है। इस व्यवस्था में जनता अपने प्रिय राजनीतिज्ञों, जन-नायकों, नेताओं को 'वोट' देकर अपने वर्तमान एवं भविष्य की गारंटी की अपेक्षा करती है। जनता ही नेताओं को दी गई मतानुमति लोकसंघर्ष का राजनीतिक परिदृश्य है। राजनेताओं, दल के प्रमुख अधिकारी को लगातार अपने दल के हित में जनता से संवाद करना पड़ता है। अपने दल के लिए समर्थन जुटाना पड़ता है। अपने दड़बे में बन्द रह कर एकालाप अथवा आत्मालाप करने की आजादी उसे लोक-सम्पर्क से च्युत कर देती है, और उसकी यह हरकत उसके दल के जनाधार को खिसकाने में कारणीभूत होती है। इसके अतिरिक्त जनसम्पर्क अधिकारी को एक ओर विपक्षियों के अपने दल के विरुद्ध लगाए गए आक्षेपों, प्रखर आलोचना तथा प्रामाणिक आरोपों का इस तरह उत्तर देना पड़ता है कि दल के समर्थक पक्षधरों पर उनका प्रभाव न पड़े और दूसरी ओर विरोधियों के आक्षेपों को सुनियोजित ढंग से निरस्त किया जा सके। उसे जनता के सामने अपने दल की उपलब्धियों को प्रचारित करना होता है और कहीं-कहीं दल की असफलता को स्वीकार करते हुए सारा आरोप अति वर्षा, अकाल, विदेशी मुद्रा, विदेशी सहायता में कटौती, आतंकवाद, सम्प्रदायवाद, आन्तरिक दंगे, आन्दोलन, उत्पादनों में कमी, बढ़ती जनसंख्या, बाहरी हमले तथा विभिन्न राजनीतिक दलों की असहयोग की नीति वगैरह पर डालना होता है। इस जनसम्पर्क के लिए रानीतिक दल अपनी प्रचार पत्रिका/पत्रिकाएँ प्रकाशित करता है। किन्हीं अवसरों पर समाचार-पत्रों में विज्ञापन देकर अपनी छवि को साफ-सुथरी बनाए रखने का प्रयत्न करता है। जनता को अपने विश्वास में लेने की कोशिश करता है और सुन्दर भविष्य की परिकल्पना

देनेवाले अपने भावी कार्यक्रम की ओर इंगित करता है। यह सारा कार्य भी दल का लोकसम्पर्क दस्ता करता है।

जन-सम्पर्क : सफलता का सन्दर्भ

जनसम्पर्क को गहराई एवं प्रामाणिकता देने का उद्देश्य जनता के मनोगत भावों, विविध कार्यों के सम्बन्ध में उनकी प्रतिक्रिया की जानकारी तथा उनके आक्रोश, असन्तोष के निराकरण के लिए सुनहरे भविष्य की परियोजनाओं की घोषणा की जाती है। जनता की राय जनसम्पर्क का हृदय है। जनसम्पर्काधिकारी सर्वेक्षण के रास्ते, पत्रों में पाठकों की प्रतिक्रिया, सम्प्रति ग्राहक का रुझान तथा जनमत संग्रह के इतर विभिन्न साधनों और माध्यमों से किसी विशेष कम्पनी के 'उत्पाद', किसी राजनीतिक दल की जनता में इमेज, सरकारी विभागों का क्रिया-कलाप, जनता में व्यापी बेचैनी, मानसिक आघात से संत्रस्त जन, विज्ञापनों से विचलित जन-मन को समझने-बूझने तथा शासन, प्रतिष्ठान इत्यादि में अनुकूल जन-मानस का निर्माण ही जनसम्पर्क अधिकारी की सफलता है और निरन्तर अपने संस्थान के प्रति जन-विश्वास बनाए रखना जनसम्पर्क की सार्थकता है।

सन्दर्भ

1. वेबस्टर : न्यू इंटरनेशनल डिक्शनरी
2. डॉ. अर्जुन तिवारी : आधुनिक पत्रकारिता, पृ. 118
3. डॉ. रामचन्द्र तिवारी : पत्रकारिता के विविध रूप, पृ. 93-94
4. वही, पृ. 108
5. डॉ. अर्जुन तिवारी : आधुनिक पत्रकारिता, पृ.118
6. वही, पृ. 117

सप्तम अध्याय

हिन्दी के कुछ प्रमुख पत्रकार

भारतेन्दु हरिश्चन्द्र

भारतेन्दुजी का जन्म 9 सितम्बर 1850 में हुआ। इनके पिता गोपालचन्द्र (गिरधरदास) स्वयं एक अच्छे साहित्यकार थे। भारतेन्दुजी 18 वर्ष की उम्र से ही साहित्य लेखन करने लगे। नेतृत्व के सहजात गुण एवं उदार सुलझे हुए व्यक्तित्व तथा कृतित्व के कारण आधुनिक हिन्दी साहित्य के प्रथम चरण का नामकरण 'भारतेन्दु युग' कर हिन्दी साहित्य के इतिहासकार स्वयं को गौरवान्वित अनुभव करते हैं।

भारतेन्दुजी ने कविता, कहानी, नाटक तथा आलोचना आदि विधाओं में अपनी अल्पायु में 175 पुस्तकें लिखीं। उन्होंने हिन्दी की पत्रकारिता को एक नई समृद्धि से सम्पन्न किया।

भारतेन्दुजी ने काशी से 'कवि वचन सुधा' मासिक पत्रिका (1867) प्रकाशित कर हिन्दी पत्रकारिता को अभिनव दिशा दी। प्रारम्भ में इसमें सिर्फ श्रेष्ठ लब्ध प्रतिष्ठित कवियों की रचनाएँ ही प्रकाशित की जाती थीं। इस पत्रिका का उद्देश्य हिन्दी के पाठकों को हिन्दी साहित्य की विलक्षण परम्परा से साक्षात्कार कराना था। इस पत्रिका में 16 पृष्ठ हुआ करते थे। कालान्तर में इसमें राजनैतिक, सामाजिक तथा धार्मिक लेख प्रकाशित किए जाने लगे। पर इन लेखों के अलावा इसमें मनोरंजन की सामग्री भी परोसी जाती थी। इस पत्रिका की लोकप्रियता को देखते हुए इसे मासिक से पाक्षिक कर दिया गया। कालान्तर में इसे साप्ताहिक बना दिया गया तथा इसमें पद्य के अलावा गद्य का भी समावेश हो गया। कुछ समय पश्चात् भारतेन्दुजी ने इसे दूसरों को सौंप दिया और फिर सन् 1885 में यह बन्द हो गई। भारतेन्दुजी ने सन् 1873 में एक मासिक पत्रिका 'हरिश्चन्द्र मैगजीन' का प्रकाशन प्रारम्भ किया। विषय की दृष्टि से इसमें कविता, कहानी, नाटक, कला, परिहास

तथा आलोचना आदि का प्रकाशन हुआ करता था। यह साहित्यिक पत्रिका अपने युग की काफी लोकप्रिय पत्रिका थी। सरकार तक इसकी अनेक प्रतियाँ खरीदती थी। पर इसमें राष्ट्रीयता से सम्बन्धित लेखों के कारण बाद में सरकार ने इसे खरीदना बन्द कर दिया। सन् 1874 में इस पत्रिका का नाम 'हरिश्चन्द्र चन्द्रिका' और 'मोहन चन्द्रिका' कर दिया गया। सन् 1884 में भारतेन्दुजी ने पुनः 'नवोदित हरिश्चन्द्र चन्द्रिका' का प्रकाशन प्रारम्भ किया। सन् 1885 तक यह पत्रिका निकलती रही। सन् 1874 में हरिश्चन्द्रजी ने सिर्फ महिलाओं के लिए 'बालबोधिनी' नामक मासिक पत्रिका प्रारम्भ की। यह मूल रूप से स्त्रियों की विभिन्न समस्याओं और उनके समाधान की पत्रिका थी। उस युग में इस पत्रिका ने ऐतिहासिक कार्य किया। स्त्रियों के लिए रूढ़ि-मुक्त स्वतन्त्र जीवन के द्वार पर इस पत्रिका के माध्यम से दस्तक दी। नारी-शिक्षा का प्रारम्भ कर उन्हें नए युग से परिचित कराने में इस पत्रिका का अपना अद्‌भुत योगदान है। सरकार भी उनकी इस पत्रिका की प्रशंसक थी। और प्रति अंक की सौ प्रतियाँ खरीदती थी। उन्होंने जहाँ सामाजिक, राजनीतिक, साहित्यिक चेतना से सम्पन्न पत्रिकाएँ निकालीं वहीं 'भगवत तोषणी' पत्रिका वैष्णवी धर्म की प्रचारिका के रूप में प्रकाशित की।

भारतेन्दुजी ने जहाँ स्वयं पत्रिकाएँ प्रकाशित कर जन-जागरण एवं लोककल्याण की पहल की वहीं अनेक साहित्यकारों को प्रोत्साहित करने का कार्य भी उन्होंने किया। इनकी प्रेरणा से बालकृष्ण भट्ट (हिन्दी-प्रदीप), प्रतापनारायण मिश्र (ब्राह्मण), गोस्वामी (भारतेन्दु) तथा पं. बदरीनारायण चौधरी 'आनन्द कादम्बिनी' तथा 'नागरी नीरद' आदि भी पत्रकारिता की दिशा में प्रवृत्त हुए। भारतेन्दुजी की पत्रकारिता जीवन के अन्तरंग क्षणों के साथ प्रमुख रूप से साहित्यिक, सामाजिक, राजकीय, नारी उद्धार तथा धार्मिक भावनाओं को अपने में समेटे चलती थी।

पं. बालकृष्ण भट्ट

भारतेन्दुकालीन साहित्यकारों पत्रकारों में बालकृष्ण भट्ट प्रथम पंक्ति के राष्ट्रीय-चेतना सम्पन्न पत्रकार हैं। उन्होंने सन् 1877 में मासिक पत्रिका 'हिन्दी प्रदीप' प्रयाग से प्रारम्भ की। इस पत्रिका में 16 पृष्ठ होते थे। भट्टजी ने अपने विचारों की अभिव्यक्ति के लिए व्यंग्य को चुना। उनके लेखों के प्रिय विषय गम्भीर सामाजिक, राजनैतिक अथवा धार्मिक हुआ करते थे। उन्होंने अपनी पत्रिका द्वारा अंग्रेजों की रंग-भेद और जातीय नीति के खिलाफ लिखा। उन्होंने प्रांतीय लेजिस्लेटीव कौंसिल में भारतीय प्रतिनिधित्व की ज़ोरदार तर्क सम्मत माँग की। उन्होंने कौंसिल में आधे प्रतिनिधि भारतीय होने के लिए प्रखर भाषा में माँग की। उनका कहना था : "उत्तर प्रदेश के सभी प्रमुख नगरों–आगरा, कानपुर, इलाहाबाद, बनारस और लखनऊ में कौंसिल के भारतीय सदस्य होने चाहिए क्योंकि अंग्रेज़ भारतीयों के विचारों,

भावनाओं, प्रथाओं और दशा से अपरिचित हैं।[1] उपर्युक्त उद्धरण भट्टजी की निर्भीकता एवं राष्ट्रीय भावना की प्रखरता का प्रतीक है।

भट्टजी ने रूढ़िवादिता एवं अंग्रेजी सभ्यता के कुप्रभाव की ओर व्यंग्यात्मक लहजे में अपनी बात कही है : बाबू साहब, लाला साहब, मिस्टर सो एण्ड सो कहे जाने की उमंग में फूले न समाते...पर लालाइन कौआहकनी ही रह गई। उन्होंने लड़के-लड़कियों के बाल-विवाह का विरोध करते हुए सुझाव दिया है कि 'विवाह आयु को कानून द्वारा निश्चित करना चाहिए।' लड़कियों की आयु 12 से 14 वर्ष और लड़कों की आयु 18 से 20 वर्ष होनी चाहिए। उन्होंने छुआछूत और अन्धविश्वासों के विरोध में जनान्दोलन चलाया। वे छुआछूत की प्रथा को 'अमानवीय और अन्यायपूर्ण' मानते थे। उन्होंने पर्दा-प्रथा एवं नारी की अशिक्षा का भी जमकर विरोध किया। उन्होंने भारतीय पत्रिकाओं के प्रति अंग्रेज शासन के सलूक की धज्जियाँ उड़ाई हैं। लार्ड लिटन द्वारा वर्नाक्यूलर प्रेस एक्ट के खिलाफ 'हिन्दी प्रदीप' (अप्रैल 1878) के अंक में लिखा : "यदि भारतीय पत्रकार इसलिए अयोग्य हैं कि वे विश्वविद्यालय के स्नातक नहीं अथवा वे अपनी सभ्यता और संस्कृति से चिपके हुए हैं। तब तो अंग्रेज अपनी जगह सही है। यदि शिक्षा का अर्थ सच्चाई, शक्ति, योग्यता, सही और ग़लत में अन्तर करना, ईमानदारी तथा देश भक्ति है तो भारतीय पत्रकार उतने ही शिक्षित हैं, जितने अंग्रेज पत्रकार।"

इस प्रकार हम देखते हैं कि सुनिश्चित लक्ष्य एवं विशिष्ट व्यंग्यशैली के धनी निर्भीकता तथा हिन्दी प्रेम के लिए पं. बालकृष्ण भट्ट हिन्दी पत्रकारिता के इतिहास में सदा ससम्मान याद किए जाएँगे।

बालमुकुन्द गुप्त

सन् 1865 में गुडियानी (हरियाणा) में जन्मे गुप्तजी उर्दू से हिन्दी में आए। इन दो भाषाओं के अलावा वे फारसी, बंगला तथा अंग्रेजी के भी जानकार थे। उन्होंने 'अखबारे चुनार' (1886) तथा 'कोहनूर' (1888-1889) उर्दू के अखबारों का सम्पादन किया था। वे भी भारतेन्दुजी एवं पं. मदनमोहन मालवीय की प्रेरणा से हिन्दी में आए। पं. मालवीयजी ने उन्हें हिन्दी दैनिक 'हिन्दोस्तान' के सम्पादक मण्डल में सम्मिलित होने के लिए निमन्त्रित किया। वे सन् 1889 में 'हिन्दोस्तान' के सम्पादक-मण्डल में सम्मिलित हो गए। सन् 1892 में अमृतलाल चक्रवर्ती के सम्पादकत्व में प्रकाशित 'बंगवासी' में वे सह-सम्पादक होकर कलकत्ता चले गए। तत्पश्चात वे 'भारत मित्र' के प्रधान सम्पादक बने। गुप्तजी की कलम का यह जादू था कि 'भारत मित्र' राष्ट्रीय चेतना का एक विशिष्ट पत्र अपने युग में बन गया। वे भारतीय संस्कृति एवं राष्ट्रीयता के पक्षधर थे। वे समाज एवं धर्म में स्वस्थ चिन्तन एवं मूल्यों के समर्थक थे। किसी तरह का ढोंग आडम्बर उन्हें कतई पसन्द

नहीं था। उसी समय 'अखिल भारतीय कांग्रेस' की स्थापना से देश में राष्ट्रीयता के नए ज्वार ने सम्पूर्ण देश की हिन्दी पत्रकारिता को झकझोर दिया। हिन्दी पत्रकारिता स्वतन्त्रता की पर्याय हो गई। गुप्तजी भी इस प्रवाह से अनासक्त नहीं थे। उन्होंने अपनी पैनी व्यंग्य-शैली से देश की दयनीय आर्थिक स्थिति का चित्रण किया और दूसरी ओर देश के अंग्रेज शासकों की उदासीनता तथा लार्ड कर्जन की पैशाचिकता को 'शिव शम्भू के चिट्ठे' द्वारा उधेड़ कर रख दिया है। गुप्तजी की 'राजा बली नाटिका' 'हरिदास' तथा 'हिन्दी भाषा' आदि प्रमुख रचनाएँ हैं। अपने युग के प्रखर व्यंग्यकार, तेजस्वी, निर्भीक पत्रकार तथा भारतीय संस्कृति तथा समाज के सरोकारों से सम्बद्ध गुप्तजी भाषायी पत्रकारिता के उज्ज्वल नक्षत्र हैं।

प्रतापनारायण मिश्र

मिश्रजी भारतेन्दु मण्डल के सम्मानित साहित्यकार नहीं थे परन्तु वे भारतेन्दुजी के प्रति निष्ठावान समर्पित थे। उन्होंने 'ब्राह्मण' पत्र का प्रकाशन (मार्च 1873) कानपुर से प्रारम्भ किया था। 'ब्राह्मण' शीर्षक से ही पत्र के कथ्य का संकेत मिल जाता है। वे हिन्दुत्व, हिन्दी, देशभक्ति तथा राष्ट्रीयता के मुखर प्रवक्ता थे। 'ब्राह्मण' के शीर्ष पर अर्धचन्द्र तथा एक अंक (1) प्रकाशित होता था, इसमें अर्धचन्द्र भारतेन्दुजी का और एक अंक भारतीय एकता का प्रतीक था। भारतेन्दुजी की प्रेरणा एवं स्वयं की मानसिकता बुनावट ने उन्हें पत्रकारिता के क्षेत्र की ओर आकर्षित किया।

आर्थिक रूप से निर्धन पर कलम के धनी, मस्तफक्कड़ मिश्रजी ने अपने अभावों, हताशाओं तथा विवशता को कभी प्रकट नहीं किया। उन्होंने जीवनानुभवों की तीक्ष्णता, प्रखरता को अपने लेखन एवं सम्पादन में अभिव्यक्त किया। वे उनके निमन्त्रण को स्वीकार कर कालाकांकर (सन् 1889) चले गए। वहाँ उन्होंने 'हिन्दोस्तान' के सहसम्पादक के रूप में कार्यभार सम्भाला। वहाँ पर मालवीयजी के अलावा बालमुकुन्द गुप्त, पं. राधाचरण चौबे आदि साहित्यकारों के वे निकट सम्पर्क में आए। कालाकांकर में सब सुख था, सब सुविधाएँ भी थीं परन्तु स्वाभिमानी क्षत्रप की पीड़ा का अनुभव करता था। अतः एक वर्ष बाद सन् 1890 में उन्होंने 'हिन्दोस्तान' के सह-सम्पादक पद से अपना त्यागपत्र दे दिया और पुनः 'ब्राह्मण' में अपने को अनेक लेखों में अभिव्यक्त किया है। वे कलानुभव को अभिव्यक्ति की सरलतम, रोचक, आत्मीय तथा जन-सामान्य तक पहुँचने की इकाई स्वीकार करते थे। उनके विचारों एवं भाषा की वानगी द्रष्टव्य है

"अब तो आप समझ गए न कि आप क्या हैं ?... आप कौन हैं ? कहाँ के हैं ? कौन के हैं ? यदि यह भी न हो सके तो लेख पढ़ के आपे से बाहर जाइये तो हमारा क्या अपराध है ? हम केवल जी में कह लेंगे–'शाब', आप न समझो

तो अमां की पड़ी है। ऐं ! अब भी नहीं समझे ? वाह रे आप।"[2]

अपने युग-प्रवाह के अनुकूल मिश्रजी ने भी राजनीतिक, सामाजिक, धार्मिक एवं साहित्यिक लेख लिखे। उनकी लगभग 50 पुस्तकें हैं। उनकी भाषा मुहावरेदार और चुटीली होती थी और उनकी शैली व्यंग्यात्मक होती थी। कहीं-कहीं वर्णनात्मक तथा उपदेशात्मक शैली का भी प्रयोग मिश्रजी ने किया है। समास-शैली उनके गद्य की विशेषता है। उन्होंने भाषा में काफी हद तक ग्रामीण प्रयोग, मुहावरों और कहावतों का इस्तेमाल किया है। उनकी भाषा में भी उस समय की भाषा में मिलनेवाले अशुद्धियों जैसे विराम चिह्नों का ग़लत प्रयोग वगैरह मिलते हैं।

मिश्रजी को तत्कालीन साहित्यकार बड़े ही सम्मान की दृष्टि से देखते थे। मालवीयजी, बालकृष्ण भट्ट तथा स्वयं भारतेन्दुजी उनको अपना गुरु मानते थे। उस समय पत्रकारिता एक घाटे का सौदा होने पर भी वे 'ब्राह्मण' पत्र में सामान्य जनता की भाषा में, सामान्य जनता के लिए, सामान्य जन-कल्याण की भावना से लिखते थे। यही कारण है कि उनका 'ब्राह्मण' पत्र राजप्रासादों से लेकर गाँव की चौपाल तक समान रूप से आदर पाता था।[3]

महामना मदनमोहन मालवीय

सुप्रसिद्ध नेता एवं पत्रकार श्री मालवीयजी ने सन् 1885 में पत्रकारिता के क्षेत्र में प्रवेश किया। प्रारम्भ में दो वर्षों तक उन्होंने 'इण्डियन ओपिनियन' अंग्रेजी पत्र का सम्पादन बड़ी कुशलता से किया। सन् 1857 के प्रथम स्वतन्त्रता संग्राम में विभिन्न कारणों से भारतीय पराजित हो गए थे। हिन्दुस्तानी फिर भविष्य में कभी आज़ादी का नाम तक न लें, इस पिशाची उद्देश्य से अंग्रेजों ने भारतीयों के साथ अमानुषिक व्यवहार किया। उनका दमन-चक्र इतना घृणास्पद और भयानक था कि सुनते ही मन में आज भी खौफ जाग जाता है। पर जिस मनुष्य के भीतर गुलामी की जंजीरें टूट गई हों और जिसने हर कीमत पर स्वतन्त्र रहने का संकल्प कर लिया हो उसके लिए अन्याय, हिंसक अत्याचार कभी भी बाधक नहीं बनते। ऐसे पुण्य संकल्पी हिन्दी पत्रकार ने भयभीत भारतवासियों को नई प्रेरणा देने, उनकी पराजित मानसिकता का संस्कार करने तथा तत्कालीन परिवेश तथा परिदृश्य के प्रति सतर्क करने एवं साहस की मशाल जलाने के लिए पत्रकारिता को माध्यम बनाया। और देश की सामाजिक, आर्थिक, राजनीतिक परिस्थितियों के नागपाश से मनुष्य की स्वतन्त्रता की घोषणा की। मालवीयजी ने भारतीयों में इसी साहस एवं संस्कार को पुनःस्थापित करने के लिए पत्रकारिता का कठिन रास्ता चुना। सन् 1885 से 1887 तक उन्होंने 'इण्डियन ओपिनियन' द्वारा अपने इसी रचनात्मक संकल्प को अभिव्यक्ति दी। सन् 1887 में इनका सम्पर्क काँग्रेस संस्था के माध्यम से कालाकांकर के राष्ट्रीयचेता राजा रामपाल सिंह से हुआ। राजा साहब ने इनसे अपने

हिन्दी पत्र 'हिन्दोस्तान' का सम्पादन करने के लिए आग्रह किया। मालवीयजी ने 'मेरे सम्पादन तथा प्रबन्धन कार्य में किसी की दख़लंदाजी नहीं चलेगी' की शर्त लगा दी जिसे राजा साहब ने सहर्ष स्वीकार कर लिया। 'हिन्दोस्तान' के सम्पादन के दरमियान गोपालराम गहमरी, बाबू बालमुकुन्द गुप्त, पं. प्रतापनारायण मिश्र आदि का सहयोग इन्हें मिला। पर मालवीयजी के मन में अंग्रेजों के साथ दो-दो हाथ करने का विचार धधक रहा था। उनके सन् 1857 के अत्याचारों को वे विक्टोरिया रानी के आश्वासन के बाद भी भुला नहीं पाए थे और देश को किसी भी कीमत पर अंग्रेजों से मुक्त कराने के लिए वे संकल्पबद्ध थे। उन्होंने सन् 1908 में क्रान्तिकारी साप्ताहिक पत्र 'अभ्युदय' काशी से प्रारम्भ किया। इसके अन्य सम्पादकों में पुरुषोत्तमदास टण्डन तथा कृष्णकान्त मालवीय भी रहे।

इस तेजस्वी पत्रकार को अपनी पत्रकारिता की गतिविधियों से सन्तोष नहीं था। अतः अपनी पत्नी के गहने बेचकर 'मर्यादा' (मासिकी) तथा 'लीडर' दैनिक पत्रों का प्रकाशन कर आप अपने उद्देश्य—देश की स्वतन्त्रता, सामाजिक सुधार, धार्मिक रूढ़िवादिता तथा आर्थिक स्वातन्त्र्य के लिए जनता का उद्‌बोधन करते रहे। मालवीयजी का पत्रकारों के बारे में विचार है : "एक पत्रकार आदर्श मान-मर्यादा से ओत-प्रोत हो, उसमें देश-प्रेम कूट-कूट कर भरा हो, ताकि वह देश का मार्ग-दर्शन ठीक प्रकार से कर सके।" इस लक्ष्य की प्राप्ति के लिए उन्होंने 'हिन्दुस्तान टाइम्स' समाचार-पत्र प्रारम्भ किया परन्तु कार्याधिक्य के कारण उन्होंने इस समाचार-पत्र को एक प्राइवेट लिमिटेड कम्पनी को सौंप दिया।

जहाँ मालवीयजी स्वयं पत्र प्रकाशित किए वहीं दूसरी ओर उन्होंने अन्य पत्र-पत्रिकाओं को आर्थिक सहयोग देने दिलाने की पहल भी की।

निश्चित रूप से मालवीय एक सहज सरल एवं संघर्षशील सतर्क पत्रकार थे।

हिन्दी पत्रकारिता के भीष्म पितामह : बाबूराव विष्णु पराड़कर

श्री बाबूराव विष्णु पराड़कर का जन्म 16 नवम्बर 1883 को काशी में हुआ। इन्हें हिन्दी पत्रकारिता की ओर आकर्षित करनेवालों में पं. गोविन्दनारायण मिश्र, पं. दुर्गाप्रसाद मिश्र, पं. छोटूलालजी, आ. महावीरप्रसाद द्विवेदी तथा आचार्य हजारीप्रसाद द्विवेदी के नाम उल्लेखनीय हैं। इनके अलावा लोकमान्य तिलक सम्पादक-केसरी (मराठी) तथा सखाराम गणेश देउस्कर की प्रेरणा ने भी पराड़करजी के जीवन एवं क्रियात्मक शक्ति को प्रभावित किया। पराड़करजी का पत्रकार भी राष्ट्र-मुक्ति-आन्दोलन से असंपृक्त नहीं रहा। उन्होंने अपनी लेखनी तथा कर्म दोनों से शहीदों का बाना पहन लिया था।

हिन्दी पत्रकारिता में उनका सम्पादक के रूप में प्रवेश हिन्दी बंगवासी, कलकत्ता (1906) के सहायक सम्पादक के पद से हुआ। तत्पश्चात् उन्हें 'हितवार्ता'

के सहायक सम्पादक पद के लिए निमन्त्रित किया गया। 'हितवार्ता' में भी उन्होंने कुछ ही समय कार्य किया। फिर 'भारत मित्र' के सम्पादक अम्बिकाप्रसाद वाजपेयी के स्नेह अनुरोध से उन्होंने 'भारत मित्र' के संयुक्त सम्पादक का दायित्व स्वीकार किया।

पराड़करजी क्रान्ति की धधकती हुई अग्निशिखा थे। स्वर्गीय देउस्कर ने उनके हाथों में पिस्तौल और गीता रखकर चन्द्रनगर में क्रान्तिकारियों से उनका विधिवत् परिचय कराया था। तत्पश्चात् वे महर्षि अरविन्द घोष, वारीन्द्र घोष तथा रासबिहारी घोष के सम्पर्क में आए। वे कालान्तर में 'युगान्तर' क्रान्तिकारी दल के सदस्य बन गए थे। इसके बाद इन्होंने महाराष्ट्र, पंजाब तथा बंगाल-बिहार के क्रान्तिकारियों के बीच सम्पर्क-सूत्र स्थापित करने के लिए क्रान्तिदल का संगठन किया।

5 सितम्बर 1920 को श्री श्रीप्रकाश तथा पराड़करजी के संयुक्त सम्पादन में 'आज' (काशी) का प्रकाशन प्रारम्भ हुआ। सन् 1925 के मध्य में बम्बई से प्रकाशित होनेवाले सुप्रसिद्ध पत्र 'वेंकटेश्वर समाचार' के संचालक श्रीकृष्णदासजी ने उन्हें सम्पादन कार्य के लिए साग्रह आमन्त्रित किया, परन्तु उन्होंने उसे सादर अस्वीकार कर दिया।

पत्रकार पराड़कर अपने अग्रलेख और टिप्पणियों के लिए विख्यात थे। पराड़करजी के लेख देश के लोकमत के प्रतीक हुआ करते थे। देश के राष्ट्रीय, सामाजिक, सांस्कृतिक नव-जागरण तथा आर्थिक विषयों पर लिखे गए उनके लेख काफी सराहे जाते थे।

पराड़करजी के सम्पादकीय तीन अनुच्छेदों में विभक्त हुआ करते थे। पहले अनुच्छेद में विषय का परिचय, दूसरे में उसका विवेचन तथा तीसरे एवं अन्तिम अनुच्छेद में निष्कर्ष रहता था। पर वे सम्पादकीय विषय को एक ही दिन के सम्पादकीय में देने के बजाय कुछ अंश दूसरे दिन के अग्रलेख के लिए बचा लेते थे। उनकी मान्यता थी कि इससे पाठकों को सोचने के लिए समय मिलता है तथा लेख के प्रति पाठकीय जिज्ञासा बनी रहती है। इनके सम्पादकीय लेखों पर लोकमान्य तिलक का प्रभाव दृष्टिगत होता है। 'आज' के प्रथम अग्रलेख में पराड़करजी के चिन्तन, भाषा-शैली का संकेत मिलता है—

"हमारा उद्देश्य अपने देश के लिए सर्व प्रकार से स्वातन्त्र्य उपार्जना है। हमारा लक्ष्य यह है कि हम अपने देश का गौरव बढ़ावें कि भारतीय होने का उन्हें अभिमान हो, संकोच न हो। यह स्वाभिमान स्वतन्त्रता देवी की उपासना करने से मिलता है।"[4] पराड़करजी ने अपने सम्पादन-काल में त्रिमुखी संघर्ष छेड़ा था। प्रथम अंग्रेज़ों के विरुद्ध, द्वितीय देश की सामाजिक-आर्थिक उन्नति तथा तृतीय राष्ट्रभाषा का अभ्युदय और उत्कर्ष। उन्होंने समाचार-पत्रों के अखिल की चर्चा के दौरान

अखबार के उद्देश्य पर प्रकाश डाला है :

"समाचार-पत्रों के अस्तित्व का कारण ही लोकसेवा है। उनका कर्तव्य है कि जिन बातों से जनता की हानि होती हो उनसे उसे सावधान करें। उनका कर्तव्य है कि सरकारी कार्यों पर टीका-टिप्पणी करें और ऐसा करते समय सदा लोकहित को ही अपने सामने रखें।"[5]

पराड़करजी ने हिन्दी गद्य एवं पत्रकारिता को नये आयाम दिए। उन्होंने गद्य की शब्दावली में राजनीति आदि क्षेत्रों के शब्द का गठन कर शब्दावली को समृद्ध किया। कुछ समय तक उन्होंने 'संसार' तथा महिलाओं की पत्रिका 'कमला' का भी संपादन किया। इस पत्रिका के माध्यम से उन्होंने नारी उद्धार के लिए भगीरथ प्रयत्न किए।

इनके पत्रकारिता जीवन का एक विशेष सन्दर्भ है—गुप्त पत्र 'रणभेरी' का सम्पादन एवं प्रकाशन। और इस माध्यम से भी उन्होंने अंग्रेजों के धरपकड़ के जमाने में भी स्वतन्त्रता आन्दोलन की ज्योति को जलाए रखा। हिन्दी पत्रकारिता के इतिहास में पराड़करजी का हमेशा पुण्य स्मरण किया जाएगा।

पं. माखनलाल चतुर्वेदी

पं. माखनलाल चतुर्वेदी उस युग के पत्रकार रहे, जिस युग में देश की तरुणाई आज़ादी के लिए छटपटा रही थी। चतुर्वेदीजी ने स्वतन्त्रता की इस बलिवेदी पर अपने पत्रकार को चढ़ाते हुए ब्रिटिश शासन के विरुद्ध आन्दोलन को तीव्रतर करने तथा राष्ट्रीय नेताओं के इस महान् कार्य में अपनी कलम से जनांदोलन को तीव्रतर करने तथा अंग्रेजों के दमन चक्र के खिलाफ भारतीयों के मनोबल को बनाए रखने में पत्रकार चतुर्वेदी की भूमिका महत्त्वपूर्ण थी। स्वयं क्रान्तिचेता पं. माखनलाल चतुर्वेदी ने अपनी कलम से जनमानस को भी स्वतन्त्रता प्राप्ति के लिए विह्वल तथा उत्प्रेरित किया।

पण्डितजी का पत्रकार एवं साहित्यिक जीवन का प्रारम्भ सन् 1907 में 'भारतीय विद्यार्थी' हस्तलिखित पत्रिका से होता है। यद्यपि यह एक किशोर प्रयास था परन्तु इस पत्रिका के सम्पादन ने उनकी प्रतिभा को उजागर कर दिया। तत्कालीन वरिष्ठ पत्रकार माधवराव सप्रे उनसे प्रभावित हुए।

7 अप्रैल 1883 को कालूराम गंगराडे ने साहित्यिक पत्रिका 'प्रभा' का प्रकाशन किया। कालान्तर में इसका सम्पादन-कार्य पं. माखलाल चतुर्वेदी जी को सौंपा गया। इस पत्रिका के माध्यम से चतुर्वेदीजी की साहित्यिक एवं पत्रकारिता सम्बन्धी सोच और चिन्तन के प्रसारण के लिए एक सशक्त माध्यम मिला। उनके सम्पादन में 'प्रभा' को मध्य प्रदेश की 'सरस्वती' का लोकप्रिय सम्बोधन मिला।

चतुर्वेदीजी को सन् 1920 में 'कर्मवीर' साप्ताहिक का सम्पादक बनाया गया। इस पत्रिका के माध्यम से चतुर्वेदीजी ने राष्ट्रीय आन्दोलन की प्रमुख धारा से

जन-मानस को जोड़ने के अपने संकल्प को साकार किया। इसके अतिरिक्त साहित्यिक, सांस्कृतिक, शैक्षिक एवं रूढ़िगत मान्यताओं के विरोध में मुखर हुए। माखनलालजी ने 'कर्मवीर' में गीता के 'कर्मण्येवाधिकारस्ते मा फलेषु कदाचनः' के सन्देश को हृदयंगम कर 'कर्म है अपना जीवन प्राण, कर्म पर हो जाओ बलिदान' की महत्तर भावना इनका सम्पादकीय ध्येय बन गया। वास्तव में 'कर्मवीर' का प्रकाशन राष्ट्रीय आन्दोलन एवं पत्रकारिता के नए मानक का संस्थापक बना। व्यापक मानवीय मूल्य, संवेदना के क्षितिजों को क्रान्ति और विद्रोह से अभिनव रूप प्रदान कर पं. चतुर्वेदीजी ने स्वतन्त्रता के प्रति अपनी तेजाबी संघर्ष क्षमता का उद्‌घाटन किया। 'कर्मवीर' ने नागरिकों के अधिकारों की रक्षा तथा अभिव्यक्ति की स्वतन्त्रता के लिए आवाज़ उठाई। श्री गोपालप्रसाद व्यास ने श्री गणेश शंकर विद्यार्थी के 'प्रताप' एवं माखनलाल चतुर्वेदी के 'कर्मवीर' को 'स्वतन्त्रता के सैनिकों की छावनी' और आग उगलनेवाले लेखकों के बारूदी तहखाने कहा है। अंग्रेज सरकार इन पत्रों को विषधर समझती थी अतः छूने में डरती थी।

'कर्मवीर' ने नागरिकों के अधिकारों की रक्षा तथा अभिव्यक्ति की स्वतन्त्रता के लिए निरन्तर आवाज़ उठाई। उग्रकर्मा साहित्यकारों एवं क्रान्तिकारियों को एक ही राष्ट्रीय मंच पर लाने का सफल प्रयास किया। और महात्मा गाँधी के असहयोग आन्दोलन को समर्थन दे लोकतान्त्रिक मूल्यों के प्रति जनता में नवीन चेतना का स्फुरण किया। 'राष्ट्रीय आन्दोलन के पावन सन्देश' को प्रचारित किया।[6] चतुर्वेदीजी ने विद्यार्थीजी के कारावास के दरमियान 'प्रताप' का सम्पादन भी किया।

पं. चतुर्वेदीजी ने अपने प्रखर विचारों और तदनुकूल भाषा एवं विशिष्ट-शैली से देश की तरुणाई का आह्वान किया एवं जन-जागरण को वैताली स्वर प्रदान किया। उनके लेखन की तेजस्विता उनके एक अग्रलेख की निम्न पंक्तियों से हो जाती है : "चाहे लेखक हो या कवि, संवाददाता हो या वक्ता, राष्ट्रीय कार्यकर्ता हो अथवा सामाजिक या साहित्य-लेखक, 'कर्मवीर' उनकी अपनी चीज़ है। राष्ट्र और प्रदेशों के निर्माण में तथा दोनों के संहार करने के लिए उठते हुए मस्तिष्कों, स्फुरण करती भुजाओं और दलों को दलदल से ऊँचे रहनेवाले पवित्र हृदयों की ओर हम आशा भरी दृष्टि से देख रहे हैं।"[7]

अंग्रेजों के दमन-चक्र तथा हिन्दी पत्रकारिता को निरुत्साहित करने के लिए जमानत तथा लायसेंस शुल्क के ख़िलाफ़ चतुर्वेदीजी का तेवर हमेशा जुझारू रहा और बारह-बारह बार कारावास भेजने पर भी यह क्रान्तिचेता साहित्यकार 'एक भारतीय आत्मा' 'एक भारतीय प्रजा', भारत सन्तान, तरुण भारत, श्री गोपाल पुरोहित, वनमाली, मन्द मलय, पुष्पवलय तथा श्री विश्व व्यास आदि नामों से अपना लेखन-कार्य एक दीर्घकाल तक करता रहा।

माधव राव सप्रे

राष्ट्रीय स्वतन्त्रता आन्दोलन को जन-आन्दोलन में परिवर्तित करने में हिन्दी पत्रकारिता की भूमिका महत्त्वपूर्ण रही है। पत्रकारों के जीवट साहस, आत्मोत्सर्ग तथा देश के प्रति अकूत निष्ठा को विदेशी शासन का मक्कार दमनचक्र विचलित नहीं कर पाया। सरकारी-गैरसरकारी विज्ञापनों का अभाव, उँगलियों पर गिनी जा सकनेवाली ग्राहक-संख्या, पत्र के प्रचार-प्रसार के सीमित साधनों के बीच भी इन संघर्षशील पत्रकारों ने अपने 'मिशन' को पूर्ण करने का प्रयत्न किया। मध्य प्रदेश के दमोह जिले के पथरिया नामक गाँव में सन् 1871 में जन्मे माधव राव सप्रे इसके अपवाद नहीं थे।

सप्रेजी का पत्रकारिता का जीवन 'छत्तीसगढ़ मित्र' से प्रारम्भ हुआ। सप्रेजी ही स्वयं इस पत्र के स्वामी, सम्पादक तथा प्रबन्धक थे। कालान्तर में इसके माध्यम से इन्हें पं. वामनराव ताटवे तथा पं. रामराव चिंचोलकर का भी सहयोग मिला। इस पत्र का मूल मंत्र 'निज भाषा उन्नति अहै सब उन्नति को मूल' था। इस मूल मंत्र से ही पत्र का उद्देश्य राष्ट्रभाषा हिन्दी की उन्नति करना तथा इसी रूप में उसकी प्रतिष्ठा करना है, स्पष्ट हो जाता है। इस पत्र को शीघ्र ही साहित्यिक अभिज्ञान (Recognition) प्राप्त हो गया। जिस प्रकार पं. बनारसीदास चतुर्वेदी को हिन्दी में इण्टरव्यू विधा का प्रस्तोता माना जाता है उसी प्रकार सप्रेजी को पत्र के माध्यम से समालोचना लेखन की परम्परा को जन्म देने तथा विकसित करने का श्रेय दिया जाता है। शीघ्र ही 'छत्तीसगढ़ मित्र' हिन्दी की एक प्रतिष्ठित निष्पक्ष समालोचना पत्रिका बन गई।

सप्रेजी तत्कालीन रहस्य, हत्या, तिलस्म एवं सस्ते मनोरंजन से पटे पन्नों के खिलाफ़ 'छत्तीसगढ़ मित्र' के माध्यम से खड़े हो गए। वे 'अर्जन' के लिए पत्र नहीं निकालते थे परन्तु उनका लक्ष्य व्यक्ति को सुसंस्कृत, संस्कारी बनाना था। साहित्य को वे मर्यादा एवं नीति की संहिता में ढालना चाहते थे।

सप्रेजी ने पं. महावीरप्रसाद द्विवेदी, पं. श्रीधर पाठक, पं. कामताप्रसाद गुरु, पं. माखनलाल चतुर्वेदी आदि की प्रारम्भिक रचनाओं को प्रकाशित कर उन्हें साहित्यलेखन के लिए प्रोत्साहित किया। पं. माखनलाल चतुर्वेदी तो हिन्दी साहित्य को सप्रेजी का ही उपहार था। कालान्तर में 'छत्तीसगढ़ मित्र' नागपुर से प्रकाशित होने लगा पर धनाभाव आदि के कारण यह पत्र बन्द हो गया। अब सप्रेजी ने नागपुर से राष्ट्रीय तथा जागतिक चेतना को उद्‌बोधित करने के विचार से सन् 1906 में 'हिन्दी ग्रन्थ माला' का प्रकाशन प्रारम्भ किया। इसमें देश-विदेश के महापुरुषों के जीवन तथा राष्ट्रीय चेतना को जाग्रत करनेवाले नाटक और उपन्यास प्रकाशित करने का विज्ञापन दिया गया था। समीक्षापरक लेख भी 'ग्रन्थमाला' की नीति के ही प्रचारक थे। इसी समय राजनीतिक क्षितिज पर लोकमान्य तिलक का

अवतरण हुआ और उनका नारा 'स्वराज्य हमारा जन्मसिद्ध अधिकार है और हम उसे लेकर रहेंगे।' जन-मन का स्पंदन बन गया। सप्रेजी तिलकजी के सम्पर्क में आए। तिलकजी ने मराठी 'केसरी' के हिन्दी संस्करण की स्वीकृति श्री सप्रेजी को दे दी। इसमें मराठी के 'केसरी' के लेखों का अनुवाद छपता था और 'केसरी' के हिन्दी संस्करण से हिन्दी प्रदेशों में कांग्रेस के गर्म दल का सही परिप्रेक्ष्य में प्रचार-प्रसार हुआ। पर एक अंक में प्रकाशित सरकार की दमन नीति और भारतमाता के पुत्रों का कर्तव्य तथा तिलकजी के दो लेखों 'बमगोलों के रहस्य एवं देश का दुर्दैव' के कारण 'हिन्दी केसरी' बन्द हो गया और सप्रेजी को कारावास का दण्ड मिला। पर सप्रेजी ने इसे सहज रूप में स्वीकार कर जुझारू सम्पादक होने का परिचय ही दिया।

सप्रेजी के हिन्दी 'दास बोध', 'रामदास स्वामी की जीवनी', 'एकनाथ का चरित्र' तथा 'भारतीय युद्ध' विख्यात ग्रन्थ हैं।

आचार्य महावीरप्रसाद द्विवेदी

आचार्य महावीरप्रसाद द्विवेदी का व्यक्तित्व एवं कृतित्व इतना महत्त्वपूर्ण था कि आधुनिक हिन्दी साहित्य के इतिहास का दूसरा चरण महावीरप्रसाद द्विवेदी युग के नाम से सम्बोधित किया जाता है। वे बहुमुखी प्रतिभा के धनी थे। कवि थे, निबन्धकार थे, समीक्षक थे, पत्रकार थे और अनुवादक थे। सन् 1903 में द्विवेदीजी 'सरस्वती' के सम्पादक बने। उन्होंने अपने सम्पादन-काल में हिन्दी को व्याकरण-सम्मत रूप देकर भाषा की अस्थिरता को समाप्त किया। उनकी मान्यता थी कि शब्द-सम्पदा एवं भावनाओं को सही ढंग से अभिव्यक्त करने में प्रांतीय शब्दों का प्रयोग करना पड़े तो लेखकों को यह छूट मिलनी चाहिए। इस प्रकार द्विवेदीजी भारतीय भाषाओं के बीच के अन्तराल को रचनात्मक रूप से दूर कर रहे थे। उन्होंने सचमुच 'सरस्वती' पत्रिका को भारतीय 'सरस्वती' का प्रतिरूप बनाने की सफल कोशिश की। उन्होंने 'सरस्वती' के माध्यम से राष्ट्रीय एवं सांस्कृतिक उद्‌बोधन के महत्तर उद्देश्य को पूर्ण करने का प्रयास किया। उन्होंने हिन्दी साहित्य को अनेक अनुशासित मर्यादित साहित्यकार दिए। यद्यपि उस समय पत्रकारों के लिए कोई 'आचार संहिता' नहीं थी, परन्तु द्विवेदीजी ने स्वयं के लिए आचार संहिता बना ली थी। एक उदाहरण से बात स्पष्ट हो जाएगी। एक बार श्री बाबूराव पराड़कर जी के मामा एवं गुरु सखाराम गणेश देउस्कर ने 'विभक्ति-आन्दोलन' चलाया। उन्होंने महावीरप्रसाद द्विवेदी से पूछा कि मराठी एवं बंगला में विभक्ति शब्द के साथ लगती है पर हिन्दी में ऐसा नहीं होता। विभक्ति शब्द के साथ क्यों नहीं लिखी जाती। पर महावीरप्रसाद द्विवेदी ने कोई उत्तर नहीं दिया। बार-बार पूछे जाने पर उन्होंने उत्तर दिया कि 'हम तो काशी नागरी प्रचारिणी सभा के निर्णयों से बँधे हैं।'

इसमें शक नहीं है कि व्याकरणसम्मत भाषा, विषय वैविध्य, अप्रत्यक्ष आचार-संहिता, पीली पत्रकारिता से बचाव, साहित्यकारों का उत्साहवर्धन सर्जनात्मक साहित्य एवं सफल पत्रकारिता के वे प्रथम पुरुष हैं।

पं. चन्द्रधर शर्मा गुलेरी

गुलेरीजी का सम्पादन कार्य 'समालोचक' पत्रिका से प्रारम्भ होता है। 'समालोचक' पत्रिका गुलेरीजी की सम्पादन कला तथा मौलिक प्रतिभा की परिचायक है। पत्रिकारिता में 'पुस्तक-समीक्षा' स्तम्भ का सूत्रपात गुलेरीजी ने किया। सुन्दर मुद्रण की पत्रिका 'समालोचक' में साहित्यिक, राजनैतिक, मनोवैज्ञानिक, सामाजिक विषयों पर लेख, हिन्दी-साहित्य की आलोचना, वैज्ञानिक, शैक्षिक तथा अन्य विधाओं के विचारोत्तेजक लेखों ने इसे एक महत्त्वपूर्ण पत्रिका बना दिया। गुलेरीजी बहुभाषाविद् थे। उनका संस्कृत, पालि, अंग्रेजी, मराठी, फ्रेंच तथा जर्मन आदि भाषाओं पर अधिकार था। उन्होंने 'काशी नागरी प्रचारिणी सभा' के मुख पत्र 'नागरी प्रचारिणी पत्रिका' का भी सम्पादन किया। वस्तुतः गुलेरीजी सम्पादक के रूप में स्वयं एक संस्था थे। उन्होंने सम्पादन-कला में मौलिकता का परिचय दिया। वे जहाँ स्वयं को प्रासंगिक घटना-चक्र से जोड़ते थे वहीं प्राचीन साहित्य के प्रति उनमें काफी दिलचस्पी थी। सरकारी सेवा में होने के कारण उन्हें कभी बी.ए. ब्राह्मण, बंगाली प्रवासी महिला धरम नामों का आश्रय लेना पड़ता था।

हिन्दी में गुलेरीजी को हमेशा अपने लेखन-सम्पादन के लिए महत्त्वपूर्ण हस्ताक्षर के रूप में स्मरण किया जाएगा।

गणेशशंकर विद्यार्थी

हिन्दी पत्रकारिता के इतिहास में गणेशशंकर विद्यार्थी का प्रवेश एक घटना है। विद्यार्थीजी का पत्रकारिता में प्रवेश महावीरप्रसाद द्विवेदी के सम्पादकत्व में प्रकाशित 'सरस्वती' से हुआ। तत्पश्चात् वे 'अभ्युदय' में चले गए। बाद में सन् 1913 में विद्यार्थीजी ने अपने मित्रों के सहयोग से 'साप्ताहिक प्रताप' का प्रकाशन-सम्पादन प्रारम्भ किया। 'प्रताप' साप्ताहिक यथा नाम तथा गुण था। यह साप्ताहिक अंग्रेजों के खिलाफ भारतीय साहस, शौर्य, स्वाभिमान तथा स्वतन्त्रता का परिचायक था। स्वाभिमान और उसकी स्वाधीनता बनाए रखने के लिए जुझारू नवयुवकों को प्रेरित करना 'प्रताप' का उद्देश्य था। श्री गणेशशंकर विद्यार्थी का व्यक्तित्व ज्वालामुखी पर खिले इन्द्रधनुष जैसा था। उनका 'सद्भावना', 'धर्मनिरपेक्षता', 'सर्वधर्म समभाव' तथा अहिंसक जनान्दोलनों में गहरा विश्वास था पर वे उग्रवादियों. क्रान्तिकारियों के प्रति भी सहानुभूति का भाव रखते थे। 'प्रताप' की नीति भी यही थी : ''आज अपने हृदय में आशाओं एवं उद्देश्यों पर पूर्ण विश्वास रखना 'प्रताप'

के कार्य क्षेत्र में आता है। हमारा जन्म निर्बलता, पराधीनता में हुआ है, परन्तु जिस दिन हमारी आत्मा निर्बल हो जाए, हम अपने आदर्श से डिग जाएँ, असत्य के पक्षपाती बनने की धृष्टता करें...हम चाहेंगे कि उस नैतिक मृत्यु के पहले ही हमारे जीवन का अन्त हो जाए।" यही कारण है कि क्रान्तिकारी चन्द्रशेखर आज़ाद, रामप्रसाद 'बिस्मिल' तथा भगतसिंह अपने अज्ञातवास के समय 'प्रताप' कार्यालय को सर्वाधिक सुरक्षित स्थान समझते थे। शहीद भगतसिंह तो वहाँ बलवन्त सिंह के छद्म नाम से लेख वगैरह भी लिखते थे। विद्यार्थीजी ने हिन्दी पत्रकारिता में सर्वप्रथम पत्र लेखन स्तम्भ का प्रारम्भ किया और उसके अन्तर्गत पाठकों के विचार, शिकायतें तथा विभिन्न विषयों पर प्रतिक्रियाएँ प्रकाशित करनी प्रारम्भ कीं। जो पत्र प्रकाशन योग्य नहीं लगते थे, उनके पत्र लेखकों के नाम नहीं छपेंगे स्तम्भ के अन्तर्गत प्रकाशित किए जाते थे। इस स्तम्भ से 'प्रताप' की लोकप्रियता और बढ़ गई। यह प्रयोग वास्तव में जनजागृति के लक्ष्य को लेकर किया गया और अपेक्षा से अधिक सफल हुआ।

विद्यार्थीजी 'सार लेखन' में पटु थे; इसका लाभ 'प्रताप' को मिला। उनकी राजनैतिक बनाम राष्ट्रीय टिप्पणियों के कारण अंग्रेज़ सत्ता की पिट्ठू रियासतों में 'प्रताप' का पढ़ना प्रतिबन्धित कर दिया गया था। उन्हें अनेक बार मारक धमकियाँ भी मिलीं। 'प्रताप' की नीति बदलने के लिए प्रत्यक्ष-अप्रत्यक्ष दबाव डाले गए पर न तो उन्होंने नीति बदली और न किसी को समाचार स्रोत अथवा अपने संवाददाताओं का नाम ही बतलाया। उन्होंने ब्रिटिश शासन में जेल जाना पसन्द किया पर झुकना नहीं। व्यक्तित्व का धक्कड़ाना अन्दाज़ उनके लेखन का वैशिष्ट्य था। 'प्रताप' के अग्निमुखी अग्रलेखों में उनकी दूरदर्शिता, मानवतावादी दृष्टिकोण तथा परिस्थिति और प्रसंग की अन्तरंग पहचान स्पष्ट दिखाई देती है। 'हास्य विनोद', 'गोलमोल कारिणी सभा की रिपोर्ट', 'राष्ट्रीय कविताएँ', 'चिट्ठी' प्रताप के नियमित स्तम्भ थे। इनमें प्रायः हास्य-व्यंग्य के माध्यम से देशी-विदेशी शासन की कटु आलोचना और जन-जागरण का कार्य किया जाता था। इसमें दी गई सामग्री वस्तुतः विस्फोटक हुआ करती थी।

गणेशशंकर विद्यार्थी प्रताप का दशहरा विशेषांक प्रकाशित करते थे और इस विशेषांक के प्रकाशन से हिन्दी में विशेषांक प्रकाशित करने की परम्परा का सूत्रपात हुआ। सचमुच महाराष्ट्र में तिलक के 'केसरी' का जो स्थान था, हिन्दी प्रदेशों में वही स्थान 'प्रताप' का था। 'प्रताप' ने आचार्य महावीरप्रसाद द्विवेदी, पं. माखनलाल चतुर्वेदी, मैथिलीशरण गुप्त, कृष्णदत्त पालीवाल तथा बालकृष्ण शर्मा 'नवीन' आदि अनेक साहित्यकारों की रचनाएँ प्रकाशित कीं।

भाषा की सरलता, सुबोधता, विषय की गहरी पकड़, सामग्री चयन में लोक रुचि के साथ-साथ राष्ट्रीयता की चेतना का समावेश आदि विधायक तत्त्वों से

'प्रताप' ने हिन्दी पत्रकारिता को नई ऊँचाइयाँ दीं। कालान्तर में 'प्रताप' बढ़ती माँग के कारण दैनिक कर दिया गया। सन् 1931 के साम्प्रदायिक दंगों में पं. गणेशशंकर विद्यार्थी शहीद हो गए।

पं. बनारसीदास चतुर्वेदी

आगरा जिले के फिरोजाबाद में जन्मे पद्मभूषण पं. बनारसीदास चतुर्वेदी विचारधारा से गाँधीवादी थे। सन् 1892 से सन् 1985 लगभग 93 वर्ष तक उन्होंने हिन्दी साहित्य की दिशा और दशा को देखा-परखा। पत्रकारिता की नब्ज टटोली और फिर हिन्दी पत्रकारिता को नए-नए प्रयोगों से समृद्धतर किया। उनका समय भारतेन्दुकाल एवं द्विवेदीकाल की सन्धिरेखा का काल था। देश की राजनीति में तिलक अत्यन्त प्रखर नेता के रूप में उभरे थे। हिन्दी साहित्य में भी आचार्य महावीरप्रसाद द्विवेदीजी के मर्यादावादी नैतिकवादी मूल्यों का सम्मान हो रहा था। आचार्य द्विवेदी के प्रभाव से उस युग के प्रायः साहित्यकार प्रभावित थे। उन्होंने साहित्य और पत्रकारिता के मिलेजुले रूप में साहित्य की प्रासंगिकता पर अपने विचार निम्नलिखित शब्दों में प्रकट किए हैं। 'उन्मुक्त कण्ठ ही हमारी सबसे मूल्यवान सम्पत्ति है। स्वयं अपने लिए उसका उपयोग हो, बस साहित्य का यही युगधर्म है।'

महात्मा गाँधी के जीवन-दर्शन ने उन्हें सत्य, अहिंसा एवं न्याय के लिए त्याग करने के लिए प्रेरित किया। उन्होंने 'विशाल भारत' का सम्पादन कर इन्हीं विचारों के प्रचार-प्रसार का आयोजन किया। स्वतन्त्रचेता, प्रबुद्ध सम्पादक एवं लेखक पं. चतुर्वेदीजी के सम्पादन कौशल से 'विशाल भारत', 'सरस्वती' के समान ही लोकप्रिय हो गया था। इन्होंने 'विशाल भारत' में अश्लील बजाय घासलेटी साहित्य को चर्चा का विषय बनाया। इससे पत्रिका निरन्तर चर्चा में रही और इनके गाँधीवादी रुझान को इससे बल मिला। इसी प्रकार के विषयों पर चर्चा-परिचर्चा तथा सृजनात्मक सामर्थ्य के धनी लेखकों को अवसर दे इन्होंने हिन्दी पत्रकारिता में नए लेखकों के लिए मार्ग प्रशस्त किया।

पं. चतुर्वेदीजी ने हिन्दी में इण्टरव्यू की विधा का प्रारम्भ किया। उनका 'रत्नाकरजी से बातचीत' को हिन्दी के विद्वानों ने हिन्दी का पहला इण्टरव्यू माना है। पं. चतुर्वेदीजी पत्रकारों की आचारनिष्ठ स्वतन्त्रता और अभिव्यक्ति के प्रबल पक्षधर थे। उनकी मान्यता थी कि लेखक, पत्रकार और सम्पादकों को अपने दृष्टिकोण तथा चिन्तन के सम्बन्ध में स्पष्ट होना चाहिए। ढुलमुल चिन्तन और अस्पष्ट दृष्टिकोण के कारण साहित्यकार-पत्रकार अपने लक्ष्य का ठीक-ठीक सन्धान नहीं कर पाते हैं; फलस्वरूप उनका सम्पादन एवं पत्रकारिता अपने दायित्व से च्युत हो जाती है और इस कारण जनसंचार का इतना विशाल एवं समर्थ माध्यम अपने

उद्देश्य में पराजित हो जाता है।

पं. चतुर्वेदीजी 'पत्रकार' भी थे। उनके पास पत्रों के रूप में अपने समकालीन साहित्यकारों, इतिहासविदों तथा राजनीतिक नेताओं, जननायकों के अन्तरंग जीवन के दस्तावेज कहे जा सकते हैं। उन पत्रों से साहित्यकार की मानसिकता, युग-धर्म के प्रति उसका आग्रह-दुराग्रह अथवा उदासीनता का पता चल जाता है। उनका संग्रह किसी साहित्यिक कम्प्यूटर से कम नहीं है। अपने संग्रहालय के बारे में स्वयं उनका कहना था कि इसके माध्यम से वे हिन्दी के अनेक लेखकों के हृदय का स्पन्दन सुन सकते हैं।

वयोवृद्ध साहित्यकार-पत्रकार पं. चतुर्वेदी अपनी मान्यताओं के प्रति दुराग्रही नहीं थे। वे समय के साथ बदलाव में विश्वास रखते थे। उनका मत था कि "हिन्दी पत्रकारिता को भी बदली हुई परिस्थिति के अनुकूल बनना पड़ेगा। वह युगधारा के प्रतिकूल नहीं चल सकती।" वे भविष्य की पत्रकारिता का दिशा-निर्देश करते हुए लिखते हैं : "भावी पत्रकारिता में जनपदों के विभिन्न अभाव और आवश्यकताओं को विशेष महत्त्व दिया जाएगा। वे पत्र जन-जीवन के अधिक निकट होंगे। उस समय दुराचारों, बलात्कारों, अपहरणों आदि के वृत्तान्त छपेंगे तो सही, लेकिन उन्हें अधिक महत्त्व नहीं दिया जाएगा। समाज को सुसंस्कृत, गतिशील और सुखी बनानेवाली सामग्री को महत्त्व प्रदान करने पर सम्पादकों की दृष्टि केन्द्रित होगी।"

पं. चतुर्वेदीजी अखिल भारतीय हिन्दी पत्रकार सम्मेलन, मथुरा तथा श्रमजीवी पत्रकार संघ, मद्रास के अध्यक्ष रहे थे। वे राज्यसभा के सदस्य भी रहे। 'प्रवासी भारतवासी', 'फिजी द्वीप में मेरे 21 वर्ष' आदि इनके महत्त्वपूर्ण ग्रन्थ हैं।

सन्दर्भ

1. पं. बालकृष्ण भट्ट : हिन्दी प्रदीप, अक्तूबर, 1886
2. प्रतापनारायण मिश्र : खं. 1, संख्या 8, 'आप' लेख
3. डॉ. श्रीपाल शर्मा : हिन्दी पत्रकारिता : राष्ट्रीय नव उद्‌बोधन, पृ. 130
4. पराड़करजी और पत्रकारिता : लक्ष्मीशंकर व्यास, पृ. 258
5. वही, पृ. 351
6. संजय भानावत : पत्रकारिता के विविध परिदृश्य, पृ. 113
7. पं. माखनलाल चतुर्वेदी : 'कर्मवीर', 4 अप्रैल 1925

अष्टम अध्याय

प्रेस कानून और पत्रकारिता

भारतीय पत्रकारिता की कथा सत्ता से संघर्ष की कथा रही है। प्रेस शासकों के घिनौने इरादों, भ्रष्टाचार, शोषण तथा राजनीतिक, सांस्कृतिक एवं आर्थिक मोर्चों पर उनकी बदनीयत का पर्दाफाश करनेवाला कारगर हथियार रहा है। भारतीय प्रेस ने जहाँ एक ओर ईस्ट इंडिया कम्पनी की आदमखोर नीतियों का रहस्योद्घाटन आम जनता के बीच किया वहीं उसने भारतीय जनमानस में राष्ट्रीय चेतना की दीप्ति, विविध सामाजिक सुधारों की कार्यवाही तथा साहित्य लेखन के जोखिम भरे काम को अंजाम दिया। डॉ. संजय भानावत के शब्दों में ''पराधीनता के दौर में भारतीयों द्वारा आज़ादी प्राप्त करने की संघर्ष गाथा इतिहास के स्वर्णिम पृष्ठों पर अंकित है। इस संघर्ष का साथ देश के पत्रों एवं पत्रकारों ने सक्रिय सहयोग से दिया। देश की वैचारिक चेतना को परिपुष्ट करते हुए, अतीत का गौरव गान कर, भारतीयों को अपनी संस्कृति के प्रति अनुरागी तथा राष्ट्र की अखण्डता व स्वतन्त्रता के प्रति आस्थावान और समर्पित होने की प्रेरणा युगीन पत्रकारिता में स्पष्ट दिखाई देती है।''[1]

डॉ. अम्बिकाप्रसाद वाजपेयी ने भी सत्ता के साथ पत्रकारिता की निर्भीक, साहसी लड़ाई को गरिमामण्डित करते हुए लिखा है : ''भारत में प्रेस व छापेखाने और समाचार-पत्र गैर-सरकारी अँग्रेजों के उद्योग से स्थापित हुए थे। उन्होंने समाचार-पत्रों का संचालन और सम्पादन ही नहीं किया था, स्वेच्छाचारी शासकों से समाचार-पत्र की स्वतन्त्रता का संग्राम भी चलाया था। शासकों के पक्ष में पशुबल था और सम्पादकों का सम्बल नैतिक बल।''[2]

भारत में सन् 1557 से ही प्रेस की स्थापना होने लगी थी। इसके बाद भारत के विभिन्न भागों में छापाखाने खोले जाने लगे। पर इनके स्वामी पुर्तगाली ईसाई पादरी थे, जो किसी भी प्रकार से ईसाई धर्म का प्रचार-प्रसार करना चाहते थे।

इनके अलावा काठियावाड़ (भारत) के भीमजी पारिख का सन् 1662 में बम्बई में और सन् 1674 में अंग्रेजों का प्रेस स्थापित हुआ। इसके बाद अनेक प्रेस खुले; परन्तु प्रायः सभी का लक्ष्य धर्मोपदेश, अपने धार्मिक ग्रन्थों का प्रकाशन था। प्रेस की एक प्रति से हज़ारों प्रतियाँ निकल सकती हैं। इससे धर्म के प्रचार में तेज़ी आएगी तथा प्रभाव बढ़ेगा। बस एकमात्र इसी लक्ष्य से मिशनरीज ने प्रेस खोले। उनके लिए प्रेस की यही एकमात्र उपयोगिता थी। परन्तु प्रेस मात्र छपाई की मशीन नहीं है; वरन् राष्ट्रीय तथा अन्तर्राष्ट्रीय विविध क्षेत्रों में उसकी पैठ होती है। वह अपनी शक्ति-सामर्थ्य से देश-विदेश का नक्शा तक बदल सकता है। वह राष्ट्रीय समस्याओं को उकेरने, उभारने तथा शासित मनुष्य तथा शासक सत्ता को किसी निर्णय तक पहुँचने के लिए बाध्य करनेवाला 'अंकुश' है। वह मानवीय समस्याओं, साहित्यिक, सामाजिक, आर्थिक, राजनैतिक, धार्मिक तथा नैतिक अभिप्रायों का प्रवक्ता है।

भारत में पत्रकारिता की शुरुआत ही 'अभिव्यक्ति की स्वतन्त्रता' अथवा 'प्रेस की स्वतन्त्रता' को प्रश्नचिह्नित करती है। प्रारम्भ में भारत स्थित अंग्रेजों के प्रेस समाचार-पत्र नहीं छापते थे क्योंकि अल्पसंख्यक यूरोपीय समाज अपने देश की ख़बरों के लिए वहीं के पत्रों पर निर्भर करता था। उसे किसी भारतीय अंग्रेजी अखबार की दरकार नहीं थी।

भारत का प्रथम पत्रकार विलियम वोल्ट था। वह ईस्ट इंडिया कम्पनी का पदाधिकारी था। उसने सितम्बर 1768 में कलकत्ता के कौंसिल हॉल एवं मुख्य-मुख्य स्थानों पर एक नोटिस लगवाई जो इस प्रकार थी :

'जनसाधारण से' इस नगर में छापाखाना न होने से व्यापारी वर्ग को बहुत नुकसान होता है, और ब्रिटीश प्रजा को उनकी दिलचस्पी के समाचार भी नहीं दिए जा पा रहे हैं। इसलिए वोल्ट उस या उन व्यक्तियों को सर्वाधिक प्रोत्साहन देने को प्रस्तुत हैं जो मुद्रण कार्य से परिचित हैं।...इसके साथ ही वह जनता को सूचित करना चाहते हैं कि उसके पास लिखित रूप में ऐसी जानकारी है जिसमें हर व्यक्ति की गहरी दिलचस्पी होगी। जो जिज्ञासु चाहें उन्हें श्री वोल्ट के घर में वह सामग्री पढ़ने व नकल करने की अनुमति होगी। एक व्यक्ति प्रातः दस से बारह बजे तक इच्छुक व्यक्तियों को इसमें सहायता प्रदान करने के लिए होगा। यह भारत में पत्रकारिता की शुरुआत थी और ईस्ट इंडिया कम्पनी के लिए आनेवाले आतंक की आहट थी। ब्रिटिश पदाधिकारियों को वोल्ट की हरकत नागवार गुजरी। उन्होंने वोल्ट को जबर्दस्ती पानी के जहाज में बैठाकर भारत से निष्कासित कर दिया।

वोल्ट के निष्कासन के लगभग बारह वर्षों के बाद 29 जनवरी 1780 को जेम्स आगस्ट्स हिक्की ने 'बंगाल गजट' या 'केलकट्टा जनरल एडवाइजर' पत्र प्रकाशित कर भारतीय पत्रकारिता का सूत्रपात किया। इसमें कम्पनी के

पदाधिकारियों तथा लार्ड वारेन हेस्टिंग्स की गहरी आलोचना की जाती थी। हिक्की के इस दुस्साहस का परिणाम यह हुआ कि सन् 1782 में उसके छापाखाना तथा सम्पत्ति आदि को सरकार ने जब्त कर लिया और पाँच हजार रुपए का जुर्माना और कारावास का दण्ड दिया गया। हिक्की ने जुर्माना भर दिया और कारावास में रहना स्वीकार कर लिया क्योंकि उसकी उद्घोषणा थी कि 'अपने मन और आत्मा की स्वतन्त्रता के लिए अपने शरीर को बन्धन में डालने में मुझे आनन्द आता है।' उनके बाद विलियम हुएन तथा डॉ. चार्ल्स मेरलीन ने अखबार निकालने के सफल-असफल प्रयत्न किए। परन्तु लार्ड तथा वायसरायों में से अधिकांश ने इस माध्यम के प्रति अपनी नाराज़गी प्रकट की क्योंकि वे ईस्ट इण्डिया कम्पनी के हितैषी थे और भारत उनके लिए दुधारू गाय थी। वे नहीं चाहते थे कि पत्र-पत्रिकाएँ भारतीय जनमानस को उनके साथ जो ग़लत घट रहा है उसकी 'समझ' देकर उसे उद्वेलित करें। उनकी जड़ता तथा उदासीनता को समाप्त कर उन्हें आन्दोलित करें। उनमें शोषण तथा दासता के खिलाफ जुझारू तेवर जगाएँ उनमें राजनीतिक हलचल पैदा हो। अतएव उनके लिए यह आवश्यक हो गया था कि वे ऐसी राष्ट्रचेता पत्र-पत्रिकाओं की गतिविधियों को सीमित अथवा समाप्त कर दें। इस सन्दर्भ में तत्कालीन अंग्रेज प्रशासकों तथा शासकों ने पत्रकारिता को लेकर समय-समय पर ऐसे-ऐसे अधिनियम बनाए कि भारतीय भाषाओं में पत्र प्रकाशन के लिए सरकार की अनुमति, पत्र-पत्रिका पर सम्पादक, प्रकाशक तथा मुद्रक का नाम दिया जाना, शासन के विरुद्ध कुछ भी न लिखना आदि शर्तें लाद दी गई थीं जिन्हें पूरा न करने पर सम्पादक को जुर्माना, सजा तथा पत्र तथा प्रेस की जब्ती या नीलामी की जानी सम्भव थी। पर उनके सारे हथकण्डों और षड्यन्त्रों के बावजूद पत्र-पत्रिकाओं का प्रकाशन नहीं रुका। भारतीय हितों और अस्मिता के प्रहरी पत्रकारों ने बड़ी से बड़ी कीमत चुकाकर भी पत्र-पत्रिकाओं की अग्निज्वाला को बुझने नहीं दिया। अंग्रेजों के द्वारा उत्पन्न किए जानेवाले अवरोधों-अड़ंगों के बावजूद भारतीय पत्रकारों ने 'गुप्त समाचार-पत्र' भी निकाले।

स्वतन्त्रता प्राप्ति के पश्चात् भी सत्ता एवं प्रेस का संघर्ष समाप्त नहीं हुआ। समय-समय पर सरकार और प्रेस के बीच शतरंज की चाल चलने की होड़ लगी रहती है। यद्यपि संविधान में स्वातन्त्र्य अधिकार के अनुच्छेद 19 के प्रथम खण्ड के उपखण्ड (क) के अनुसार 'सब नागरिकों को 'वाक् स्वातन्त्र्य' और 'अभिव्यक्ति स्वातन्त्र्य' का अधिकार होगा।' इसी में प्रेस की स्वतन्त्रता अंतर्भुक्त हो जाती है। परन्तु इस अधिकार का अर्थ प्रेस को चाहे सो छापे ऐसा नहीं निकालना चाहिए। उसे अपने अधिकार के प्रयोग के समय राजनैतिक एवं सामाजिक दायित्व का निर्वहन भी करना चाहिए।

डॉ. संजय भानावत[3] जी स्वतन्त्रता के अभिप्रेत को स्पष्ट करते हुए लिखते

हैं कि "स्वतन्त्रता का सामान्य अर्थ है किसी भी प्रकार के नियन्त्रण, हस्तक्षेप अथवा अवरोध का अभाव। इस स्वतन्त्रता को प्रेस के अर्थ में तो हम कह सकते हैं कि किसी भी सार्वजनिक अधिकारी के दबाव में आए बिना किसी भी सामग्री के प्रकाशन का पूर्ण अधिकार।"

पं. जवाहरलाल नहेरू[4] ने प्रेस की स्वतन्त्रता को सर्वोपरि महत्त्व दिया है। उनकी मान्यता है कि "मैं दबे हुए या नियन्त्रित समाचार-पत्रों के बजाय स्वतन्त्रता के दुरुपयोग के सभी खतरों से युक्त पूर्णतः स्वतन्त्र समाचार-पत्र अधिक पसन्द करूँगा।"

न्यायमूर्ति महर्षि कृष्णा अय्यर[5] प्रेस एवं पत्रकारों का सत्ता के साथ सम्बन्ध पर प्रकाश डालते हुए लिखते हैं : "सरकार, राजकीय गोपनीयता के कृत्रिम कवच धारण कर, पत्रकार को राष्ट्रीय महत्त्व के समाचारों, सूचनाओं व राजकीय गतिविधियों से वंचित नहीं कर सकती।"

राजस्थान उच्च न्यायालय, जयपुर के न्यायाधिपति, गुमानमल लोढ़ा[6] प्रजातन्त्र में पत्रकार की स्वतन्त्र भूमिका की चर्चा करते हुए लिखते हैं : "प्रेस की स्वतन्त्रता हमारी लोकतान्त्रिक व्यवस्था का ही अंग है और जिस प्रकार लोकतन्त्र में व्यक्ति की स्वतन्त्रता का विशिष्ट महत्त्व है उसी प्रकार प्रेस की स्वतन्त्रता का भी महत्त्व है तथा उस पर विधि या कानून का संरक्षण और नियन्त्रण भी है।"...अतः वर्तमान युग में लोकतन्त्र के सफल प्रयोग में निर्भीक पत्रकार का महत्त्व निर्भीक न्यायाधीश के समान ही है। आज पत्र-पत्रिकाओं के प्रकाशन के उद्देश्य बदल गए हैं—राष्ट्रीय नव निर्माण, आर्थिक स्वातन्त्र्य, विभिन्न कांडों का भण्डाफोड़, पत्र-संचालक की नीति का अनुकरण तथा स्तुति, साक्षरता का प्रचार, विविध क्षेत्रों के ज्ञान-विज्ञान से पाठक का परिचय कराना आदि है।

स्वतन्त्रता के पश्चात् प्रेस के शासकीय अवरोधों पर विचार करने के पहले परतन्त्र भारत में प्रेस कानून का अध्ययन अप्रासंगिक नहीं होगा।

(क) स्वतन्त्रता पूर्व : सरकारी नीति, प्रेस कानून : हिन्दी पत्रकारिता

19वीं शताब्दी की हिन्दी पत्रकारिता का उद्भव और विकास विभिन्न अवरोधों-अन्तरालों के बीहड़ों से पटा है। हिन्दी पत्रकारिता का उद्देश्य जनजागरण, सामाजिक संस्कार, सत्य की खोज तथा लोक-कल्याण की भावना का प्रसार करना था। पत्र के सम्पादक ही पत्र के संयोजक, संचालक तथा समाज सुधारक थे। वे पत्र-प्रकाशन को उद्योग नहीं मिशन समझते थे और समर्पित भाव से राष्ट्र, समाज तथा मानव मात्र की सेवा करते थे। अंग्रेजी तथा उर्दू के अखबारों की तुलना में संख्या एवं बिक्री की दृष्टि से हिन्दी के पत्र अधिक छपते और बिकते थे। हिन्दी पत्रकारों की निर्भीकता से अंग्रेजी शासन भी खतरा महसूस करता था अतः स्वाभाविक था

कि वे भारतीय पत्र-पत्रिकाओं के प्रकाशन को हतोत्साहित करते। सरकार ने मुख्य रूप से हिन्दी-पत्रकारिता को केन्द्र में रखकर समय-समय पर अनेक प्रशासनिक तथा संवैधानिक कानून बनाए; परन्तु सारी अड़चनों के बावजूद वे हिन्दी पत्रकारिता को समाप्त नहीं कर पाए। हिन्दी पत्रों के कई सम्पादकों-संयोजकों को कई-कई बार कारावास की सजा सुनाई। भारी दण्ड लादा गया। प्रेस जब्त और नीलाम किए गए; किन्तु फिर भी वे न तो हिन्दी पत्रकारिता को समाप्त कर पाए और न कोई गतिरोध ही उसे रोक पाया। लार्ड वेलेजली के भारत आने के साथ पत्रकारिता और कानून के बीच संघर्ष छिड़ गया।

सन् 1799 का अधिनियम

लार्ड वेलेजली ने समाचार-पत्रों के सम्बन्ध में निम्नलिखित नियम बनाए :

1. प्रत्येक समाचार-पत्र को सम्पादक तथा संचालक के नाम-पते सरकार को लिखित रूप से सूचित करने होंगे।
2. समाचार-पत्र के प्रत्येक अंक के अन्त में मुद्रक तथा सम्पादक के नाम प्रकाशित करने होंगे।
3. प्रकाश्य सामग्री सरकार के मनोनीत अधिकारी के निरीक्षण के बाद ही प्रकाशित की जा सकेगी।
4. रविवार को पत्र का प्रकाशन नहीं होगा।

इन नियमों का पालन न करने पर देश से निष्कासन की सजा दी जा सकती है। समाचार-पत्रों को यह आदेश दिया गया कि जहाजों, सेना, युद्ध सामग्री, कम्पनी के देशी राज्यों के प्रति सम्बन्ध, सरकारी आय तथा विदेशी घटना आदि का प्रकाशन नहीं किया जाए। वेलेजली के इस अधिनियम के साथ समाचार-पत्रों की स्वतन्त्रता पर अप्रत्यक्ष रूप से प्रतिबन्ध लगाने का दौर शुरू हो गया।

समाचार-पत्रों के प्रचार-प्रसार के साथ समाचार-पत्रों का कथ्य बदल गया। वे नवीन राजनीतिक चेतना के उद्‌बोधक बने। इस नई राजनैतिक चेतना ने स्वर्णिम अतीत और वर्तमान की त्रासद स्थितियों ने जन-मानस को आलोड़ित कर दिया।

जान एडम तथा प्रथम प्रेस अधिनियम

सन् 1823 में जॉन एडम स्थानापन्न गवर्नर जनरल बने। वे प्रेस की स्वतन्त्रता को 'कम्पनी' के लिए संकट समझते थे। उन्होंने सन् 1823 में ही प्रेस सम्बन्धी कानूनों की घोषणा कर दी। वे अधिनियम निम्नलिखित हैं :

1. पत्र-प्रकाशन के लिए लायसेंस लेना होगा। आवेदन-पत्र में सम्पादक, संचालक तथा मुद्रक का नाम पते सहित देना जरूरी होगा।
2. सरकार अनुमति-पत्र को कभी भी रद्द कर सकती है अथवा सरकार

पुराने अनुमति-पत्र को रद्द कर नए आवेदन-पत्र के लिए दबाव डाल सकती है।

3. कोई भी समाचार-पत्र जहाजों के आवागमन, वस्तुओं का मूल्य अथवा कोई भी व्यापारिक समाचार प्रकाशित नहीं करेगा।
4. पत्र-प्रकाशन के लिए शासन का अनुमति-पत्र आवश्यक होगा।
5. बिना सरकारी अनुमति-पत्र के छापाखाना नहीं खोला जा सकेगा।
6. इस कानून में अनुमति प्राप्त करने की विधि, कानून का पालन न करनेवाले प्रेसों को जब्त करने का मैजिस्ट्रेट को अधिकार दिया। मेटकॉफ ने विरोध-पत्र का उत्तर इन शब्दों में दिया–"मैं मानता हूँ कि प्रेस स्वतन्त्र होना चाहिए, परन्तु प्रेस हमारे भारतीय राज्य के स्थायित्व में घातक नहीं होना चाहिए। उन्होंने लार्ड मैकाले से निवेदन किया कि प्रेस कानून के सन्दर्भ में नए कानून का मसविदा तैयार करें।"
7. सन् 1825 में इसमें एक और प्रावधान जोड़ दिया गया। इसके अनुसार कम्पनी के किसी अधिकारी को किसी समाचार-पत्र से किसी तरह का सम्बन्ध रखना वर्जित होगा। इस अधिनियम से अभिव्यक्ति की स्वतन्त्रता बाधित हो गई। राजा राममोहन राय, द्वारकानाथ टैगोर तथा हूरचन्दर आदि ने इसके खिलाफ संयुक्त रूप से याचिका दायर की पर उसे स्वीकार नहीं किया गया। कुमारी सोफिया कॉलेट ने प्रेस नियन्त्रण के विरुद्ध इस याचिका को भारतीय पत्रकारिता का एरियोपेजिटिका कहा है। एरियोपेजिटिका में बतलाया गया कि इस नियन्त्रण से ज्ञान का प्रसार रुक जाएगा। शासक को जनता की वास्तविक परिस्थिति तथा मनःस्थिति का ज्ञान नहीं हो पाएगा। प्रशासन की त्रुटियों को समझने-सुधारने के मौके खत्म हो जाएँगे। अतः समाचार-पत्रों की अनियन्त्रित स्वतन्त्रता ही एक मात्र ऐसा प्रभावी साधन है जिसे काम में लाया जा सकता है।

इस अधिनियम से भारतीय भाषायी पत्रकारिता हिल उठी। वेटिंग के पदत्याग के बाद सर चार्ल्स मेटकाफ भारत के गवर्नर जनरल बने। भारतीय सम्पादकों ने संयुक्त रूप से सन् 1835 में एडम के प्रेस नियमों के खिलाफ एक विरोध पत्र पेश किया। मेटकाफ ने विरोध-पत्र का उत्तर इन शब्दों में दिया : "मैं मानता हूँ कि प्रेस स्वतन्त्र होना चाहिए; परन्तु प्रेस हमारे भारतीय राज्य के स्थायित्व में घातक नहीं होना चाहिए। उन्होंने लार्ड मैकाले से निवेदन किया कि प्रेस कानून के सन्दर्भ में नए कानून का मसविदा तैयार करें।"

मेटकाफ अधिनियम 1835

1. भारतीय प्रेस के मुक्तिदाता लार्ड मेटकाफ ने एडम के अनेक नियमों को समाप्त कर दिया। जैसे लायसेंस प्रणाली तथा अनुमति-पत्र।
2. 1825 के उस आदेश को भी रद्द कर दिया गया जिसमें प्रावधान था कि कम्पनी के कर्मचारी किसी भी समाचार-पत्र से सम्बद्ध न रहें।
3. राजद्रोही, आपत्तिजनक तथा उकसाने-भड़कानेवाले लेखन प्रतिबन्धित। इसे न माननेवाले पर भारी जुर्माना का प्रावधान किया गया।

गलाघोंट प्रेस एक्ट : (1857 Gagging Act)

सन् 1857 के भारतीय स्वतन्त्रता के प्रथम संग्राम में भारतीयों की पराजय के बावजूद उनका उत्साह कम नहीं हुआ। वे राष्ट्रमुक्ति के लिए तत्पर थे। उनके इस आत्मविश्वास और उत्साह में भाषायी पत्रों का योगदान महत्त्वपूर्ण था। उन्होंने अपने सम्पादकीय एवं लेखों से 'राष्ट्रीय चरित्र' का निर्माण किया। तत्कालीन लार्ड केनिंग ने गलाघोंट कानून को कार्यान्वित करते समय उसकी आवश्यकता पर ज़ोर देते हुए बतलाया : "मुझे सन्देह है कि इस बात को पूरी तरह समझा भी जा रहा है या नहीं कि पिछले कुछ सप्ताहों से भारतीय समाचार-पत्र (अँग्रेजी के नहीं भाषायी पत्र) भारतीय जनता को जानकारी देने के नाम पर उनमें राजद्रोह का ज़हर भर रहे हैं.....अपने उद्देश्य के सम्बन्ध में ऊँचे परन्तु मिथ्या दावे किए जा रहे हैं और सरकार तथा उसके प्रजाजनों के बीच असन्तोष तथा घृणा के बीज बोये जा रहे हैं।"[7] इस हालात में प्रेस को नियन्त्रित करने के लिए उसने यह समाचार-पत्र-हंता अधिनियम 13 जून 1857 में पेश किया।

लार्ड केनिंग के प्रेस एक्ट 1857 गलाघोंट कानून (Gagging Act 1857) के इस अधिनियम से सरकार को ऐसे अधिकार प्राप्त हो गए जिनके माध्यम से वह किसी भी समाचार-पत्र तथा पत्रिका, पुस्तक तथा अन्य मुद्रित सामग्री के प्रकाशन या प्रसार को प्रतिबन्धित कर सकती थी। यह एक्ट अंग्रेजी तथा भारतीय भाषाओं पर समान रूप से आरोपित किया गया था। इसकी अवधि एक वर्ष की तय की गई थी। इस कानून में प्रकाशक एवं मुद्रक का नाम तथा प्रकाशन स्थल का पता प्रकाशित करना भी अनिवार्य कर दिया गया था।

वायसराय बनने के पश्चात् केनिंग ने प्रेस का समर्थन प्राप्त करने के लिए 'एडीटर्स रूम' (पत्रकार कक्ष) की स्थापना की। जहाँ पत्रकारों को सार्वजनिक रुचि की तुष्टि के लिए मुख्य समाचार-पत्र उपलब्ध कराये जाते थे। प्रेस-सामग्री प्रदान की जाती थी। राजकीय सूचनाएँ 'सूचना पट' पर लगा दी जाती थीं।

समाचार-पत्र एवं पुस्तक पंजीकरण नियम 1867
(Press and Books Registration Act of 1867)

वायसराय सर जॉन लारेन्स के शासनकाल में प्रेस तथा समाचारों को नियन्त्रित करने के लिए एक कानून 'समाचार-पत्र एवं पुस्तक पंजीकरण नियम' पारित किया गया। इस अधिनियम का मुख्य लक्ष्य छापेखानों की गतिविधियों के बारे में जानकारी प्राप्त करना था। इस अधिनियम के तहत पुस्तकों और समाचार-पत्रों के प्रकाशन की स्वतन्त्रता छीन ली गई।[8] भारतीय पत्रकारिता विशेष रूप से हिन्दी पत्रकारिता राष्ट्रीय एवं अंतर्राष्ट्रीय घटनाओं के परिप्रेक्ष्य में राजनैतिक चेतना को लगातार उद्दीप्त कर रही थी, और भारत में ब्रिटिश प्रशासन की नीतियों की कठोर आलोचना कर रही थी। इसके साथ ही साथ ब्रह्म समाज आदि अन्य संगठन और इतर संस्थाएँ सामाजिक एवं राजनैतिक सुधारों के लिए जनता को प्रेरित कर रही थीं; अतएव लारेंस ने आशंकित होकर उपर्युक्त कानून बना दिया।

वर्नाक्यूलर प्रेस अधिनियम 1878

सन् 1876 में इंग्लैंड की अनुदार सरकार के प्रतिनिधि तथा साम्राज्यवादी विचारधारा के लिए प्रसिद्ध लार्ड लिंटन भारत के वायसराय बनकर आए।

यह ऐसा समय था कि जब भारत में कुल 644 पत्र-पत्रिकाएँ प्रकाशित हो रही थीं और उनमें 400 पत्र भाषायी पत्र थे। इनकी पाठक संख्या भी लगभग एक लाख थी।[9] भाषायी पत्रों के बढ़ते हुए प्रभाव से आशंकित लार्ड लिंटन ने वर्नाक्यूलर प्रेस अधिनियम मार्च 1878 में पारित कर प्रभावी कर दिया। इस अधिनियम को प्राच्य भाषाओं के प्रकाशन पर बेहतर नियन्त्रण रखने के लिए अधिनियम (An Act for more stringent control of publication in oriental Language) के रूप में भी जाना जाता है।

इस अधिनियम से सरकार को ब्रिटिश सरकार के खिलाफ द्रोहात्मक एवं उत्तेजित करनेवाले लेखों को प्रकाशित करनेवाले समाचार-पत्रों पर कठोर नियन्त्रण रखने तथा दण्डित करने का अधिकार मिल गया। इस अधिनियम ने जिलाधीशों और पुलिस आयुक्तों को यह अधिकार दे दिया कि वे अपने क्षेत्रों से प्रकाशित होनेवाले समाचार-पत्रों के प्रकाशक एवं मुद्रणालय के स्वामी से इस अनुबन्ध पत्र पर हस्ताक्षर ले सकेंगे। साथ ही साथ वे अपने पत्रों में राजद्रोह तथा असन्तोष उत्पन्न करनेवाले समाचारों को स्थान नहीं देंगे। ये अधिकारी प्रकाशकों-मुद्रकों से जमानत की भी माँग कर सकेंगे। अनपेक्षित तथा अवांछित सामग्री के प्रकाशन पर जमानत जब्त करने का अधिकार भी अधिकारियों को मिल गया। वे प्रकाशन सम्बन्धी उपकरणों को भी जब्त कर सकते थे। यह अधिनियम समाचार-पत्रों के अलावा पुस्तकों तथा प्रकाश्य सामग्री पर भी लागू होता था। अधिनियम में यह

भी व्यवस्था की गई थी कि प्रकाशक चाहें तो प्रकाश्य सामग्री को पहले से अधिकारियों को दिखाकर अनुमति-प्राप्त कर सकता था। इस अधिनियम को न्यायालय में चुनौती नहीं दी जा सकती थी। भारतीय पत्रकारों तथा शिक्षित समाज ने इसका बहुत विरोध किया। 7 दिसम्बर 1881 को यह समाप्त कर दिया गया।

ऑफिशियल सीक्रेट्स एक्ट 1889

सरकार और पत्रकारिता के बीच एक निरन्तर संघर्ष चलता रहता है। यद्यपि ब्रितानिया सरकार ने प्रेस वर्नाक्यूलर एक्ट IX 1878 को समाप्त कर दिया था; किन्तु फिर भी सत्ता एवं पत्रकारिता के बीच सामंजस्य स्थापित नहीं हो पाया। कारण स्पष्ट है सरकार राष्ट्रीय चेतना के गायक-नायक पत्रकारों की प्रखरता को भोथरा कर देना चाहती थी और पत्रकार शासन में लगे दीमकों की ओर जनता का ध्यान आकर्षित करना चाहते थे। सरकार के मैले घिनौने त्रासद इरादों का पर्दाफाश करना चाहते थे और राष्ट्रीय चेतना को नया तेवर देना चाहते थे। दुर्भाग्य से एंग्लोइंडियन अखबार तथा राजा शिवप्रसाद सितारेहिन्द[10] जो अंग्रेज शासन के जी हजूरिया थे; उन्होंने हिन्दी पत्रकारिता की बढ़ती लोकप्रियता और घने होते प्रभाव को खत्म करने के लिए सरकार पर दबाव डाला कि वह प्रेस कानून में परिवर्तन करे।[11] इस दुष्चक्र का विरोध राष्ट्रीय पत्र कर रहे थे[12] और अपने पर लगाए गए मिथ्या आरोपों का निरसन कर रहे थे। पर अपनी सत्ता के बचाव तथा राष्ट्रीय अस्मिता के पत्रों का दमन करने के लिए तत्कालीन लार्ड लैंस डाउन ने विवश हो 9 अक्तूबर 1889 को कार्यालय गोपनीय दस्तावेज और सूचना पारित कर दी। और 17 अक्तूबर 1889 को अपनी स्वीकृत देकर इसे तुरन्त प्रभावी बना दिया। इस कानून के अंतर्गत यदि किसी प्रतिबंधित राजकीय दस्तावेज या योजना से परिचित कोई व्यक्ति उसे किसी अनधिकृत व्यक्ति को बतलाता है या उसे प्रकाशित करता है तो वह कानून की दृष्टि में अपराधी है। कारण उसका ऐसा कृत्य सरकार और देश के हित में नहीं है। यदि किसी सरकारी अधिकारी ने किसी व्यक्ति को विश्वास में ले जल सेना अथवा स्थल सेना के सम्बन्ध में कोई योजना बनाई और उस व्यक्ति ने उस सूचना को 'लीक' कर दिया या उसका भेद खोल दिया तो उसे एक साल की सजा या दण्ड या दोनों हो सकते हैं। किसी विदेशी एजेण्ट को ऐसी सूचनाएँ या दस्तावेज देने पर देश-निकाला अथवा दो से पाँच साल की सजा का प्रावधान किया गया था। कालान्तर में, 1903 में इसमें सेना या नागरिक मामलों का प्रकटीकरण भी अपराध में शामिल किया गया।

वर्नाक्यूलर समाचार-पत्रों ने इस कानून पर अपनी प्रतिक्रिया इन शब्दों में प्रकट की : "यह कठोर कदम जनता के दिमागों में शक पैदा करेगा और सरकार को जनता की वास्तविक भावनाओं और इच्छाओं का ज्ञान नहीं हो पाएगा।"[13]

1898 का राजद्रोह अधिनियम

भारतीय राष्ट्रीय कांग्रेस की स्थापना के पश्चात् हिन्दी अखबारों की नैतिक ऊर्जा बढ़ गई थी। वह सरकार के ग़लत निर्णयों, नीतियों तथा कदमों के विरुद्ध जनमानस को संघर्ष के लिए प्रेरित करने लगी थी। हिन्दी पत्रकारिता के इस खुले विद्रोही अन्दाज़ का अनुमान लार्ड लैंस डाउन के इन शब्दों से समझा जा सकता है : "पत्रकारिता अकेली ही सरकार के लिए खतरा है, जो सरकार के कार्य और नीतियों को अस्तव्यस्त करती है और जनता को सरकार के खिलाफ भड़काती है।"[14] इस रिमार्क के प्रत्युत्तर में सेक्रेटरी ऑफ स्टेट[15] ने वायसराय को सलाह दी कि यदि सम्प्रति प्रेस कानून बनाना सम्भव न हो तो राजद्रोह कानून (1870) के अन्तर्गत वर्नाक्यूलर प्रेस को नियन्त्रित किया जाए। इस निर्देश का अनुकरण करते हुए लार्ड एलगिन ने भारतीय दण्ड संहिता में नयी धाराएँ जोड़ीं। सन् 1870 के राजद्रोह अधिनियम में किंचित् संशोधन किए गए। उन संशोधनों के परिप्रेक्ष्य में सरकार या महारानी के विरुद्ध बोले गए या लिखे गए शब्दों या प्रतीकों अथवा ज्ञापन द्वारा असन्तोष भड़काने की कार्रवाई को प्रतिबन्धित किया गया। इसका पालन न करने पर तीन वर्ष की कैद या जुर्माना या दोनों सजाएँ दी जा सकती थीं। इसी प्रकार विभिन्न समुदायों के बीच सौहार्द के स्थान पर शत्रुता उभारनेवाला लेखन भी दण्डनीय समझा गया। इसी प्रकार कोई वक्तव्य, अफवाह, रिपोर्ट की सार्वजनिक अभिव्यक्ति जिससे शासन के विरुद्ध कार्यवाही करने की उत्तेजना मिले अथवा दो संप्रदायों या वर्गों के बीच तनाव पैदा करे, ऐसे सभी लेखन को प्रतिबन्धित कर दिया गया। उसका उल्लंघन करनेवाले को उम्र कैद या जुर्माना या दोनों सजाओं का प्रावधान किया गया।

समाचार-पत्र अधिनियम 1908

सन् 1908 में लार्ड मिंटो ने समाचार-पत्र अधिनियम (अपराधों को भड़कानेवाला) पारित किया। यह अधिनियम अंग्रेज़ी में (News Paper Incitement to offences Act) कहलाता है। यह अधिनियम जिला मजिस्ट्रेट अथवा स्थानीय सरकारों को अधिकार देता है। हत्या या हिंसा (Incitement to murder and revellion) को भड़कानेवाले समाचार-पत्र को प्रकाशित करनेवाले सम्पादकों के खिलाफ न्यायिक कार्यवाही करे, तथा सरकार चाहे तो नियम-अधिनियम के अन्तर्गत प्रेस को जब्त भी कर सकती है।

भारतीय मुद्रणालय अधिनियम 1910

समाचार-पत्र अधिनियम (1908) के प्रभावी होते ही पूरे देश में जनाक्रोश फैल गया। प्रेस ने इस जनाक्रोश को तेजस्विता देने और उसकी ऊर्जा को बनाए रखने

में अपनी महत्त्वपूर्ण भूमिका अदा की। स्थान-स्थान पर उपद्रव होने लगे तथा चारों ओर आतंक का वातावरण बन गया। ब्रिटिश नागरिकों की हत्या की जाने लगी। लार्ड मिंटों और उनकी पत्नी की हत्या की भी कोशिश की गई। इस स्थिति को कुचलने के लिए प्रस्तुत अधिनियम लागू किया गया। इस अधिनियम में निम्नलिखित प्रावधान किए गए :

अगर किसी मुद्रणालय का स्वामी सन् 1887 के अंतर्गत घोषणा-पत्र भरता है तो उसे एक हजार से लेकर दस हजार रुपए तक जमानत देना आवश्यक होगा। अगर समाचार-पत्र इस अधिनियम का पालन न करे, तो यह जमानत राशि को जब्त करने का मजिस्ट्रेट को अधिकार रहेगा। इस अधिनियम में 'आपत्तिजनक प्रकाशन' को भी स्पष्ट तथा परिभाषित किया गया। ऐसे सभी प्रयत्न जिनसे सम्राट् की सुरक्षा में तैनात सेनाओं को प्रत्यक्ष अथवा अप्रत्यक्ष रूप से विद्रोह के लिए प्रेरित करे। क्रान्तिकारी अपराधियों की खोज या उन्हें दण्डित करने में सरकार से सहयोग न करे। विद्रोहात्मक प्रकाशन के तहत भारतीय नरेशों, न्यायाधीशों तथा सार्वजनिक कर्मचारियों के विरुद्ध लिखने को प्रतिबन्धित कर दिया गया। इस अधिनियम के तहत 'कस्टम तथा डाक विभाग' को यह अधिकार दिया गया कि आपत्तिजनक या सन्देहास्पद प्रकाशनों की जाँच करें तथा जिन पत्रों ने जमानत की रकम नहीं दी है उन्हें जब्त कर ले। पुलिस को आपत्तिजनक सामग्री की जाँच करने का हक दिया गया। इसी प्रकार स्थानीय प्रशासन को प्रतिबन्धित सामग्री को प्रकाशित करने वाले समाचार-पत्र, पुस्तक या मुद्रित दस्तावेज को जब्त करने का अधिकार प्रदान किया गया। इस अधिनियम के अन्तर्गत यह भी प्रबन्ध किया गया कि समाचार-पत्र या प्रभावित व्यक्ति उच्च न्यायालय में अपील कर सकता था। परन्तु यह अपील जब्ती के दो माह के भीतर की जानी चाहिए।

इस अधिनियम ने स्वतन्त्रता को खत्म कर दिया। 'भारतीय समाचार संघ' ने इस अधिनियम से भारतीय समाचार-पत्रों की सुरक्षा की कोशिश की। इसके तहत 800 से ज्यादा प्रकाशकों तथा 350 से अधिक छापेखानों को दण्डित किया गया। इसके अलावा लगभग 200 से ज्यादा मुद्रणालय तथा 130 समाचार-पत्र प्रारम्भ ही न हो सके। अमृत बाज़ार पत्रिका, हिन्दू, ट्रिब्यून आदि समाचार-पत्र इससे बुरी तरह प्रभावित हुए। सन् 1922 में इस अधिनियम को रद्द कर दिया गया। इसी के अनुकरण पर 1930 का एक अन्य प्रेस अधिनियम लागू किया गया।

प्रिन्स प्रोटेक्शन बिल (सन् 1922)

भारतीय मुद्रणालय अधिनियम-1910 के रद्द हो जाने से भारतीय पत्रकारिता को नया तेवर मिला। उसने सरकारी नीतियों की डट कर आलोचना करना प्रारम्भ कर

दिया। समाचार-पत्रों ने अन्याय तथा दमन का प्रतिकार करने के लिए, अपनी कमर कस ली। पत्रों ने छोटी-छोटी रियासतों को समाचारों के केन्द्र में स्थापित कर लिया। इस स्थिति में सितम्बर 1922 में 'प्रिन्स प्रोटेक्शन बिल' पारित किया गया। इसमें पुस्तकों, समाचार-पत्रों तथा अन्य दस्तावेज़ों के प्रचार को निषिद्ध कर दिया गया जिसमें भारतीय रियासतों के राजा, या सरकार या प्रशासन के विरुद्ध नफरत तथा असन्तोष को बढ़ावा देने का प्रयत्न किया गया हो।

भारतीय समाचार-पत्रों ने इसका जमकर विरोध किया। असेम्बली में भी मतदान इस अधिनियम के विपक्ष में गया परन्तु वायसराय ने अपनी शक्ति का उपयोग कर नियम में परिवर्तित कर इसे जारी रखा।

भारतीय समाचार-पत्र (संकटकालीन अधिकार) अधिनियम 1931

सन् 1931 में लार्ड विलिंगडन भारत में वायसराय बनकर आए। वे प्रेस की स्वतन्त्रता के विरोधी थे। सितम्बर 1931 में लार्ड विलिंगडन ने भारतीय समाचार-पत्र अधिनियम (Indian Press Emergency Pawars Act) पारित किया। स्वतन्त्रता आन्दोलन बहुत तेज़ हो गया था। राष्ट्रीय नेता एवं समाचार-पत्र आन्दोलन को तीव्र से तीव्रतर कर रहे थे। ये नेता और अखबार ब्रिटिश सरकार की नीतियों की खुली आलोचना कर रहे थे। लार्ड विलिंगडन ने गाँधी को लन्दन से लौटते ही गिरफ्तार करवा दिया और भी राष्ट्रीय नेताओं को सीखचों के पीछे कर दिया गया। सत्याग्रहियों तथा आन्दोलनकारियों पर पुलिस ने निर्मम लाठी-चार्ज किया। दूसरे दिन अखबारों में ये घटनाएँ सुर्खियों में छप गईं। उसी दरमियान भारतीय समाचार-पत्र (संकटकालीन अधिकार) अधिनियम 1931 को लार्ड विलिंगडन ने प्रभावी बना दिया। प्रारम्भ में यह अस्थायी कानून था लेकिन सन् 1935 में इसे स्थायी बना दिया गया।

इस संशोधित अधिनियग में मजिस्ट्रेट को यह अधिकार दिया गया कि आपत्तिजनक सामग्री प्रकाशित करनेवाले मुद्रणालय से वह 500/- से 2000/- तक की जमानत की माँग कर सकता था और ऐसा न होने पर प्रेस को जब्त भी किया जा सकता था। दो बार प्रेस से दस हजार से एक लाख रुपए तक की जमानत माँगी जा सकती थी। पर तीसरी बार कानून का उल्लंघन करने पर प्रेस को जब्त किया जा सकता था।

निम्नलिखित बातों का प्रकाशित करना अधिनियम की अवहेलना माना जाएगा जो कि अपराध होगा :

1. हत्या या संगीन अपराध की प्रवृत्ति को उकसानेवाले समाचार।
2. किसी अपराध अथवा अपराधी को प्रत्यक्ष-परोक्ष समर्थन देना।
3. किसी फौजी या पुलिस कर्मचारी को कर्तव्य-पथ से विमुख करने के

लिए उत्साहित करना।

4. सम्राट्, न्यायपालिका सरकार के प्रति असन्तोष की भावना जगाना।
5. किसी व्यक्ति को जमानत न देने की सलाह देना। उसे डराना और तंग करना।
6. न्याय-प्रकाशन, या कानून अथवा व्यवस्था को बनाए न रखने के लिए तथा सरकार को किसी तरह का शुल्क, लगान अथवा टैक्स न देने के लिए भड़काना।
7. साम्प्रदायिक सौहार्द को खण्डित करने की कोशिश करना।

इसके अन्तर्गत कोई मजिस्ट्रेट किसी व्यक्ति को किसी भी समय समाचार-विज्ञप्ति News Sheets प्रकाशित करने के लिए अनुमति दे सकता था। अनधिकृत समाचार-विज्ञप्तियों, समाचार-पत्रों को मजिस्ट्रेट के सामने प्रस्तुत करना होता था। मजिस्ट्रेट उन्हें नष्ट करवाने के लिए साधिकार आज्ञा दे सकता था और सरकार को यह अधिकार दिया गया था कि वह अनधिकृत प्रेसों पर कब्जा कर सकती थी। उन्हें जुर्माना अथवा जुर्माना सहित छह मास की जेल की सजा का प्रावधान था। प्रान्तीय सरकार को यह अधिकार दिया गया था कि वह सम्राट् के हित में प्रेस को वारण्ट दे सकती थी। चुंगी कार्यालयों को यह हक दिया गया था कि वे आपत्तिजनक सामग्री को रोक दें। डाक से अनधिकृत समाचार-लेख भेजना सम्भव नहीं था। इस अधिनियम में इस प्रकार की भी व्यवस्था की गई थी कि जब्ती के आदेश को हाईकोर्ट में चुनौती अथवा प्रार्थना-पत्र दिया जा सकता था। ऐसा प्रार्थना-पत्र हाईकोर्ट के तीन न्यायाधीशों से बने बैंच ही सुन सकते थे, अपना निर्णय दे सकते थे।

'फ्री प्रेस जरनल', 'बाम्बे क्रानिकल', आदि को इस अधिनियम के प्ररिप्रेक्ष्य में बहुत अधिक सताया गया।

विदेश सम्बन्धी अधिनियम 1932

सन् 1931 के अध्यादेश के स्थान पर अप्रैल 1932 को विदेश सम्बन्धी अधिनियम (The Foreign Relate Act) लागू किया गया। इस अधिनियम से पत्रकारों के स्वाभिमान तथा पत्रकारीय निर्भीकता को कुचलने का प्रयास सरकार ने किया। परन्तु स्वतन्त्रता के लिए समर्पित पत्रकारों का जनांदोलन इससे नहीं रुक पाया और पत्रकार अपनी आत्म शक्ति तथा संकल्प से स्वाधीनता के लिए पत्र निकालते रहे। इस अधिनियम में ऐसे प्रकाशनों की रोक को प्रतिबन्धित किया गया था जो प्रकाशन की 'आपत्तिजनक सामग्री' को लेकर था तथा जिसके कारण ब्रिटिश सरकार तथा पड़ोसी देशों के मधुर सम्बन्धों को आघात लग सकता था। इस अधिनियम द्वारा विद्रोहात्मक साहित्य को भी परिभाषित किया गया था। उसके

अनुसार "कोई भी पुस्तक, समाचार-पत्र तथा अन्य कोई मसौदा जिसमें इस प्रकार की अपमानजनक सामग्री हो, जिससे ब्रिटिश सरकार तथा इस प्रकार के राज्य के पारस्परिक सम्बन्धों पर प्रभाव पड़ने का डर हो, उसे विद्रोहात्मक साहित्य की श्रेणी में रखा जा सकता था।"[16]

इस अधिनियम में यह भी प्रावधान रखा गया था कि जहाँ भारतीय दण्ड संहिता के 21वें अध्याय के अन्तर्गत कोई अपराध भारत के बाहर समीपवर्ती राज्यों के शासक, मुख्यमन्त्री के पुत्र अथवा मन्त्री के खिलाफ होता है, उस स्थिति में कोई भी कौंसिल स्थित गवर्नर-जनरल उपर्युक्त अपराध की लिखित शिकायत कर सकता था। वे अदालतें जिनके अधिकार क्षेत्र में इस तरह की शिकायतें आती थीं, वे इनकी सुनवाई कर उचित कार्यवाही कर सकती थी।

(ख) स्वातन्त्र्योत्तर युग

प्रेस एवं संसदीय विशेषाधिकार (Press and Privilages of Parliament)

संसद एवं विधान सभाओं की स्वतन्त्रता, अस्मिता एवं प्राधिकार की सुरक्षा तथा सांसदों और विधायकों को अपने कार्यों को निर्विघ्न भाव से पूरा करने के लिए भारतीय संविधान के अनुच्छेद 105 तथा 194 के आधार पर कुछ विशेषाधिकार दिए गए हैं। अनुच्छेद 105 तथा 194 के विशेषाधिकारों में कोई अन्तर नहीं है पर अनुच्छेद 105 के विशेषाधिकारों का सम्बन्ध सांसदों से है और अनुच्छेद 194 विधायकों से सम्बन्धित है। संसद तथा विधान सभाओं के कुछ विशेषाधिकार इस प्रकार हैं :

1. संसद में वाक् स्वतन्त्रता : सांसद को संसद में तथा विधायक को विधान मंडल में अपनी बात रखने का विशेषाधिकार प्राप्त है; पर यह स्वतन्त्रता स्वच्छन्दता का पर्याय नहीं है। इसका मुख्य उद्देश्य ग़लत आरोपों से किसी व्यक्ति का बचाव करना है। यद्यपि सांसद की बातों या विचारों पर न्यायालय कोई कार्यवाही नहीं कर सकता है। किन्तु सभाध्यक्ष सांसद को समयाभाव अथता आपत्तिजनक या अपमानजनक तथा अश्लील लगने पर भाषण करने से रोक सकता है। सदस्य को सभा-त्याग के लिए निर्देश दे सकता है एवं आवश्यक समझे तो सभा में मतदान द्वारा इस कार्यवाही के पक्ष-विपक्ष में निर्णय कर सकता है।

2. सदन की कार्यवाही के प्रकाशन का अधिकार (Parliamentary Proceedings Protection Publication Act 1956) : संसद के दोनों सदन की कार्यवाही के मूल रूप तथा निष्पक्ष को प्रकाशित करने के खिलाफ़ न्यायालय में कोई मुकदमा नहीं चलाया जा सकता है। परन्तु संसद में पटल पर पेश करने के पूर्व यदि किसी दस्तावेज़ आदि को प्रकाशित किया जाए तो विधि की दृष्टि से वह कृत्य अपराधिक होगा।

3. सभा की प्रक्रिया एवं कार्य संचालन नियमों में प्रदत्त अधिकार : किसी सदस्य की गिरफ्तारी, कारावास या रिहाई के बारे में सदस्यों को तुरन्त जानकारी प्राप्त करने का अधिकार है। यहाँ पर यह बात जानना महत्त्वपूर्ण है कि संसद के परिसर में अध्यक्ष की पूर्वानुमति के बगैर सांसद को गिरफ्तार नहीं किया जाता है।

4. नजीरों पर आधारित विशेष अधिकार : सभा की सहमति के बिना किसी सदस्य या अधिकारी को न्यायालय में साक्षी देने अथवा दस्तावेज पेश करने के लिए बाध्य नहीं किया जा सकता है।

5. अजनबियों को बाहर निकालने का अधिकार : संसद में उपस्थित किसी भी अवांछित व्यक्ति को संसद भवन के बाहर निकाल देने का अधिकार संविधान के अनुच्छेद 105 (3) के अन्तर्गत दिया गया है। किन्हीं परिस्थितियों में सुरक्षा अधिकारी उसे गिरफ्तार भी कर सकते हैं। भारत में अभी तक इस अधिकार का उपयोग नहीं हुआ है।

6. दण्डित करने का अधिकार : संविधान लागू होने पर संसद तथा विधान सभाओं को अपराधी व्यक्तियों को हिरासत में रखने, उन पर मुकदमा चलाने एवं जेल भेजने का अधिकार दिया गया है। निम्नलिखित स्थितियों में पत्र और पत्रकारों को संसद के विशेषाधिकारों का हनन करने अथवा अवमान करने का दोषी माना जा सकता है :

1. गोपनीय बैठक की रिपोर्ट अथवा कार्यवाही की ग़लत रिपोर्ट प्रकाशित करना। इससे संसद की महिमा पर आघात पहुँचता है।
2. सदन की कार्यवाही के अभिलेख से निकाले गए शब्दों अथवा वाक्यों का प्रकाशन। संसदीय अधिकार न होने पर भी संसदीय रिपोर्ट का प्रकाशन।
3. संसद के अध्यक्ष अथवा अन्य सदस्य अथवा अधिकारी का आचरण अथवा चरित्र हनन। इस प्रकाशन से जनता में इन सदस्यों की गरिमा कम होती है।
4. सदन में स्वीकार किए जाने के पूर्व ही किसी प्रश्न या संस्ताव को छापना।
5. किसी सांसद के भाषण अथवा वक्तव्य को दबा लेना।
6. सदन के सम्मान और गौरव को कम करनेवाली टिप्पणियाँ।
7. सरकार की संसदीय व्यवस्था की मूलभूत अवधारणा को नुकसान पहुँचानेवाली टिप्पणियाँ प्रकाशित करना।
8. सदन की कार्यवाही को तोड़-मोड़ कर प्रस्तुत करना।
9. संसदीय समिति के प्रतिवेदन को ग़लत रूप से प्रस्तुत करना।
10. संसद की किसी समिंति के बारे में आक्षेपात्मक टिप्पणी का प्रकाशन

ताकि उसकी बदनामी हो।

11. किसी भी समिति में प्रस्तुत दस्तावेजों को सदन में उसके बारे में प्रतिवेदन उपस्थित किए जाने के पूर्व ही प्रकाशित कर देना।
12. संसद की किसी समिति द्वारा दी जानेवाली रिपोर्ट को पत्र में पहले ही छाप देना।
13. संसदीय प्रतिवेदन का ग़लत ढंग से प्रकाशन।
14. किसी जाली दस्तावेज को संसदीय कागज-पत्र के रूप में छापना।
15. पत्रकार द्वारा सदन की कार्यवाही में अवरोध पैदा करना।

श्रमजीवी एवं समाचार-पत्र के इतर कर्मचारी (सेवा शर्तें) और .... उपबन्ध अधिनियम 1955

(The working Journalists and other Newspaper employers (condition of service) and Miscellaneous Provision Act 1955)

समाचार-पत्र संस्थानों (समाचार-पत्र, समाचार समिति) में नौकरी करने वाले श्रमजीवी पत्रकारों एवं अन्य व्यक्तियों की कुछ सेवा शर्तों के अनुपालन के लिए आलोच्य अधिनियम प्रभावी किया गया है। अधिनियम के अनुसार 'श्रमजीवी पत्रकार' से तात्पर्य ऐसे व्यक्ति हैं जिसने मुख्य व्यवसाय के रूप में पत्रकारिता का चयन किया है और इसके अन्तर्गत सम्पादक, समाचार सम्पादक, सहायक सम्पादक, मुख्य उप-सम्पादक, उप-सम्पादक, प्रकाशन विवेचक (copy tester) संवाददाता, रिपोर्टर, व्यंग्यचित्रकार, प्रेस फोटोग्राफर तथा प्रूफ रीडर आदि आते हैं।

एक से अधिक समाचार-पत्रों-पत्रिकाओं को अपनी सेवाएँ देनेवाला पत्रकार भी श्रमजीवी पत्रकार कहलाता है; परन्तु मुख्यरूप से प्रबन्धकीय अथवा प्रशासनिक कार्यों से सम्बन्धित व्यक्ति श्रमजीवी पत्रकार की श्रेणी में नहीं आता। अपने कार्य-क्षेत्र अथवा पत्र के कार्यों को सम्पन्न कराने के लिए, दी गई शक्तियों के कारण भी व्यक्ति पत्रकार की परिभाषा में खरा नहीं उतर पाता है अतः वह पत्रकार नहीं कहला सकता है। पत्र के पर्यवेक्षक कार्य से जुड़ा व्यक्ति भी पत्रकार की परिभाषा में नहीं आता है।

श्रमजीवी पत्रकार की सेवा शर्तें इस प्रकार हैं : नौकरी से पृथक् किए जाने पर, सेवा निवृत्ति, त्याग-पत्र अथवा मृत्यु की स्थिति में वह औद्योगिक विवाद कानून 1947 के तहत वेतन, ग्रेच्युटी आदि का हकदार होगा। मृत्यु की स्थिति में उसके द्वारा मनोनीत कोई व्यक्ति अथवा किसी का मनोनयन न होने पर उसके परिवार को सभी लाभ मिलेंगे। 'श्रमजीवी पत्रकार' (सेवा की शर्तें) और प्रकीर्ण उपबन्ध अधिनियम, 1955 पर आधारित उपर्युक्त प्रावधानों को न्यायालय में चुनौती दी

गई। पर न्यायालय ने उसे रद्द कर दिया। पत्रकारों के वेतन पर विचार करने के लिए सरकार ने एक वेतन मण्डल बनाया है। सरकार द्वारा नियुक्त व्यक्ति इसका अध्यक्ष होता है।

भारतीय खण्ड संहिता (Indian Panel Code)

प्रेस जगत् को प्रभावित करनेवाली भारतीय दंड संहिता की कुछ महत्त्वपूर्ण धाराओं का परिचय समाचार-पत्र-पत्रिकाओं से सम्बद्ध व्यक्तियों को जानना आवश्यक है। वे नीचे संक्षेप में दी जा रही हैं :

1. धारा 124 (ए) Section 124 (A) : भारतीय दण्ड संहिता की इस धारा का सम्बन्ध राजद्रोह (Sediction) से है। इस धारा के अनुसार–जो व्यक्ति उच्चारित अथवा लिखित शब्दों द्वारा अथवा संकेतों द्वारा या दृश्यरूपण द्वारा अथवा अन्यथा भारत में विधि द्वारा स्थापित सरकार के प्रति नफरत या अवमान उत्पन्न करेगा या उत्पन्न करने का प्रयास करेगा अथवा अप्रीति (Disaffection अभक्ति एवं शत्रुता की भावना) प्रदीप्त करेगा, प्रदीप्त करने का प्रयत्न करेगा उसे जुर्माना के साथ तीन वर्ष से लेकर आजीवन कारावास से दण्डित किया जाएगा।

2. धारा 153 (क) Section 153 (A) : यह धारा धर्म, मूल वंश, जन्म स्थान, निवास स्थान, भाषा आदि के आधारों पर विभिन्न समूहों के बीच शत्रुता अथवा असौहार्द को उत्पन्न करना। इस तरह का अपराध करने पर तीन वर्ष तक की कैद एवं / अथवा जुर्माना हो सकता है।

3. धारा 153 (ख) Section 153 (B) : इस धारा में 'राष्ट्रीय अखण्डता पर प्रतिकूल प्रभाव डालनेवाले लांछन' दण्डनीय अपराध माना गया है।

4. धारा 292 Section 292 : इस धारा का सम्बन्ध अश्लील सामग्री के विक्रय अथवा आयात करना अथवा भाड़े पर देना अथवा लाभ कमाने के लिए इसका कारोबार करना से है। इस धारा में अश्लील सामग्री को परिभाषित किया गया है। कामोद्दीपक पुस्तकें, चित्र आदि इसके अन्तर्गत आते हैं। परन्तु प्राचीन पुरातत्वीय अवशेष लोकहित अथवा भारतीय संस्कृति एवं संस्कृति की प्राचीन स्मारक, पुरातत्वीय वस्तुएँ सुरक्षा के लिए खींचे या बनाए चित्र आदि इस नियम के अपवाद माने जाएँगे।

5. धारा 295 (क) Section 295 (A) : धार्मिक भावनाओं को विद्वेषपूर्ण ढंग से आहत करने के एवं अपमानित करने के प्रयत्न को दण्डित किया जा सकता है।

6. धारा 505 Section 505 : इस धारा के अंतर्गत ऐसा कोई कथन, जन-श्रुति या रिपोर्ट जिसका प्रकाशन प्रसार प्रतिबन्धित है। ऐसा कथन जिसके कारण भारतीय सेना के विभिन्न विभागों के सैनिक या अधिकारी विद्रोह करने के लिए उत्तेजित हों। जिस कथन से साम्प्रदायिक दंगे होने की सम्भावना हो।

इस अपराध के लिए तीन वर्ष की सजा / या जुर्माना या दोनों का दण्ड दिया जा सकता है। अतः सम्पादक आदि को इन सब बातों का ख़्याल पत्र में लेखन अथवा सम्पादन के दौरान रखना चाहिए। 'दण्ड प्रक्रिया संहिता' (Criminal Procedure Code) के अन्तर्गत उपर्युक्त धारा अथवा धाराओं का उल्लंघन करनेवाले समाचार-पत्र की सभी प्रतियों को जब्त करने का अधिकार पुलिस अधिकारी को दिया गया है।

प्रतिलिप्याधिकार अधिनियम 1957
(The Copyright Act, 1957)

यह अधिनियम साहित्यिक, नाट्य, संगीतात्मक एवं कलात्मक कृतियों, फिल्मों तथा रिकार्डों से सम्बन्धित है। कॉपीराइट से तात्पर्य है–रचनाकार का स्वामित्व। कॉपीराइट अधिनियम के अन्तर्गत आनेवाली रचनाओं को तीन खण्डों में विभाजित किया जाता है :

कॉपीराइट के अन्तर्गत निम्नलिखित कार्यों को प्राधिकृत करना है :

1. साहित्यिक, नाट्य एवं संगीतात्मक कृतियाँ : कृति का प्रकाशन, कृति का सार्वजनिक प्रस्तुतीकरण, कृति का पुनःप्रकाशन, किसी-किसी का भाषान्तर एवं प्रस्तुति अथवा प्रकाशन। कृति के बारे में चलचित्र फिल्म या रिकार्ड तैयार कराना। कृति के बारे में चलचित्र के प्रसारण द्वारा सर्व सामान्य जनता को उसकी जानकारी देना। कृति का विधान्तर (Adaptation) करना आदि।

2. कलात्मक कृति : किसी कलात्मक कृति का सारवान रूप में पुनः उत्पादन, कृति का प्रकाशन, कृति का चलचित्र फिल्म में उपयोग, कृति का विधान्तर करना।

3. चलचित्र का फिल्मांकन : किसी चलचित्र फिल्म के सम्बन्ध में प्रतिलिप्यन्तर अधिनियम की कार्य-सीमा इस प्रकार है–फिल्म की प्रति का निर्माण, फिल्म का श्रव्य एवं दृक प्रयोग। ध्वन्यंकन के रिकार्ड का इस्तेमाल, फिल्म की प्रसारण द्वारा ससूचना।

4. रिकार्ड : इस अधिनियम के अन्तर्गत रिकार्ड के उपयोग को निम्न प्रकार से प्राधिकृत किया जा सकता है :

विशिष्ट ध्वन्यंकन के रिकार्ड के अनुकरण पर अन्य रिकार्ड का निर्माण, उसे सार्वजनिक रूप से संसूचित करना तथा प्रसारण के माध्यम से उसके बारे में सूचना देना।

अधिनियम की 51 तथा 52 धारा प्रतिलिप्यन्तर अधिनियम के अतिलंघन से सम्बन्धित है। धारा 51 के अनुसार कृतिकार की अनुमति के बिना किसी कृति की सार्वजनिक प्रस्तुति। इसी प्रकार लेखक या प्रकाशक की पूर्वानुमति के बगैर किसी कृति का उपयोग करना। किसी लेखक की रचना की चोरी रचना का विधान्तर निषिद्ध।

धारा 52 में उन कार्यों को बतलाया गया है जिनमें कॉपीराइट का उल्लंघन **नहीं माना** जाएगा। राजनेताओं के सार्वजनिक भाषण, पूर्वानुमति से समाचार-पत्र-पत्रिकाओं में लेख तथा चित्रादि का प्रकाशन, विभिन्न विषयों पर किसी लेखक का पुनरुत्पादन पुनःप्रकाशन के अधिकार की पूर्व घोषणा न होने पर पुनःप्रकाशन। पुस्तक समीक्षा, पुस्तक का उद्धरण लेखक के नाम सहित, अव्यावसायिक निःशुल्क साहित्यिक, नाट्य या संगीतात्मक कृति का प्रस्तुतीकरण।

कॉपीराइट की अवधि लेखक की मृत्यु के पश्चात् आगामी कैलेण्डर वर्ष के आरम्भ से पचास वर्ष है तथा संयुक्त लेखन में जिसकी मृत्यु आखिर में होती है। छद्म नाम से प्रकाशित कृति का स्वामित्व 50 वर्षों तक अन्य पुस्तकाकारों की तरह होगा पर अगर बीच में ग्रन्थ के रचनाकार के सही नाम का पता चल जाता है तो उसकी मृत्यु से आगामी कैलेण्डर वर्ष से 50 वर्ष का कॉपीराइट रहेगा। अन्य कलात्मक विधाओं में भी यही नियम लागू होगा।

इस अधिनियम का उल्लंघन करनेवाले को एक वर्ष की सजा अथवा जुर्माना अथवा दोनों हो सकता है। सन् 1984 में इस कॉपीराइट कानून में संशोधन किया गया। इसमें यह प्रावधान किया गया कि अगर प्रकाशक लेखक की कृति को प्रकाशित करने में देर लगाता है तो लेखक प्रकाशक से अपनी रचना वापस ले सकता है और देरी की अवधि के लिए रॉयल्टी की माँग कर सकता है।

भारतीय सरकारी गोपनीयता अधिनियम 1923
(Indian official secret Act, 1923)

भारतीय सरकारी गोपनीयता के सन्दर्भ में ब्रिटेन के 1911 के कानून को सन् 1923 में भारत में भी जारी कर दिया गया। सन् 1967 तक इसमें अनेक परिवर्तन हुए। सरकारी गोपनीयता अधिनियम के मुख्य दो पक्ष हैं :

1. जासूसी से सम्बन्धित तथ्य 2. सरकारी सूचनाओं की गोपनीयता का। इस अधिनियम को लेकर भारत में काफी चर्चा है। इसके कई कारण है :

1. लोकतन्त्र में 'जानने का अधिकार' संविधान द्वारा प्रदत्त किया गया है।

2. विधायिका एवं न्यायपालिका अपने कार्यों में किसी तरह की गोपनीयता नहीं रखते। विधायिका में जन प्रतिनिधि चर्चा-परिचर्चा द्वारा निष्कर्षों तक पहुँचते हैं, और न्यायपालिका भी खुली बहस द्वारा फैसला देती है।

3. इनके विपरीत कार्यपालिका के कार्यक्षेत्र में गुप्तता अथवा गोपनीयता का ध्यान रखा जाता है। देश की प्रमुखता, अखण्डता तथा एकता के लिए खुली बहस से अधिक महत्त्वपूर्ण गोपनीयता होती है क्योंकि उसके द्वारा किए जानेवाले कार्यों में गुप्तता आवश्यक होती है।

कार्यपालिका के कार्यों से उनकी गोपनीय प्रकृति का अन्दाजा लगता है :

1. राष्ट्रीय सुरक्षा तथा विदेशी सम्बन्धों जैसे संवेदनशील प्रश्नों में गोपनीयता रखनी आवश्यक हो जाती है।

2. पुलिस की कार्यवाही का एक बृहद् अंश गुप्तता से बच नहीं सकता है।

3. किसी आदमी के बारे में अन्तरंग जानकारी तन्दुरुस्ती, आर्थिक स्थिति तथा व्यापार सम्बन्धी उतार-चढ़ाव गोपनीयता के अन्तर्गत आते हैं।

4. आर्थिक योजनाओं तथा व्यावसायिक गतिविधियों में गुप्तता रखना जरूरी है। क्योंकि इनका दूरगामी प्रभाव देश की आर्थिक स्थिति पर पड़ता है।

5. अगर कोई मुखविर देश के हित में विस्फोटक सूचनाएँ देता है तो उसके जान माल की रक्षा के लिए सरकारी गोपनीयता आवश्यक होती है।

इस अधिनियम का उल्लंघन निम्नलिखित कार्यों में किए जाने पर दोषी सरकारी कर्मचारियों को 3 वर्ष से 14 वर्ष तक की सजा होगी। उसके दायरे में विदेशों में बसनेवाले भारतीय सरकारी कर्मचारी भी आते हैं।

(क) राष्ट्रीय हित और सुरक्षा की दृष्टि से निषिद्ध स्थानों की जानकारी प्रत्यक्ष अथवा अप्रत्यक्ष रूप से शत्रु राष्ट्र को देना।

(ख) निषिद्ध स्थानों के चित्र, रेखा चित्र, स्थान की अनुकृति शत्रु पक्ष को देना।

(ग) इनका रेखांकन एवं प्रकाशन भी पूर्वानुमति के बिना नहीं किया जा सकता है।

(घ) भारतीय गणतन्त्र की प्रमुखता अखंडता तथा एकता को प्रभावित करनेवाले कार्य एवं कारक इस अधिनियम के अनुसार अपराधी माने जाएँगे।

(ङ) शत्रु देश के जासूसों से सम्पर्क करना।

(च) स्वयं को न होते हुए भी सरकारी अधिकारी बतलाना।

(छ) अनधिकृत रूप से सरकारी दस्तावेजों—लायसेंस, पारापोर्ट आदि में परिवर्तन करना।

(ज) अवैधानिक्त रूप से सरकारी मोहरों का निर्माण, प्रयोग।

(झ) गैरकानूनी रूप से सरकारी चित्रों, मुहरों, गुप्त योजनाओं तथा दरतावेजों को अपने पास रखना।

स्वतन्त्र भारत में सरकारी गोपनीयता अधिनियम के तहत यह ध्यातव्य है कि इसके उल्लंघन को लेकर कभी कोई मामला नहीं बना।

प्रेस और न्यायालय की अवमानना अधिनियम 1971

(Press and contempt of Courts Act, 1971)

संविधान में वाक् एवं अभिव्यक्ति की स्वतन्त्रता का यह अधिनियम बनाया गया। अर्थ यह नहीं है कि प्रेस न्यायालय का अपमान करे। न्याय प्रणाली की पवित्रता

तथा विश्वसनीयता को बनाए रखने के लिए उच्चतम न्यायालय में तो इस प्रकार की अवमानना के लिए उच्चतम न्यायालय तथा उच्च न्यायालयों को इस सम्बन्ध में प्रेस को दण्डित करने का अधिकार दिया गया है। अन्य न्यायालयों को 1976 में पुनः संशोधित न्यायालय अधिनियम में इसकी व्यवस्था की गई है। अवमानना की कानून अवधि सालभर की है। अवमानना कारक को दो हजार रुपये जुर्माना अथवा छह माह की सजा दोनों दिए जा सकते हैं।

न्यायालय की अवमानना दो प्रकार की है—दीवानी तथा फौजदारी। दीवानी अवमानना में न्यायालय के फैसले, निर्देश, आदेश, रिट अथवा डिक्री अथवा न्यायालय की अन्य प्रक्रिया की उपेक्षा अथवा कोर्ट में ली गई शपथ का पालन न करना आता है। फौजदारी अवमानना में ऐसे प्रकाशनों का समावेश होता है जिनसे 1. अदालत की विश्वसनीयता को कम करनेवाली सामग्री 2. न्यायिक कार्यवाही में दखल देना तथा 3. न्याय प्रशासन की गरिमा को क्षति पहुँचानेवाले लेख या इतर सामग्री का प्रकाशन।

इस कानून के अन्तर्गत निम्नलिखित कार्य इस अधिनियम के तहत आते हैं :

1. न्यायाधीश का चरित्र हनन एवं उसके निर्णयों पर पूर्वग्रहपूर्वक लेखन।
2. न्यायालय की गरिमा तथा निष्पक्षता के प्रति अविश्वास भाव उत्पन्न करना।
3. विचाराधीन मामलों में हस्तक्षेप करना।
4. विचाराधीन मामलों में न्यायालयीन विविध घटकों अथवा प्रशासन को प्रभावित प्रलोभित तथा दबाव डालने का प्रयास करना।
5. साक्षियों तथा पुलिस पूछताछ के दरमियान बाधा उत्पन्न करना।
6. न्यायाधीश के आदेश के बिना अदालत की कार्यवाही अथवा अभियुक्त का चित्र प्रकाशित करना।
7. अदालत की कार्यवाही को ग़लत और तथ्यों को तोड़-मरोड़ कर प्रकाशित करना।

डाक और तार अधिनियम 1885

(Post and Telegraph Act, 1885)

इस अधिनियम की धारा 5(2) में यह उपबन्धित किया गया है कि यदि सार्वजनिक संकट या सार्वजनिक सुरक्षा के हित में केन्द्रीय शासन या राज्य शासन या राज्य अथवा केन्द्र शासन द्वारा विशेष रूप से प्राधिकृत अधिकारी अगर इस तथ्य से सन्तुष्ट हो जाए कि इससे भारत की प्रभुता और अखण्डता, राज्य की सुरक्षा, विदेशी देशों के साथ मित्रतापूर्ण सम्बन्धों या सार्वजनिक व्यवस्था को आघात पहुँचने की सम्भावना है तो वह लिखित आदेश देकर तार के सन्देश या प्राप्त सन्देश को रोक

सकता है। अथवा लिफ़ाफे के पते के पास कोई अभद्र अश्लील या अगर कोई सन्देश उपबन्धित नहीं है तो राज्य या केन्द्रीय शासन द्वारा अधिस्वीकृत आपत्तिजनक लिखा गया हो, पत्रकारों पर यह अधिनियम प्रभावी नहीं होगा।

भारतीय डाक घर अधिनियम 1818
(Indian Post office Act, 1818)

इस अधिनियम की धारा 26 एवं 27 द्वारा केन्द्र तथा राज्य सरकारों द्वारा अधिकृत अधिकारी को सार्वजनिक सुरक्षा के हित अथवा शान्ति के समय किसी वस्तु को रोकने या आदेशानुसार उसका निपटारा करने का अधिकार दिया गया है। धारा 27 में राजद्रोहात्मक सामग्री का सन्देह होने पर उसे रोका जा सकता है।

उपर्युक्त अधिनियम के अलावा नाट्य प्रदर्शन अधिनियम (1876) है। इसके अन्तर्गत कलंकात्मक, मानहानिकारक, राजद्रोहात्मक अथवा अभद्र नाटक का सार्वजनिक मंचन रोका जा सकता है।

नाट्य प्रदर्शन अधिनियम की भाँति सन् 1960 में बाल अधिनियम बनाया गया। इसके अन्तर्गत जिस बालक पर कोर्ट में मामला चल रहा है उसकी आइडेंटी अखबारों में प्रकाशित करना अपराध है।

इसी प्रकार हिन्दू विवाह अधिनियम 1955 में 'बन्द कमरे में हुई केस की कार्यवाही' को छापना दण्डनीय अपराध है। इस अधिनियम का उद्देश्य मामले से सम्बद्ध परिवार को बदनामी से बचाना है क्योंकि सुनवाई के दरमियान सामाजिक रूप से कुछ निन्दनीय बातों का समावेश भी होने की सम्भावना रहती है।

प्रेस और मानहानि के प्रावधान
(Press and Provisions of Defamation)

प्रेस के व्यवसाय में पत्रकार के पूर्वग्रह, आलस्य अथवा उत्साह आदि के कारण मानहानि के केस बहुतायत से होते रहते हैं।

भारतीय दण्ड संहिता की धारा 499 (1860) के अनुसार मानहानि को निम्नलिखित शब्दों में समझा जा सकता है :

बोले गए या पढ़े जाने के लिए आशयित शब्दों-संकेतों अथवा दृश्य निरूपणों द्वारा किसी व्यक्ति के बारे में कोई लांछन इस आशय से लगाता है या प्रकाशित करता है कि ऐसे लांछन से व्यक्ति की ख्याति की अपहानि होगी इसके बारे में कहा जाता है कि यह उस व्यक्ति की मानहानि करता है।

मानहानि के अपराध में दोषी व्यक्ति पर दीवानी तथा फौजदारी के मुकदमे चलाये जा सकते हैं। निम्नांकित परिस्थितियों में पत्रकार मानहानि के कानून के पंजों में आ सकता है :

1. व्यक्ति विशेष के व्यवसाय पर आपत्तिजनक आक्षेप।
2. व्यक्ति अथवा संस्था के खिलाफ दुष्प्रचार या ग़लत धारणाएँ प्रकट करना।
3. किसी की ईमानदारी या व्यावसायिक क्षमताओं के प्रति शंका।
4. किसी की रुग्णावस्था, विकृतियों अथवा दोषों की अनधिकृत चर्चा-परिचर्चा।
5. समाचार-पत्र को आकर्षक तथा उसके अधिकाधिक प्रसार के लिए सनसनीखेज ग़लत शीर्षक देना।
6. किसी वर्ग या धर्म विशेष पर आघात।
7. मृतकों पर ऐसा दोषारोपण करना जिससे करीब के सम्बन्धियों को मानसिक कष्ट होता हो।
8. व्यक्ति अथवा संस्था के नामों का ग़लत प्रकाशन।

मानहानि दो रूपों में हो सकती है : (1) लिखित अथवा (2) मौखिक। भाषण सुनकर लोगों के मन में चर्चित व्यक्ति के प्रति नफ़रत का पैदा होना। इसे अपवचन (Libel) कहा जाता है। लिखित या मुद्रित रूप में मिथ्या आरोप लगाया जाना अपलेख (Slander) कहलाता है। दोनों ही अपराध दण्डनीय हैं।

कुछ अपवाद

मानहानिप्रद वक्तव्य को सम्पूर्ण परिप्रेक्ष्य में समझना चाहिए न कि उसके किसी अंश पर आधारित। कानून उन्हीं दोषों और आरोपों पर गौर करेगा जो सम्पूर्ण परिदृश्य में आरोपित किए गए हों। इस प्रकार के लेखन-प्रकाशन में इस तथ्य की पड़ताल करनी होती है कि इससे क्या समाज में वादी के सम्मान पर आँच आती है। आरोपी को यह भी प्रमाणित करना होता है कि लगाए गए आरोपों को अपवाद रूप में कानूनन संरक्षण प्राप्त है। कुछ अपवाद इस प्रकार हैं :

1. सार्वजनिक हित में सत्यान्वेषण के पश्चात् किसी व्यक्ति पर आरोप लगाना।
2. सद्‌भावनावश किसी सामाजिक कार्यकर्ता के आचरण पर सत्य तथ्य जानने के पश्चात् उँगली उठाना।
3. सद्‌भावना वश किसी व्यक्ति के सार्वजनिक हित में किसी व्यक्ति द्वारा चेतावनी का दिया जाना।
4. न्यायालय की सत्य रिपोर्ट प्रकाशित करना।
5. दीवानी या फौजदारी के मामलों का कोर्ट-कचहरी में निपटान के बाद मामले का परिणाम प्रकाशित करना। चाहे उस परिणाम के प्रकाशन से सम्बद्ध व्यक्ति को मानहानि का अनुभव होता हो।

6. सार्वजनिक हित में किसी व्यक्ति पर लगाए गए अभियोग।
7. लेखक की रचना में प्रकट आपत्तिजनक अंशों का सद्भावनावश प्रकाशन मानहानि नहीं है।

दीवानी मुकदमों में मानहानि निम्न प्रकार से हो सकती है :

1. हानिकारक वक्तव्य
2. वादी से सम्बन्धित हानिप्रद वक्तव्य।
3. यदि प्रतिवादी ऐसा वक्तव्य का प्रकाशन करे।
4. गलत वक्तव्य।

पत्रकारों को चाहिए कि वे अधिक से अधिक मानहानि के मामलों को टालें। इसके लिए वे अपुष्ट तथा अप्रामाणिक खबरों का उपयोग न करें। 'कहा जाता है', 'सुना गया है', जैसे वाक्यों का प्रयोग न करें क्योंकि इन शब्दों में विश्वसनीयता अथवा प्रामाणिकता की कमी नज़र आती है। पत्रकारों का सिद्धान्त होना चाहिए–(When in doubt, leave it out) जब बात संदेहजनक हो तो उसे छोड़ दिया जाए। सार्वजनिक हित में पुष्ट प्रमाणों के पश्चात् समाचार का प्रकाशन किया जाए। मगर किसी व्यक्ति को पुलिस गिरफ्तार करती है। पर जब तक उसका अपराध सिद्ध नहीं हो जाता है उसे 'कथित' विशेषण के साथ ही प्रकाशित करना चाहिए। दो व्यक्तियों की बातचीत मानहानि नहीं है। जब कोई वक्तव्य तीसरे व्यक्ति द्वारा सम्प्रेषित होता है तब वह मानहानि का कारक बन सकता है।

पुस्तक की आलोचना, सांस्कृतिक उत्सवों की समीक्षा आदि पर लिखना मानहानि के अन्तर्गत नहीं आता है।

भारतीय दण्डसंहिता धारा 500 में मानहानि के दोषी पर जुर्माना और कैद की सजाएँ दी जा सकती हैं।

भारतीय प्रेस परिषद अधिनियम (Press Council of Indian Act)

प्रथम प्रेस आयोग के प्रतिवेदन के आधार पर 12 नवम्बर 1965 को प्रेस की स्वतन्त्रता, प्रतिबन्ध सहित सम्पादकीय, समाचारों के प्रस्तुतीकरण में वस्तुनिष्ठता (Fairness of comment) प्रेस की प्रगति को प्रोत्साहित करने आदि उद्देश्यों की सम्पूर्ति के लिए प्रेस-परिषद गठित की गई। सन् 1970 को इसके अन्तर्गत समाचार-पत्रों के अतिरिक्त समाचार समितियों को सम्मिलित कर लिया गया। 31 दिसम्बर '75 को परिषद का कार्यकाल समाप्त होने के बाद सन् 1978 में प्रेस परिषद अधिनियम पुनः स्थापित किया गया।

गठन : प्रेस परिषद में एक अध्यक्ष तथा अट्ठाईस सदस्य होंगे। इनमें तेरह पत्रकार सम्पादक होंगे। इनमें छह समाचार-पत्रों के सम्पादक तथा शेष सात सम्पादकों से अलग श्रमजीवी पत्रकार होंगे। छह सदस्य प्रबन्धन अथवा व्यवसाय

से इस परिषद में समाचार समिति, विज्ञान, विधि, साहित्य एवं संस्कृति के व्यावहारिक अनुभव से सम्पन्न चार सदस्य होंगे। पाँच सदस्य संसद से चुने जाएँगे। इनमें तीन लोकसभा से तथा दो सदस्य राज्यसभा से होंगे। इन्हें लोकसभाध्यक्ष तथा राज्यसभाध्यक्ष द्वारा मनोनीत किया जाएगा।

उद्देश्य

1. समाचारपत्र और समाचार समितियों की स्तरता एवं स्वतन्त्रता को बनाए रखने में सहयोग देना।
2. समाचार-पत्रों, समाचार समितियों एवं पत्रकारों के लिए आचार-संहिता का निर्माण करना।
3. पत्रकारिता व्यवसाय से सम्बद्ध व्यक्तियों में दायित्व एवं जन-सेवा की भावना को विकसित करना।
4. जनरुचि का स्तर नागरिकता के अधिकारों तथा उत्तरदायित्व का पोषण करना।
5. समाचारों पर सम्भावित अवरोधों पर नज़र रखना।
6. भारतीय समाचार-पत्र एवं समाचार समिति को विदेशी स्रोतों से प्राप्त सहायता का मूल्यांकन करना।
7. भारत में विदेशी समाचार-पत्रों के प्रसार एवं प्रभाव का अध्ययन करना।
8. समाचार-पत्रों, समाचार समितियों तथा प्रकाशन से सम्बन्धी इकाइयों के बीच समन्वय की प्रस्थापना।
9. प्रेस की स्वतन्त्रता को प्रभावित करनेवाली स्थितियों पर दृष्टि रखना।
10. केन्द्रीय सरकार द्वारा सौंपे गए अध्ययन कार्य स्वीकार करना।
11. ऐसे सभी कार्य करना जो प्रेस परिषद अधिनियम के अन्तर्गत आते हैं।

यह तथ्य उल्लेखनीय है कि परिषद को दण्डात्मक अधिकार नहीं है।

वित्तीय साधन : 1. भारत का सूचना तथा प्रसारण मन्त्रालय एवं

2. समाचारपत्रों तथा समाचार अभिकरणों से प्राप्त शुल्क।

परिषद ने अपने कार्य को सुचारु ढंग से निष्पादित करने के लिए क्रमशः **1. जाँच** समिति (Inquiry Committee) 2. चयन समिति (Selection Committee) **3. वित्त** समिति (Finance Committee) तथा सर्वोद्देश्य समिति (All Purpose Committee) इनके अलावा शोध खण्ड (Research Section) की प्रस्थापना भी की गई है।

शिकायत

कोई भी व्यक्ति किसी समाचार-पत्र के विरुद्ध अथवा प्रेस की स्वतन्त्रता पर आघात करनेवाले व्यक्ति अथवा व्यक्तियों के खिलाफ प्रेस परिषद में शिकायत कर सकता है। पहले शिकायतकर्ता को सम्पादक को लिखित रूप से अपनी शिकायत करनी चाहिए। जनता में से कोई भी व्यक्ति पत्रकारों के व्यावसायिक दुराचारों के विरुद्ध शिकायत कर सकता है।

अगर शिकायतकर्ता को सम्पादक से असन्तोष बना रहता है तब उसे प्रेस परिषद को शिकायत का स्वरूप, अखबार का नाम, सम्पादक का नाम तथा पता एवं समाचार-पत्र की कतरनें भेजनी चाहिए। शिकायतकर्ता को परिषद को यह भी बताना चाहिए कि सन्दर्भित समाचार से किस प्रकार पत्रकारिता के आदर्श एवं पवित्रता खण्डित होती है या किस प्रकार यह समाचार आपत्तिजनक है। यहाँ इस बात का ध्यान रखना चाहिए कि परिषद न्यायालय में विचाराधीन मामलों पर विचार नहीं कर सकती है।

परिषद का महत्त्व

परिषद प्रेसों की सुरक्षा के लिए कटिबद्ध संगठन है। वह पत्रकारों, पाठकों तथा प्रेस के मालिकों की रक्षा कर पत्रकारिता की स्वतन्त्रता और स्तरता को संरक्षित करती है। प्रेस परिषद नैतिकता की मर्यादा में स्वस्थ दाय के प्रति अपनी निर्णयात्मक भूमिका को निभाती है। इस प्रकार परिषद प्रेस की स्वतन्त्रता, व्यावसायिक जिम्मेदारियाँ, स्तर को कायम रखना तथा लोकाभिरुचि को निरन्तर विकसित करने की नैतिक जिम्मेदारी का वहन करती है। परन्तु परिषद का सबसे त्रासद पक्ष है उसके पास कोई दण्डात्मक अधिकार जैसे—पत्र का प्रकाशन स्थगित करना, सम्पादक की ग़लती पर उसे कारावास देना, अखबारी कागज का कोटा सीमित करना अथवा विज्ञापन को रोक देना नहीं है। इस कारण परिषद आज एक निस्पन्द, यान्त्रिक संस्था बनकर रह गई है।

प्रेस कानून बनाम वाक् एवं अभिव्यक्ति की स्वतन्त्रता

स्वतन्त्र देश में, लोकतान्त्रिक व्यवस्था में प्रेस की अपनी विशिष्ट भूमिका होती है, अतः प्रेस की स्वतन्त्रता अत्यधिक महत्त्वपूर्ण घटक है। प्रेस की स्वतन्त्रता से तात्पर्य है कि किसी भी सार्वजनिक पदाधिकारी अथवा शासन या सत्ता के अंगुलि निर्देश के आधार पर प्रेस की सामग्री का संचयन एवं प्रकाशन न करते हुए जनहित तथा लोकमंगल के लिए सही-सही समाचारों को प्रकाशित करना। सभी पत्रकारों को प्रेस कानून की जानकारी आवश्यक है।

भारतीय संविधान की लोकतान्त्रिक व्यवस्था में नागरिक स्वतन्त्रता को इन

शब्दों में स्थान दिया गया है :

"हम भारत के लोग, भारत को एक सर्वप्रभुत्व सम्पन्न समाजवादी, धर्मनिरपेक्ष लोकतान्त्रिक गणराज्य बनाने के लिए तथा उसके समस्त नागरिकों को सामाजिक, आर्थिक और राजनैतिक न्याय, विचार अभिव्यक्ति, विश्वास, धर्म और उपासना की स्वतन्त्रता, प्रतिष्ठा और अवसर की समता प्राप्त कराने के लिए तथा उन सब में व्यक्ति की गरिमा और राष्ट्र की एकता तथा अखण्डता सुनिश्चित करनेवाली बन्धुता बढ़ाने के लिए दृढ़ संकल्प होकर अपनी इस संविधान सभा में आज तारीख 26 नवम्बर, 1949 (मिति मार्गशीर्ष शुक्ला सप्तमी संवत् दो हजार छः विक्रमी) को एतद् द्वारा इस संविधान को अंगीकृत, अधिनियमित और आत्मार्पित करते हैं। संविधान में 19 से 22 अनुच्छेदों में स्वतन्त्रता के विभिन्न पक्षों को स्पष्ट किया गया है। भारतीय नागरिकों को प्रदत्त मौलिक अधिकार दिए गए हैं। उनमें वाक् एवं अभिव्यक्ति की स्वतन्त्रता (Freedom of speak and Expression) में ही प्रेस की स्वतन्त्रता भी निहित है। प्रेस की स्वतन्त्रता भारतीय नागरिक की स्वतन्त्रता में अन्तर्भुक्त है। द्वितीय प्रेस आयोग ने भी प्रेस की स्वतन्त्रता के पृथक् प्रावधान की आवश्यकता को अस्वीकार कर दिया है। अभिव्यक्ति के सभी प्रकारों–चित्रकला, नाट्यमंचन, चलचित्र तथा मुद्रित सामग्री का समावेश हो जाता है।" भारतीय परिषद के अध्यक्ष श्री अमरेन्द्रनाथ सेन ने प्रेस की स्वतन्त्रता को परिभाषित करते हुए लिखा है :

"संविधान में बोलने की आज़ादी की गारंटी दी गई है। इस आज़ादी का मतलब स्वेच्छाचार नहीं है।....इतनी आज़ादी की अपेक्षा आपको नहीं करनी चाहिए कि जो कानून आप लोगों पर लागू होते हैं, वे आप पर इसलिए लागू न हों, चूंकि आप प्रेस हैं।"[17]

पं. जवाहरलाल नेहरू ने स्वतन्त्र प्रेस के बारे में अपना विचार इन शब्दों में व्यक्त किया है : "मैं दबे हुए या नियन्त्रित समाचार-पत्रों के बजाय स्वतन्त्रता के दुरुपयोग के सभी खतरों से युक्त पूर्णतः स्वतन्त्र समाचार-पत्र अधिक पसन्द करूँगा।"[18] मगर इस स्वतन्त्रता का राजनैतिक एवं सामाजिक सरोकार भी है। संविधान में स्वतन्त्रता को प्रतिबन्धित करनेवाली कुछ मुख्य धाराएँ अवमान लेख, अपवचन, मानहानि, न्यायालय का अपमान, सदाचार व नैतिकता का उल्लंघन तथा राजा की सुरक्षा और विद्रोह से सम्बन्धित थीं, पर सन् 1951 से 1963 में कुछ अन्य संशोधन हुए और प्रतिबन्ध का दायरा और विस्तृत कर दिया गया। उसमें विदेशी राज्यों के साथ मैत्रीपूर्ण सम्बन्ध (Friendly Relation with foreign states) सार्वजनिक व्यवस्था (Public Order) हिंसा को प्रोत्साहन (Incitement to an offence)। इसके साथ ही साथ आपातकाल के दौरान अनुच्छेद 19 द्वारा प्रदत्त मूल अधिकारों को निलम्बित कर दिए जाने का प्रावधान 44वें संशोधन के अनुसार

किया गया है। संक्षेप में प्रेस की स्वतन्त्रता (वाक् तथा अभिव्यक्ति) का कानूनी अभिप्राय है :

1. समाचारों और विचारों का मुद्रण एवं प्रकाशन।
2. मुद्रित सामग्री का जनता में प्रसारण।
3. सार्वजनिक विषयों पर खुली बहस।
4. सरकार, लोक सेवकों और सार्वजनिक प्राधिकरणों के कार्यों की समीक्षा और आलोचना।
5. सरकार के एकाधिकरण व नियन्त्रण से मुक्त होकर विभिन्न और परस्पर सूत्रों से तथा स्पर्धा के आधार पर सूचनाएँ एकत्रित करना है।
6. सरकारी निर्देशन से मुक्त होकर प्रकाशन सामग्री का चयन, पत्र का प्रसार और मूल्य निर्धारण आदि करना।
7. प्रेस में नियुक्तियाँ किसी दबाव के तहत नहीं करना।
8. प्रेस की स्वतन्त्रता में पुस्तिकाएँ, सूचनाएँ तथा विचारों के संवाहक प्रकाशन सम्मिलित हैं।

प्रेस एवं पुस्तक पंजीकरण अधिनियम 1867
(The Press and Books Registration Act, 1867)

मुद्रित पुस्तकों, समाचार-पत्रों तथा नियतकालिक पत्रिकाओं की स्थिति का समय-समय पर मूल्यांकन करने के उद्देश्य से यह कानून निर्मित किया गयां। यह अधिनियम प्राचीनतम जीवित अधिनियम है। यह अधिनियम विभिन्न संशोधनों के बावजूद आज भी मूलरूप में उपलब्ध है। यह अधिनियम चार भागों में विभाजित है : 1. परिचयात्मक : इसमें विभिन्न पदनामों को परिभाषित किया गया है। 2. मुद्रण एवं समाचार-पत्रों पर प्रकाश डाला गया है। 3. कानून को तोड़ने पर दिए जानेवाले दण्ड का विवरण मिलता है। तथा 4. पुस्तकों तथा पत्रों के पंजीकरण की व्यवस्था से सम्बन्धित है। इस अधिनियम की मुख्य धाराएँ इस प्रकार हैं :

1. प्रकाशित पत्र पर मुद्रक, प्रकाशक एवं प्रकाशन स्थल का पता देना चाहिए.।
2. जिला, प्रेसीडेन्सी तथा डिविजनल मजिस्ट्रेट की अनुमति पत्र प्रकाशन के लिए जरूरी है।
3. पत्र के प्रत्येक अंक में सम्पादँन तथा प्रकाशक का नाम मुद्रित किया जाना चाहिए।
4. मुद्रक तथा प्रकाशक को पत्र की भाषा एवं प्रकाशन-अवधि की जानकारी देते हुए पत्र के मालिक का अधिकार पत्र जिला, प्रेसीडेन्सी

या सब डिविजनल मजिस्ट्रेट के सामने हस्ताक्षर करना जरूरी है।

5. पत्र के सम्बन्ध में होनेवाले परिवर्तन भाषा, अवधि आदि सम्बन्धी जानकारी सम्बद्ध अधिकारियों को तुरन्त देनी चाहिए, और नया आज्ञापत्र प्राप्त करना जरूरी है।
6. साप्ताहिक पत्र सप्ताह तक तथा अन्य समाचार-पत्र अगर तीन माह तक प्रकाशित नहीं होता है तो उसकी मान्यता रद्द हो जाएगी।
7. तीन माह की अवधि में अगर दैनिक, अर्ध साप्ताहिक अथवा साप्ताहिक पत्र की प्रसार संख्या आधी हो जाती है तो घोषणा-पत्र रद्द कर दिया जाएगा।
8. एक साल तक पत्र प्रकाशित न होने पर घोषणा-पत्र रद्द हो जाएगा।
9. किसी अंक में सम्पादक का नाम ग़लत छप जाने पर उस अंक के सम्पादन से अपना सम्बन्ध न होने की सूचना उसे सम्बद्ध अधिकारियों को तुरन्त देनी चाहिए।
10. मजिस्ट्रेट को अधिकार है कि वह किसी के जेनुइन अनुरोध करने पर पत्र की जाँच पड़ताल कराए उसका घोषणा-पत्र अमान्य कर दे।
11. अगर किसी पत्र का घोषणा-पत्र रद्द कर दिया जाए तो उसे 60 दिनों में अपील करने का अधिकार रहेगा।
12. प्रत्येक प्रकाशित पत्र की एक प्रति प्रेस रजिस्ट्रार को तथा दो प्रतियाँ राज्य सरकार को निःशुल्क भेजनी होंगी। अन्यथा उसे पचास रुपए तक का दण्ड दिया जा सकता है।
13. प्रेस नियमों का पालन न करनेवाले प्रकाशक, सम्पादक तथा मुद्रकों को दो हजार रुपए दण्ड या छह माह की साधारण कैद अथवा दोनों सजाएँ दी जा सकती हैं।
14. पत्र के मुद्रक या प्रकाशक या सम्पादक के न रहने पर मजिस्ट्रेट को इस आशय की सूचना तत्काल देनी चाहिए अन्यथा उसे दो सौ रुपए का दण्ड देना पड़ सकता है।
15. कोई भी व्यक्ति अगर बिना आज्ञा-पत्र के मुद्रण का कार्य अथवा झूठी घोषणा करता है तो मजिस्ट्रेट अधिनियम के तहत उसे दो हजार रुपए तक का दण्ड या छह महीने की सादी सजा अथवा दोनों दे सकता है।
16. प्रेस रजिस्ट्रार को पत्र का पूरा विवरण प्रत्येक वर्ष भेजना होगा। और रजिस्ट्रार के संकेत पर उसे पत्र में प्रकाशित करना होगा। रजिस्ट्रार को ग़लत सूचनाएँ देने पर पाँच सौ रुपए तक का जुर्माना किया जा सकता है।
17. कोई भी राज्य सरकार केन्द्र सरकार की आज्ञा से समाचार-पत्र पर

प्रेस कानून को सम्पूर्ण या आंशिक रूप से लागू न करने की विज्ञप्ति सरकारी गजट में प्रकाशित कर सकती है।

18. पत्र प्रकाशकों से प्राप्त सूचनाओं के आधार पर प्रेस रजिस्ट्रार अपना सालाना प्रतिवेदन तैयार करेगा।
19. भारत में सभी हिस्सों में यह अधिनियम लागू एवं मान्य होगा।

युवकों के लिए हानिप्रद प्रकाशन कानून 1956
(The Young Persons Harmful Publication Act of 1956)

संसद ने फरवरी 1957 से इस कानून का क्रियान्वयन किया। इस कानून का मुख्य उद्देश्य बीस वर्ष या उससे कम उम्र (Young Persons) के बच्चों, किशोरों और नवयुवकों को हानिकारक प्रकाशन के सम्भावित दुष्परिणाम से बचाना है। हानिप्रद प्रकाशन से तात्पर्य उस समाचार-पत्र, पेम्फलेट, लीफलेट आदि प्रकाशनों से है जो सचित्र अथवा अचित्र रूप से अपराधों की आज्ञाप्ति (Commission of offence) हिंसा या क्रूरता तथा घृणित घिनौनी भयप्रद घटनाओं से उत्पन्न भावनाएँ जगाएँ। इस कार्य में विक्रेता सज़ा का पात्र होता है।

पुरस्कार प्रतियोगिता कानून 1955
(The Prize Competition Act of 1955)

समाचार-पत्रों एवं पत्र-पत्रिकाओं में प्रकाशित होनेवाली विभिन्न पहेलियों जैसे क्रासवर्ड प्रतियोगिता, रिक्त स्थान शब्दपूर्ति प्रतियोगिता (Misssing word Prize Competition) इत्यादि। सर्वोच्च न्यायालय ने ऐसी प्रतियोगिताओं को (अगर उनकी प्रकृति जुओं की हो) प्रतिबन्धित कर दिया है। इसमें जिन प्रतियोगिताओं के उत्तर पहले से कर लिए गए हों और पारस्परिक समझ से इनरो परिणामों को प्रभावित किया जाता हो। इसी के तहत एक हज़ार रुपए से अधिक की रकमवाली प्रतियोगिताओं का प्रकाशन वर्जित है। इनके प्रकाशन तथा संचालन के लिए सरकारी लाइसेंस अधिकारी की पूर्वानुमति आवश्यक है। प्रतियोगिता प्रकाशन तथा संचालन के लिए आवेदन करना ज़रूरी है। अधिकारी उसी के आधार पर अपना निर्णय देता है। आवेदनपत्र के साथ संयोजक को आय-व्यय का विवरण भी नत्थी करना होता है। शर्तों का अनुपालन न करनेवाले को एक हज़ार रुपए तक जुर्माना अथवा तीन माह की सजा अथवा दोनों ही दी जा सकती है।

पुस्तक परिदान (सार्वजनिक) पुस्तकालय अधिनियम 1954
(The Delivery of Books and News Paper Public Libraries Act 1954)

सन् 1867 के प्रेस एवं पुस्तक पंजीकरण अधिनियम की धारा पाँच के अंतर्गत

प्रकाशित मुद्रित सामग्री जो सार्वजनिक या सार्वजनिक समाचार-पत्रों पर रिमार्क होते हैं। इस अधिनियम की धारा 3-ए के अंतर्गत हर प्रकाशित अंक की एक-एक प्रति अपने खर्च पर केन्द्रीय सरकार द्वारा अधिसूचित सार्वजनिक पुस्तकालय को भेजनी होगी। इस अधिनियम की अवहेलना करने पर प्रकाशक को पचास रुपए त जुर्माना तथा पुस्तक का मूल्य देना होगा। इस अधिनियम का दुबारा उल्लंघन कर पर एक वर्ष की सादी कैद की सज़ा एवं जुर्माना दोनों देने होंगे। अधिनियम में प्रत्येक पुस्तक की एक प्रति राष्ट्रीय पुस्तकालय, कलकत्ता भेजनी अनिवार्य होगी। समाचार-पत्र की प्रति भेजनी ज़रूरी नहीं है।

प्रेस तथा औषधि और चमत्कारिक उपचार (आपत्तिजनक विज्ञापन) अधिनियम 1954 (Press and the Drugs and Magic Remedies Objectionable Advertisements Act 1954)

यह अधिनियम सन् 1954 में स्वीकृत हुआ तथा 1 अप्रैल 1964 को संशोधित हुआ। भारत की निरक्षर, अन्ध श्रद्धालु जनता को चमत्कार के नाम पर गुमराह करनेवाले आकर्षक विज्ञापनों के माया-जाल से मुक्त रखना इस अधिनियम का लक्ष्य है। असाध्य बीमारियों के चमकीले और चमत्कारी विज्ञापनों को नियन्त्रित करने का उद्देश्य इस अधिनियम का प्राणतत्व है। इस अधिनियम का उल्लंघन करनेवाले को कैद या जुर्माना अथवा कैद एवं जुर्माना दोनों सजाएँ दी जा सकती हैं। इस अधिनियम में दिए गए निम्नलिखित विज्ञापन अपराधिक तथा प्रतिबन्धित हैं।

1. महिलाओं को गर्भधारण से गर्भपात तक का आश्वासन देनेवाले विज्ञापन।
2. यौन शक्ति की वृद्धि का प्रलोभन देनेवाले विज्ञापन।
3. मासिक धर्म की विभिन्न शिकायतों को दूर करने की औषधियाँ।
4. पागलपन, कोढ़, कैंसर तथा अंधत्व आदि चौअन बीमारियों की रामबाण औषधियों के विज्ञापन।
5. मन्त्र, गण्डा, तावीज तथा कवच आदि तान्त्रिक मान्त्रिक साधनों के जादुई तरीकों से विभिन्न बीमारियों के शर्तिया इलाज के विज्ञापन।

औषधियों को ग़लत परिप्रेक्ष्य में प्रस्तुत करनेवाले विज्ञापनों के लिए विज्ञापन सत्ता, विज्ञापन प्रकाशित करनेवाला प्रकाशक तथा मुद्रक उत्तरदायी होंगे।

प्रथम प्रेस आयोग
(First Press Commission)

संक्षिप्त परिचय

पृष्ठभूमि : स्वतन्त्र भारत में प्रेस की स्थिति पर विचार करने के लिए दो प्रेस आयोग

गठित किए जा चुके हैं।

भारतीय श्रमजीवी पत्रकार संघ ने अप्रैल 1952 में अपने कलकत्ता अधिवेशन में प्रेस की विभिन्न समस्याओं पर विचार करने के लिए इसी प्रकार की माँग की। अन्ततः 23 सितम्बर 1952 को सूचना एवं प्रसारण मन्त्रालय की ओर से जारी विज्ञप्ति में प्रथम प्रेस आयोग के गठन की घोषणा की गई। भारत में प्रेस की स्थिति, प्रजातान्त्रिक व्यवस्था में प्रेस की भावी भूमिका तथा प्रेस के विकास की दशा और दिशा में विचार-विमर्श करने हेतु इसका गठन किया गया है। इस आयोग के सदस्य थे :

1. न्यायमूर्ति जी.एस. राजाध्यक्ष (अध्यक्ष)
2. डॉ.सी.पी. रामास्वामी अय्यर
3. आचार्य नरेन्द्र देव
4. डॉ. जाकिर हुसैन
5. डॉ.वी.के.आर.वी.आर.
6. श्री पी.एच. पटवर्धन
7. श्री त्रिभुवन नारायण सिंह
8. श्री जयपाल सिंह
9. श्री जे.नटराजन
10. श्री ए.आर.भट्ट
11. श्री एम.चेलापति राव

उद्देश्य

प्रथम प्रेस आयोग को प्रेस से जुड़े जिन निम्नांकित विशेष मुद्दों पर विचार करना था :

1. लघु एवं बड़े समाचार-पत्र, सावधिक प्रेस (Periodical Press) समाचार समितियों तथा फीचर अभिषदों के नियन्त्रण, प्रबन्ध, स्वामित्व तथा वित्तीय स्थिति।
2. एकाधिकार तथा शृंखला पत्रों का तथ्यात्मक (accurate) समाचारों तथा निष्पक्ष (fair) विचारों के प्रस्तुतीकरण पर प्रभाव।
3. प्रेस की मालिकाना कम्पनियाँ, विज्ञापनों का वितरण तथा अन्य ऐसे ही बाह्य प्रभाव जिनसे पत्रकारिता के स्वस्थ विकास में बाधा उत्पन्न होती है।
4. श्रमजीवी पत्रकारों की नियुक्ति, प्रशिक्षण, वेतनमान, सेवानिवृत्ति पर लाभ तथा रोजगार की अन्य शर्तों तथा उच्च व्यावसायिक मानदण्डों की स्थापना तथा सुरक्षा पर विचार।
5. अखबारी कागज की पूर्ति एवं वितरण तथा मशीन आदि के विभिन्न

पहलू।

6. पत्रकारों के लिए उच्च स्तरीय आचार-संहिता, प्रेस तथा सरकार के मध्य आपसी सम्बन्ध, प्रेस सलाहकार तथा सम्पादकों और पत्रकारों के विभिन्न संगठन।
7. प्रेस की स्वतन्त्रता तथा प्रेस की स्वतन्त्रता के लिए आवश्यक कानूनों में संशोधन आदि।

आयोग ने अपनी रिपोर्ट तैयार करते समय विभिन्न क्षेत्रों के विशेषज्ञों, सांसदों, विधायकों, पत्रकारों आदि लगभग 1200 व्यक्तियों को प्रश्नावली भेजी। अपेक्षित संख्या में व्यक्तियों ने इस प्रश्नावली को भरकर नहीं भेजा। 7335 पत्रकारों में से मात्र 739 के ही उत्तर आयोग को प्राप्त हुए। इन सबके बावजूद नई दिल्ली, बम्बई, मद्रास, कलकत्ता, शिमला आदि स्थानों पर अपनी बैठकें आयोजित कर अनेक लोगों से सूचनापरक जानकारी ली गई और आँकड़े एकत्र किए। आयोग के दो सदस्यों ने अमरीका, इंग्लैण्ड आदि कुछ देशों की यात्राएँ भी कीं तथा वहाँ के प्रेस जगत् का निकट से अध्ययन किया। इस प्रकार प्रेस पर विभिन्न दृष्टियों से विचार कर इस प्रेस आयोग ने अपनी रिपोर्ट सरकार को 14 जुलाई, सन् 1954 को पेश कर दी।

प्रेस आयोग की सिफारिशें दो भागों में हैं। प्रथम भाग मुख्यतः समाचार-पत्र एवं पत्रिकाओं, समाचार-पत्रों की आर्थिक स्थिति, विज्ञापन, समाचार समितियाँ, फीचर अभिषदों, श्रमजीवी पत्रकार तथा प्रेस कानून आदि से सम्बद्ध है वहीं दूसरे भाग में भारतीय पत्रकारिता का इतिहास लिखा गया है।

अन्यत्र स्व. राव ने लिखा है :

रिपोर्ट एक दस्तावेज थी जो न केवल सिद्धान्तों के बारे में बल्कि तथ्यों के बारे में एक मार्ग निर्देशिका बनी रही।

मुख्य सिफारिशें

1. प्रेस आयोग से सिफारिश की थी कि सम्पादकीय स्वतन्त्रता की रक्षा, समाचारों के प्रस्तुतीकरण में वस्तुनिष्ठता (Fairness of comment) के विकास को प्रोत्साहित करने तथा बाह्य दबावों से उनकी रक्षा करने के लिए भारत में प्रेस परिषद की स्थापना की जाए।
2. प्रेस रजिस्ट्रार की नियुक्ति की जाए। प्रेस रजिस्ट्रार की यह जिम्मेदारी होगी कि वह प्रेस से सम्बन्धित तथ्यों एवं आँकड़ों को एकत्रित करे। वह प्रति वर्ष प्रेस की स्थिति पर एक प्रतिवेदन भी प्रस्तुत करेगा।
3. पृष्ठानुसार मूल्य (Price-Page Schedule) लागू करने की महत्त्वपूर्ण सिफारिश आयोग ने की। आयोग ने निर्धारित कीमत पर अधिकतम

तथा न्यूनतम पृष्ठ संख्या की सीमा तय करने की सिफारिश की। विज्ञापन, मुद्रण के लिए निर्धारित स्थान से सप्ताह भर में चालीस प्रतिशत से ज्यादा नहीं हों। सन् 1961 में न्यायालय ने समाचार-पत्रों पर ज्यादा आकार तथा मूल्य सम्बन्धी नियम को अस्वीकार कर दिया।

4. विज्ञापनों के लिए आचार-संहिता आदि बनाने की दृष्टि से विज्ञापन परिषद (Advertising council) बनाई जाए।
5. प्रत्येक समाचार-पत्र को लाभ-हानि का सम्पूर्ण विवरण अलग-अलग तैयार करना होगा। यदि एक ही पत्र के अनेक संस्करण प्रकाशित किए जाते हों तो प्रत्येक संस्करण का आय-व्यय का विवरण भी अलग-अलग ही तैयार किया जाएगा।
6. जिला स्तर के समाचार-पत्रों के प्रकाशन को प्रोत्साहित किया जाए तथा देश में अधिक संख्या में समाचार-पत्रों का प्रकाशन हो।
7. राज्य व्यापार निगम के माध्यम से ही अखबारी कागज की बिक्री की जाए।
8. समाचार समितियों पर सरकारी नियन्त्रण न हो।
9. केन्द्र तथा राज्यों की राजधानियों में प्रेस की सुविधाएँ बढ़ जानी चाहिए।
10. समाचार-पत्रों को अपने कार्यरत पत्रकारों को देश के विभिन्न भागों के भ्रमण की विशेष सुविधा देनी चाहिए।
11. पत्रकार के हितों की रक्षा के लिए उद्योगों पर लागू होनेवाले नियम लागू हों। पत्रकारों के लिए नियमित वेतन कार्य के घंटे निश्चित किए जाएँ।
12. सार्वजनिक कार्यों पर उन्मुक्त विचार-विमर्श को प्रोत्साहन दिया जाए।
13. आयोग ने विभिन्न कानूनों में संशोधन के प्रस्ताव भी रखे। इनमें प्रेस एण्ड रजिस्ट्रेशन एक्ट, विज्ञापन कानून, भारतीय जाप्ता दीवानी और भारतीय जाप्ता फौजदारी, समुद्री चुंगी और तार कानून आदि उल्लेखनीय हैं।
14. पत्रकारों के लिए आचार संहिता का गठन किया जाए।
15. प्रेस उद्योग पर से अन्य उद्योगों के मालिकों का नियन्त्रण तथा प्रभाव कम से कम किया जाए।
16. सम्पादकीय विभाग में नियुक्ति के समय सम्पादक की राय लेने की आवश्यकता आयोग ने प्रतिपादित की। सभी कर्मचारियों की सम्पादकीय नेतृत्व में आस्था होना जरूरी है।

प्रथम प्रेस आयोग के सुझाव

भारत के प्रथम प्रेस आयोग ने अपनी संस्तुतियों में कहा था कि समाचार-पत्र का स्तर उसके उत्पादन से जुड़े लोगों तथा सिद्धान्तों के प्रति उनकी आस्था पर निर्भर है। आयोग का मत था कि पत्रकारों को एक आचार-संहिता का पालन करना चाहिए। आयोग ने आचार-संहिता तैयार करने का दायित्व प्रेस परिषद को सौंपा। पत्रकार जगत् के विभिन्न संगठनों द्वारा तैयार की गई आचार-संहिता का अवलोकन कर आयोग ने इस दृष्टि से निम्नलिखित सुझाव दिए :

1. प्रेस जनमत उत्पन्न करने का प्राथमिक साधन है अतः वे अपने व्यवसाय को ट्रस्ट वर्क समझे तथा जनहित की रक्षा तथा सेवा के लिए सदा तत्पर रहे।
2. अपने कार्यों के सम्पादन में पत्रकार मानवीय और सामाजिक मूल अधिकारों का ध्यान रखते हुए समाचारों तथा टिप्पणियों में निष्पक्ष भाव की रक्षा को व्यावसायिक आवश्यकता के रूप में मानेंगे।
3. पत्रकार समाचारों व तथ्यों के ईमानदारी से संकलन और प्रकाशन की स्वतन्त्रता तथा उचित टिप्पणी और आलोचना के अधिकारों की रक्षा करेंगे।
4. पत्रकार अपनी रिपोर्टों तथा टिप्पणियों में इस बात का ध्यान रखेंगे कि कहीं उनसे तनाव अथवा हिंसा को प्रोत्साहन तो नहीं मिल रहा।
5. तथ्यों की सत्यता और प्रामाणिकता का ध्यान रखा जाए। किसी भी तथ्य को न तो तोड़ा-मरोड़ा जाए और ना ही उसे दबाया जाए। ऐसी कोई सूचना प्रकाशित नहीं की जाए जिसके बारे में यह ज्ञात हो कि यह गलत है अथवा जिसकी सत्यता पर विश्वास न हो।
6. सभी प्रकाशित सूचनाओं तथा टिप्पणियों की जिम्मेदारी पत्रकार की है। यदि जिम्मेदारी का वहन नहीं किया जाए तो उसे पहले ही स्पष्ट कर दिया जाना चाहिए।
7. विश्वास का सम्मान किया जाए तथा वृत्तीय गोपनीयता की रक्षा की जाए। प्रेस परिषद अथवा अदालत में यदि समाचार के स्रोत को प्रकट करना पड़े तो उसे आचार संहिता का उल्लंघन न माना जाए।
8. अपुष्ट समाचारों के प्रकाशन के साथ उनकी अपुष्टता का उल्लेख कर दिया जाए।
9. व्यक्तिगत हितों को घोषित न किया जाए।
10. यदि किसी भी रिपोर्ट के गलत होने की अथवा गलत रिपोर्टों पर आधारित टिप्पणी हो तो उसे स्वयं ही सुधारकर उचित रूप से प्रकाशित कर दिया जाए।

11. प्रत्येक पत्रकार जो समाचार संकलन तथा प्रेषण में सक्रिय है, अपने व्यवसाय की गरिमा को बनाए रखते हुए जन विश्वास को कायम रखेगा। यह ऐसे ही कार्य स्वीकार करेगा जो उसे अपने व्यवसाय के प्रति आस्थावान बनाए रखें तथा वह इस बात का ध्यान रखेगा कि उसके पद का कोई अनुचित लाभ उठाने की चेष्टा तो नहीं करता।
12. समाचार अथवा टिप्पणी को देने अथवा न देने के लिए किसी प्रकार की रिश्वत स्वीकार करना अथवा माँग करना निकृष्ट बात है।
13. ऐसे व्यक्तिगत वाद-विवाद जारी रखना जिनमें सार्वजनिक प्रश्न निहित नहीं हैं, पत्रकारिता की मर्यादा के प्रतिकूल है।
14. किसी व्यक्ति के जीवन को प्रभावित करनेवाली अफवाह या गप्पों को पत्रों में स्थान देना अनुचित है। जनहित की आवश्यकता को दृष्टिगत रखते हुए ही व्यक्तिगत बातों को प्रकाशित किया जाए।
15. आधारहीन आरोप लगाना गम्भीर व्यावसायिक अपराध है।
16. साहित्यिक चोरी भी गम्भीर व्यावसायिक अपराध है।
17. समाचार-चित्र, रिपोर्ट और प्रेस फोटोग्राफ प्राप्त करने के लिए ऐसा कोई कार्य नहीं किया जाए जिससे कोई निर्दोष, संतप्त तथा पीड़ित लोगों को कष्ट हो।

स्वीकृत सिफारिशें

आयोग की कुछ मुख्य सिफारिशों को सरकार ने स्वीकार कर लिया।

1. समाचार-पत्रों का रजिस्ट्रार (Registrar of Newspaper for India) जुलाई 1956 में नियुक्त किया गया। संक्षेप में इसे RNI भी कहा जाता है। प्रेस से सम्बन्धित आँकड़े एकत्र करने तथा इसी के माध्यम से अखबारी कागज का वितरण होने लगा।
2. प्रेस की स्वतन्त्रता और समाचार-पत्रों तथा समाचार समितियों के स्तर को कायम रखने और उनमें सुधार करने के प्रयोजन के लिए प्रेस आयोग की संस्तुति पर 4 जुलाई 1966 को प्रेस परिषद गठित की गई।
3. श्रमजीवी पत्रकार कानून 1955, 20 दिसम्बर 1955 से लागू किया गया। इस कानून के अन्तर्गत प्रमुख रूप से पत्रकारों के कार्य के घंटे, वेतन तथा अन्य सेवा शर्तों आदि का नियमन किया गया।
4. प्रेस सलाहकार समिति (Press Consultative Committee) का गठन 22 सितम्बर 1962 में किया गया। इसका मुख्य उद्देश्य सरकार और प्रेस के बीच समान रुचि के विषयों पर मधुर सम्बन्ध कायम

करना था। दो वर्ष की अवधि के बाद सितम्बर 1964 में समाप्त इस समिति की संरचना इस प्रकार थी :

(i) छोटे समाचार-पत्रों के विकास तथा उनकी जाँच-पड़ताल के लिए सरकार ने एक जाँच समिति गठित की। इस समिति ने पृष्ठानुसार मूल्य लागू करने का पुनः सुझाव दिया। लघु समाचार-पत्रों की उन्नति के लिए पृथक् वार्षिक पुरस्कारों के प्रारम्भ करने का सुझाव समिति ने भी दिया।

(ii) अभिव्यक्ति की स्वतन्त्रता के मूलभूत सिद्धान्तों की रक्षा तथा एकाधिकार की प्रवृत्ति के विरुद्ध समाचार-पत्रों को सहयोग देने के लिए सरकार ने, समाचार-पत्र वित्त-निगम, नाम से स्वायत्तशासी संगठन बनाने का सन् 1970 को लोकसभा में एक बिल भी पेश किया गया किन्तु वह समाप्त (Lapse) हो गया।

(iii) समाचार-पत्रों तथा समाचार समितियों की वित्तीय स्थिति के लिए तथ्यान्वेषण समिति (Fact finding commitee) की 14 अप्रैल 1972 को नियुक्ति की गई जिसने 14 जनवरी 1975 को अपना प्रतिवेदन प्रस्तुत किया।

द्वितीय प्रेस आयोग
(Second Press Commission)

29 मई, सन् 1978 को एक अधिसूचना जारी कर भारत ने प्रेस के जीवंत एवं स्वस्थ विकास के लिए द्वितीय प्रेस आयोग की स्थापना की। इस आयोग के अध्यक्ष उच्चतम न्यायालय के सेवा निवृत्त न्यायाधीश न्यायमूर्ति श्री पी.के. गोस्वामी थे तथा अन्य सदस्य निम्नलिखित थे :

1. श्री अबू अब्राहम, कार्टूनिस्ट, इंडियन एक्सप्रेस, दिल्ली
2. श्री प्रेम भाटिया, सम्पादक, ट्रिब्यून, चण्डीगढ़
3. श्री एस.एन. द्विवेदी, भूतपूर्व सांसद
4. श्री मोनिउद्दीन हरीस, उर्दू पत्रकार
5. प्रो. रवि जे. मथाई, प्रोफेसर, भारतीय प्रबन्ध संस्थान, अहमदाबाद
6. श्री यशोधर एन.मेहता, एडवोकेट
7. श्री वी.के. नरसिंहन, सम्पादक, डेक्कन हेराल्ड, बैंगलोर
8. श्री फाली एस.नरीमन, वरिष्ठ एडवोकेट, उच्चतम न्यायालय
9. श्री एस.एच. वात्स्यायन, सम्पादक, नवभारत टाइम्स, दिल्ली
10. श्री अरुण शौरी, सीनियर फैलो, इंडियन कौंसिल ऑफ सोशल साइन्स रिसर्च। (सित. 1978 तक)

11. श्री निखिल चक्रवर्ती, सम्पादक, मेनस्टीम, दिल्ली।

केन्द्र में सातवें लोकसभा चुनावों में नई सरकार के गठन के बाद 14 जनवरी 1980 को श्री गोस्वामी तथा उनके साथियों ने त्याग पत्र दे दिया उसके बाद आयोग का पुनर्गठन किया गया। उच्चतम न्यायालय के सेवा निवृत्त न्यायाधीश न्यायमूर्ति श्री के.के. मैथ्यू इस आयोग के अध्यक्ष बनाए गए। 21 अप्रैल 1980 को गठित इस आयोग के अन्य सदस्य थे :

1. न्यायमूर्ति श्री शिशिर कुमार मुखर्जी, कलकत्ता उच्च न्यायालय के सेवा निवृत्त न्यायाधीश।
2. श्रीमती अमृता प्रीतम, कवयित्री तथा उपन्यासकार (1981 में त्यागपत्र दे दिया)
3. श्री पी.वी. गाडगिल, लेखक एवं पत्रकार
4. इशरात अली सिद्दीकी, सम्पादक कौमी आवाज़, लखनऊ
5. श्री राजेन्द्र माथुर, तत्कालीन सम्पादक, नई दुनिया, इन्दौर
6. श्री गिरिलाल जैन, सम्पादक, टाइम्स ऑफ इंडिया बम्बई
7. श्री के.आर.गणेश, भूतपूर्व केन्द्रीय राज्य मन्त्री
8. श्री मदन भाटिया, एडवोकेट, उच्चतम न्यायालय
9. श्री रणवीर सिंह, सम्पादक, मिलाप, दिल्ली
10. प्रो. एच.के. परांजपे, अर्थशास्त्री।

श्री मदन भाटिया के त्यागपत्र देने पर अखिल भारतीय लघु एवं मध्यम समाचार-पत्र संघ के अध्यक्ष श्री प्रेमचन्द वर्मा को इस आयोग का सदस्य बनाया गया। इसी समय इलाहाबाद उच्च न्यायालय के सेवानिवृत्त न्यायाधीश श्री ए.एन. मुल्ला को भी आयोग का सदस्य नियुक्त किया गया जिससे आयोग के सदस्यों की संख्या 11 हो गई।

उद्देश्य एवं कार्य

द्वितीय प्रेस आयोग को विभिन्न विषयों पर विचार करके अपने सुझाव देने थे, जिससे प्रेस के विकास और स्तर में सुधार लाया जा सके। पुनर्गठित प्रेस आयोग के समक्ष विचार के प्रमुख मुद्दे थे :

1. विकासशील तथा लोकतान्त्रिक समाज में प्रेस की भूमिका।
2. वाक् एवं अभिव्यक्ति की स्वतन्त्रता को रखने के लिए वर्तमान कानून, नियम तथा व्यवस्थापन की पर्याप्तता और प्रभावोत्पादकता पर विचार।
3. नागरिकों के वैयक्तिकता के अधिकार को संवैधानिक तथा कानूनी सुरक्षा।

4. प्रेस की स्वतन्त्रता की आर्थिक, राजनैतिक तथा मालिकों एवं प्रबन्धकों के दबावों से सुरक्षा के साधन।
5. विकासशील नीतियों में प्रेस की भूमिका एवं दायित्व।
6. प्रेस उद्योग के रूप में, सामाजिक संस्था के रूप में तथा सार्वजनिक कार्यों की तथ्यपूर्ण बहस के मंच के रूप में।
7. सम्पादकीय स्वतन्त्रता, व्यावसायिक ईमानदारी और वस्तुनिष्ठ समाचार पाने के पाठकों के अधिकार को सुनिश्चित करने के उद्देश्य से प्रेस के घटकों के स्वामित्व का स्वरूप तथा उनका वित्तीय ढाँचा।
8. समाचार-पत्रों की निरन्तरता, उद्योग से सम्बन्ध, प्रतियोगिता तथा पाठक का प्रमाणिक समाचार पाने तथा स्वतन्त्र टिप्पणियों के अधिकार पर उनका प्रभाव।
9. समाचार-पत्र उद्योग की आर्थिक व्यवस्था, अखबारी कागज, मुद्रण मशीनें तथा समाचार-पत्र में अन्य निवेश।
10. विज्ञापन सरकारी एवं निजी, शैक्षणिक तथा व्यावसायिक।
11. सरकार और प्रेस में सम्बन्ध तथा राजकीय संस्थानों की भूमिका।
12. प्रेस के विभिन्न घटकों नाम्नः प्रकाशकों, मैनेजरों, सम्पादकों तथा व्यावसायिक पत्रकारों एवं अन्यों के मध्य स्थित आपसी सम्बन्ध।
13. छोटे एवं मध्यम भाषायी पत्रों का विकास।
14. समाचार का सीमा क्षेत्र तथा समाचार मूल्यों, संवाद समितियों तथा फीचर समितियों की संरचना एवं कार्य प्रणाली, भारत से तथा भारत को समाचारों का आदान-प्रदान।
15. व्यावसायिक कर्मियों को प्रशिक्षण, व्यावसायिक स्तर एवं निष्पादन के विकास के उपाय, पत्रकारिता और जनसंचार में अनुसंधान।
16. पत्रकारिता को नई अन्तर्राष्ट्रीय सूचना व्यवस्था के सन्दर्भ में परस्पर सद्भाव के श्रेष्ठतर साधन के रूप में।
17. समाचार-पत्र विकास के लिए नए परिदृश्य।

आयोग की मुख्य सिफारिशें

1. प्रेस की भूमिका : समाज निर्माण एवं जनमत को दिशा निर्देश देने का महत्त्वपूर्ण दायित्व प्रेस पर है। आयोग का मानना है कि लोकतान्त्रिक तथा विकासशील राष्ट्र में प्रेस की भूमिका सरकार के प्रति न तो शत्रुतापूर्ण हो और न ही मित्रतापूर्ण। प्रेस को रचनात्मक आलोचना का कार्य करना चाहिए।

साम्प्रदायिक सद्भाव कायम करने, राष्ट्रीय जीवन धारा में विभिन्न वर्गों के सहयोग से निर्माण की ओर बढ़ने तथा सामाजिक, धार्मिक चेतना के स्वस्थ विकास

आदि क्षेत्रों में प्रेस की महत्त्वपूर्ण तथा सार्थक भूमिका के सन्दर्भ में आयोग ने गम्भीर अध्ययन प्रस्तुत करते हुए अनेक सुझाव दिए हैं।

2. विदेशी नीति और सुरक्षा : विदेश नीति के किसी भी मसले पर समाचार-पत्र सरकारी रुख से भिन्न मत रखने को स्वतन्त्र हैं और इसे अन्तर्राष्ट्रीय नहीं कहा जा सकता। सुरक्षा सम्बन्धी मामलों पर सरकार की अत्यधिक गोपनीयता के कारण इन प्रश्नों पर समाचार-पत्रों में खुलकर चर्चा नहीं हो पाती।

3. विकास पत्रकारिता : भारतीय प्रेस जगत् में गहन विकास रिपोर्टिंग (Indepth development reporting) की प्रवृत्ति पर भी आयोग ने विचार किया। गहन विकास रिपोर्टिंग का विशेष अध्ययन करते हुए क्षेत्रीय पत्रों में विकास तथा राजनीति आदि पक्षों से सम्बद्ध समाचारों की प्रतिशतता निकालते हुए तुलनात्मक विवेचन आयोग ने किया है।

विकासात्मक रिपोर्टिंग के साथ-साथ आयोग ने सामाजिक, आर्थिक समस्योन्मुखी अनुसंधानपरक रिपोर्टिंग की प्रवृत्ति को भी स्वागत योग्य बताया।

4. संविधान और कानून : भारत में प्रचलित विभिन्न प्रेस कानूनों का अध्ययन करने के पश्चात् आयोग ने इनमें कुछ महत्त्वपूर्ण संशोधन के सुझाव भी दिए। कुछ प्रमुख सिफारिशें इस प्रकार हैं :

(i) कम्पनियाँ और नागरिकता : भारतीय संविधान के अनुच्छेद 19 (1) के तहत प्राप्त मौलिक अधिकार सिर्फ भारतीय नागरिकों को ही प्राप्त है। इस आधार पर कम्पनियाँ मौलिक अधिकारों की प्राप्ति का दावा नहीं कर सकतीं। अनुच्छेद 19 (1) ए के अनुसार भारतीय नागरिकों को वाक् एवं अभिव्यक्ति की स्वतन्त्रता प्राप्त है। प्रेस की स्वतन्त्रता भी इसी में सम्मिलित है। संविधान में प्रेस की स्वतन्त्रता का अलग से कोई प्रावधान नहीं है और द्वितीय प्रेस आयोग भी इसकी आवश्यकता महसूस नहीं करता। आयोग ने स्वतन्त्रता के इस पक्ष का विस्तृत विवेचन करते हुए निष्कर्ष रूप से सुझाव दिया है कि चूँकि कम्पनियाँ नागरिक नहीं होती हैं इसलिए वे मौलिक अधिकारों का दावा अनुच्छेद 19 (1) के तहत नहीं कर सकतीं। अनेक समाचार-पत्र चूँकि कम्पनियों द्वारा प्रकाशित होते हैं और कम्पनियाँ नागरिक नहीं होने के कारण ऐसी समस्त भारतीय कम्पनियों को, जो संचार क्षेत्र में कार्यरत हैं तथा जिनके शेयर होल्डर नागरिक हैं, अनुच्छेद 19 (1) के सन्दर्भ में नागरिक समझा जाए।

पूर्व सेन्सरशिप के सन्दर्भ में आयोग का मत था कि इस अधिकार का उपयोग राष्ट्रीय हित में अत्यधिक आवश्यकता पड़ने पर ही किया जाए।

(ii) सरकारी गोपनीयता कानून : आयोग का विचार है कि सरकारी गोपनीयता अधिनियम में इस प्रकार का संशोधन किया जाए ताकि समाचार-पत्रों को राज्य के कार्यों की जानकारी प्राप्त करने का पूरा अधिकार मिल सके तथा

जनता राज्य के कार्यों से भली भाँति परिचित हो सके।

आयोग ने इस अधिनियम की धारा 5 का विवेचन-विश्लेषण करते हुए इसमें संशोधन एवं परिवर्तन का सुझाव दिया है।

(iii) सूचना के स्रोत को प्रकट न करने का अधिकार : आयोग का विचार है कि अपने स्रोत का उल्लेख पत्रकार को सामान्य परिस्थितियों में नहीं करना चाहिए। किन्तु उसे इसकी 'पूर्ण स्वतन्त्रता' नहीं दी जा सकती तथा आवश्यकता पड़ने पर उसे स्रोत की जानकारी देने के लिए बाध्य किया जा सकता है।

(iv) मानहानि : मानहानि कानून के संशोधन में प्रेस आयोग ब्रिटेन के मानहानि कानून (1952) से काफी प्रभावित हुआ है।

प्रेस आयोग की इन सिफारिशों में प्रमुख है ब्रिटेन के मानहानि कानून, 1952 की धारा 4 के प्रावधानों को लागू करना। इस धारा के अनुसार उस स्थिति में मानहानि का मामला नहीं होगा यदि प्रकाशक यह सिद्ध कर दे कि उसने जान-बूझकर इन शब्दों का प्रकाशन नहीं किया है तथा उसके प्रकाशन में पर्याप्त सावधानी बरती है, साथ ही वह क्षमायाचना सहित आवश्यक संशोधन प्रकाशित करने का प्रस्ताव रखे। यदि प्रस्ताव स्वीकार कर लिया जाता है तो मामला रद्द समझा जाएगा किन्तु अस्वीकार कर दिए जाने पर प्रकाशक उसे स्वयं के बचाव के लिए उपयोग कर सकता है, यदि वह यह स्थापित कर दे कि वह उसकी अनभिज्ञता के अतिरिक्त, उसे मानहानिकारक प्रकाशन का नोटिस मिलते ही उसने उपयुक्त समय पर प्रस्ताव रखा था।

(v) अदालत की मानहानि : आयोग का कहना है कि प्रेस को अमर्यादित भाषा का प्रयोग नहीं करना चाहिए तथा प्रसार संख्या की वृद्धि के लिए घटना को सनसनीपूर्ण बनाने तथा समाचारों को स्लांट देने की प्रवृत्ति से उसे दूर रहना चाहिए।

(vi) संसद के विशेषाधिकार : आयोग ने संसद तथा विधानसभा के लिए यथाशीघ्र विशेषाधिकारों का निश्चित 'नियमशास्त्र' बनाने पर बल दिया। आयोग ने हाउस ऑफ कामन्स द्वारा गठित सलेक्ट समिति के इस विचार से सहमति प्रकट की है कि 'विशेषाधिकार' का सामान्य अर्थ जनता में भ्रान्त रूप से प्रचलित है। विशेषाधिकार का अर्थ प्रायः यह लिया जाता है कि सदस्य 'विशेषाधिकार प्राप्त श्रेणी' के हैं। आयोग का विचार था कि 'विशेषाधिकार' शब्द के स्थान पर संसद तथा विधानसभा एवं उनके सदस्यों के अधिकार तथा सुविधाओं का प्रयोग किया जाए।

(vii) प्रेस एवं पुस्तक पंजीकरण अधिनियम, 1867 : द्वितीय प्रेस आयोग ने इस अधिनियम में संशोधन के लिए कई सुझाव दिए हैं। आयोग के इस अधिनियम में दैनिक समाचार-पत्र (Daily Newspaper), समाचार पत्रिका

(News-Magazene) तथा नियतकालीन पत्रिका (Periodicals) इन तीन वर्गों में पत्र-पत्रिकाओं को पृथक्-पृथक् रूप से स्पष्ट किए जाने का सुझाव दिया है।

आयोग की दृष्टि में ऐसे मुद्रित या साइक्लोस्टाइल कार्य जिनमें सार्वजनिक समाचार या सार्वजनिक समाचारों पर टिप्पणियाँ हों तथा जो प्रतिदिन अथवा सप्ताह में कम से कम छः बार प्रकाशित होते हों—दैनिक समाचार-पत्रों की श्रेणी में इसके अतिरिक्त प्रकाशित अन्य नियतकालीन प्रकाशन (Periodical) जिनमें सार्वजनिक समाचार अथवा सार्वजनिक समाचारों पर टिप्पणियाँ हों समाचार पत्रिका की श्रेणी में तथा शेष सारे नियतकालीन प्रकाशन जिनमें सार्वजनिक समाचार या उन पर टिप्पणी महत्त्वपूर्ण रूप से नहीं हो—नियतकालीन पत्रिका (Periodical) श्रेणी में रखे जा सकते हैं।

इन तीनों वर्गों के लिए रजिस्ट्रेशन के पृथक्-पृथक् प्रावधान होने चाहिए तथा प्रेस रजिस्ट्रार तीन प्रकार के रजिस्टरों में इनके रिकार्ड रखे। दैनिक समाचार-पत्रों के प्रकाशन की तिथि के एक माह के बाद तथा अन्य के दो अंकों के प्रकाशन के बाद उक्त वर्गीकरण के आधार पर प्रेस रजिस्ट्रार उनका रिकार्ड तैयार करे।

आयोग ने प्रकाशन के प्रारम्भ की समय-सीमा के सन्दर्भ में विभिन्न समयावधि के पत्रों के लिए छह महीने का समय निर्धारित करने की सिफारिश की है। लिखित रूप में कारणों का उल्लेख करते हुए मजिस्ट्रेट को इस अवधि में वृद्धि करने का अधिकार भी हो।

(viii) डाक और तार अधिनियम : सार्वजनिक आपातकाल तथा सार्वजनिक सुरक्षा की दृष्टि से किसी तार को रोकने का अधिकार सुरक्षित रहना चाहिए। सार्वजनिक आपातकाल का तात्पर्य यहाँ संविधान के अनुच्छेद 352 में युद्ध अथवा बाह्य आक्रमण की स्थिति में उत्पन्न आपातकाल की स्थिति से नहीं है।

(ix) व्यक्तिगत गोपनीयता : व्यक्तिगत गोपनीयता का सुझाव भी प्रेस आयोग ने दिया। ऐसे संवेदनशील तथ्य जो स्वास्थ्य, व्यक्तिगत व्यवहार, घरेलू जिन्दगी अथवा पारिवारिक सम्बन्धों से सम्बन्धित हों तथा इनसे अविश्वास, सन्देह, सन्ताप या क्लेश तथा बेचैनी व संशय (Disteress, Annovance and Embarrassment) की भावनाओं को बल मिले और इनका प्रकाशन सार्वजनिक हित में नहीं हो तो इन्हें प्रकाशित नहीं करना चाहिए।

5. प्रेस पर दबाव : आयोग का मत है कि पत्रकार जगत् स्वयं इतना योग्य एवं सामर्थ्यवान हो कि बाह्य एवं आन्तरिक दबाव व अवरोधों से अपनी रक्षा कर सके, जिनमें उसकी स्वतन्त्रता में किसी प्रकार की कमी होने की आशंका हो।

6. प्रेस परिषद : प्रेस परिषद द्वारा अब तक किए गए कार्य को उपयोगी बताते हुए आयोग ने इस संस्था को जारी रखने का सुझाव दिया।

प्रेस परिषद ने सरकार को यह सुझाव दिया था कि प्रेस परिषद अधिनियम,

1978 में संशोधन कर उसे दंडात्मक शक्ति प्रदान की जाए। परिषद के सुझावों पर विचार करते हुए आयोग ने परिषद को दंडात्मक शक्ति प्रदान करने की सिफारिश की है।

7. भारतीय प्रेस में विदेशी धन : समाचार-पत्र घरानों पर से विदेशी धन के प्रभाव को समाप्त करने के कारगर कदम उठाने की आवश्यकता पर बल देते हुए आयोग ने कानूनों में भी संशोधन करने की सिफारिश की। इस हेतु निम्नलिखित पाँच सुझावों का उल्लेख किया गया है :

(i) कानूनों में ऐसा प्रावधान रखा जाए कि जिससे किसी भी समाचार घराने पर शेयर होल्डर्स या ऋण के रूप में विदेशी स्वामित्व न रहे।

(ii) विदेशी स्रोतों से प्राप्त विज्ञापन अथवा मुद्रण अनुबन्ध उसी प्रकार किए जाएँ जिस प्रकार दूसरों से लिए जाते हैं।

(iii) विदेशी विज्ञापनदाताओं से किसी प्रकार का भेदभाव नहीं किया जाए।

(iv) विदेशी तथा भारतीय स्रोतों का पूरा उल्लेख करते हुए प्रति वर्ष एक बार समाचार-पत्रों द्वारा अपने आय-व्यय का पूरा लेखा-जोखा प्रकाशित किया जाए।

(v) प्रत्येक समाचार-पत्र को निम्नलिखित सूचनाएँ प्रेस परिषद को देनी होंगी :

  (क) विदेशी स्रोतों का राष्ट्र के अनुसार विवरण देते हुए विज्ञापन अथवा अन्य अनुबन्धों के द्वारा प्राप्त राजस्व की सूचना।

  (ख) प्रथम सौ शेयर होल्डर के नाम, राष्ट्रीयता, पता तथा शेयर्स की कुल संख्या एवं अनुपात की पूरी सूचना।

8. समाचार-पत्र विकास आयोग : छोटे एवं मध्यम समाचार-पत्रों के प्रसार एवं विकास में सहयोग देने के लिए प्रेस आयोग ने समाचार-पत्र विकास आयोग (Newspaper Development Commission) के गठन का सुझाव दिया। इस प्रकार छोटे एवं मध्यम समाचार-पत्रों को आत्मनिर्भर बनाने एवं उनके विकास की दिशा में समाचार-पत्र विकास आयोग की महत्त्वपूर्ण भूमिका हो सकती है।

9. उद्योगों से मुक्ति तथा न्यासाधिकारियों की नियुक्ति : प्रेस आयोग का सबसे महत्त्वपूर्ण एवं विवादास्पद प्रस्ताव समाचार-पत्रों को अन्य उद्योगों से अलग करने से है। सर्वप्रथम एक लाख या उससे अधिक की प्रसार संख्या वाले समाचार-पत्रों के स्वामित्व को अन्य व्यावसायिक हितों से अलग कर दिया जाए। आयोग की दृष्टि में समाचार-पत्र प्रकाशक के दस प्रतिशत से अधिक हित अन्य व्यवसायों में निहित नहीं होने चाहिए।

10. पृष्ठानुसार मूल्य एवं विज्ञापन-समाचार अनुपात : आयोग ने समाचार-पत्रों के पृष्ठों तथा मूल्य के मध्य उचित अनुपात लागू करने के लिए संविधान में

संशोधन करने का सुझाव दिया। निश्चित आकार के अनुरूप पृष्ठों की संख्या तय करके न्यूनतम मूल्य निर्धारित करने की सिफारिश आयोग ने की है। इन्हीं उद्देश्यों की पूर्ति के लिए आयोग ने समाचारों और विज्ञापनों के मध्य भी निश्चित अनुपात कायम रखने का विचार रखा। यह अनुपात बड़े समाचार-पत्रों के लिए 60:40, मध्यम समाचार-पत्रों के लिए 50:50 तथा छोटे-छोटे समाचार-पत्रों के लिए 40:60 का रखा गया है।

11. चित्रकथाएँ तथा भविष्यवाणियाँ : भारतीय समाचार-पत्रों में प्रकाशित चित्रकथाओं (Comic strips) के स्वरूप पर आयोग ने अपनी अप्रसन्नता व्यक्त की। पाश्चात्य परम्पराओं के अनुरूप जासूसों तथा अपराध की प्रवृत्तियों को प्रोत्साहित करनेवाली चित्रकथाएँ आज हमारे यहाँ लोकप्रिय होती जा रही हैं। यह स्थिति अत्यन्त निराशापूर्ण एवं चिन्ताजनक है। आयोग ने यह सुझाव दिया है कि चूंकि अपराध एवं जासूसी प्रवृत्ति की चित्रकथाएँ हमारे सांस्कृतिक चिन्तन एवं परम्पराओं के सर्वथा प्रतिकूल हैं। अतः इनका स्वरूप इस प्रकार निर्धारित किया जाए कि वे हमारे सांस्कृतिक जीवन को सुरुचिपूर्ण ढंग से प्रतिबिम्बित करते हुए स्वस्थ मनोरंजन को प्रोत्साहित करें।

आयोग ने यह भी सुझाव दिया है कि पत्र-पत्रिकाओं में ज्योतिष के आधार पर 'भविष्यवाणियाँ' एवं 'राशिफल' के प्रकाशन को भी बन्द कर दिया जाए।

विज्ञापनों में महिलाओं की छवि के दुरुपयोग की आयोग ने कड़ी भर्त्सना की है। अपनी रिपोर्ट में आयोग ने कहा है कि व्यावसायिक विज्ञापनों में महिलाओं की छवि का दुरुपयोग किए जाने से महिलाओं के सेक्स की वस्तु होने सम्बन्धी कारणों को बल मिलता है, जो कई अखबारों द्वारा महिलाओं को बराबरी का स्थान देने तथा उनके व्यक्तित्व को पुरुषों के समान मानव के सभी गुणों से सम्पन्न बताने वाली खबरों तथा लेखों के विपरीत है। आयोग ने सेक्स तथा सिनेमा की पत्रिकाओं को रियायती मूल्य पर अखबारी कागज नहीं देने की भी सिफारिश की है।

12. पत्र सूचना कार्यालय का पुनर्गठन : आयोग ने छोटे एवं मध्यम समाचार-पत्रों के हितों को ध्यान में रखते हुए उनकी सुविधा के लिए पत्र सूचना कार्यालय (Press Information Bureau) के पुनर्गठन की सिफारिश की है। पत्र सूचना कार्यालय का स्वरूप सूचना एवं समाचार कार्यालय के रूप में परिवर्तित कर देना चाहिए जो रात-दिन काम करते रहें तथा इसकी सेवाएँ जिला और ग्रामीण स्तर के क्षेत्रों से प्रकाशित होनेवाले समाचार-पत्रों को बराबर मिलती रहें।

13. समाचार समिति : आयोग का विचार है कि समाचार समितियों को ग्रामीण समाचार सेवाओं का केन्द्र बिन्दु बनकर ग्रामीण विकास के सफलता-असफलता के समाचारों को राष्ट्रव्यापी धरातल पर प्रस्तुत करना चाहिए। समाचार समितियों का यह कार्य किसानों, प्रशासकों तथा विधायकों को दूसरे भागों की स्थिति से

परिचित एवं लाभान्वित कर सकेगा।

प्रेस आयोग ने सर्वसम्मति से इस बात पर बल दिया कि हिन्दी सहित सभी भारतीय भाषाओं की एक प्रथम श्रेणी की संवाद समिति का गठन शीघ्रातिशीघ्र किया जाए।

आयोग का यह भी सुझाव था कि यदि अंग्रेजी भाषा की संवाद समितियाँ यह दायित्व ग्रहण नहीं करती हैं तो एक स्थायी और वैधानिक निगम की स्थापना के माध्यम से यह कार्य कराया जाए। वैधानिक निगम की स्थापना की सिफारिश से सभी सदस्य सहमत नहीं थे।

समाचार समितियों की आर्थिक स्थिति को सुदृढ़ बनाने के विभिन्न उपायों पर प्रेस आयोग ने गहन विचार-विमर्श किया। और सुझाव दिया कि आकाशवाणी तथा दूरदर्शन द्वारा समाचार समितियों को दिए जानेवाले शुल्क के सन्दर्भ में एक तर्कसंगत तथा समानता के आधार पर निश्चित नीति तय की जाए। आयोग ने केन्द्र सरकार से उन समाचार-पत्रों के लिए विज्ञापन दर में वृद्धि का सुझाव दिया है जो समाचार समितियों के ग्राहक हों।

छोटे एवं मध्यम समाचार-पत्रों को जन प्रतिनिधित्व प्रदान करने के लिए आयोग चाहता है कि समाचार समितियों में केवल शेयर होल्डर्स द्वारा चुने गए निदेशक ही नहीं हों, वरन् एक प्रतिनिधि लोकसभाध्यक्ष तथा राज्यसभा के सभापति द्वारा सामूहिक रूप से मनोनीत, एक प्रेस परिषद के अध्यक्ष द्वारा, दो छोटे तथा मध्यम समाचार-पत्रों द्वारा तथा अन्य समाचार-पत्र विकास आयोग द्वारा, मनोनीत हों।

14. पत्रकारों को आवास सुविधाएँ : आयोग ने पत्रकारों को दी जानेवाली सरकारी आवास सुविधा की व्यवस्था भी समाप्त करने की सिफारिश की। आयोग का कहना था कि वर्तमान में देश एवं राज्यों की राजधानियों में पत्रकारों को जो सरकारी आवास की सुविधाएँ उपलब्ध हैं, उनके लिए सरकार को पत्रकारों से बिना रियायती दर पर पूरा किराया वसूल करना चाहिए तथा वर्तमान में निवास कर रहे पत्रकार द्वारा मकान खाली कर देने पर यह व्यवस्था समाप्त कर दी जानी चाहिए।

पूर्व सूचना एवं प्रसारण मन्त्री श्री वी.एन.गाडगिल ने 14 मई 1986 को राज्य सभा में घोषणा की कि सरकार ने द्वितीय प्रेस आयोग की 278 में से 91 सिफारिशों को सिद्धान्ततः मान लिया है।

प्रेस सम्बन्धी पारिभाषिक शब्दावली

1. Spot light : छपते-छपते
2. Interviewee : समालाप्य
3. Interviewrer : समालापक

4. Symposium : परिचर्या
5. Micro wave system : सूक्ष्म तरंग व्यवस्था
6. Teleprinter : दूरमुद्रक
7. Lead : (मुख्य शीर्षकथा) समाचार का मुख्य बिन्दु जिसे पहले पैरा में दिया जाता है। ताकि समाचार सार समझ में आ जाए और आकर्षक लगे।
8. Desk : शीर्षक का दूसरा/तीसरा वह भाग जो पहले खण्ड की पुष्टि करता है।
9. Banner : (पताका) दो-दो तीन-तीन कॉलम के शीर्षक। इसे बैनर, 'रिबन' 'स्टीमर' आदि भी कहते हैं।
10. Slug : (स्लग), टाइप की एक पंक्ति जो समाचारों की पहचान के लिए सबसे ऊपर लगाई जाती है।
11. News Value : (समाचार मूल्य)
12. Tablaid : यौन एवं अपराध समाचार
13. Cub Reporter : शावक पत्रकार, नौसिखिया पत्रकार
14. Story : समाचार-पत्र में छपनेवाले समाचार।
15. Make-up : पृष्ठ-सज्जा
16. Cross Heading : लम्बे समाचार के बीच-बीच में छोटे टाइप में शीर्षक
17. Free Lancer : स्वतन्त्र पत्रकार
18. Folio : पृष्ठ की संख्या
19. Bloup : (Blow up) : मुद्रित रागग्री या चित्र को बढ़ाना।
20. Buldog : समाचार-पत्र का पहला संस्करण/महत्त्वपूर्ण संस्करण/प्रातःकालीन संस्करण।
21. Advance Ceny : भाषण या समाचार के पूर्व की पाण्डुलिपि जो निर्धारित समय से पूर्व दी जाती है।
22. A.B.C. Audit Bureau of Circulation पत्रिका की प्रसार संख्या आदि का हिसाब एवं विज्ञापन की दर तय करनेवाली इकाई।
23. Exclusive : वह विशेष समाचार जो किसी अन्य समाचार-पत्र या संवाददाता को प्राप्त न हो।
24. Scoop : महत्त्वपूर्ण
25. Wrong Font : मेल न खानेवाले विजातीय टाइप
26. Dublet : (डबलेट) भूल या असावधानी से यदि समाचार एक से अधिक स्थानों पर छप जाए।

27. Teleprinter : टेलीप्रिंटर, विद्युतचालित मशीन जिसकी सहायता से संवाद समितियों के समाचार-पत्र-कार्यालय की मशीन पर स्वतः टाइप होते रहते हैं।
28. Legman : (लेगमेन) शहर में घूमकर समाचार एकत्र कर टेलीफोन पर ही संपादकीय विभाग को लिखवा देता है।
29. More : (मोर) आगे भी।
30. Ghost writer : (घोस्ट राइटर) छद्म लेखक
31. Dummy : डमी (खाका)
32. Dope : (डोप) मूल सामग्री या जानकारी जिसका उपयोग पत्रकार समाचार-लेखन में करते हैं।
33. Face : (फेस) टाइप का मुखड़ा, जिसकी छाप कागज पर छपती है।
34. Foreman : कम्पोज विभाग का मुख्य व्यक्ति।
35. By Line : (बाय लाइन) समाचार के साथ संवाददाता का नाम।
36. Flash : (फ्लेश) किसी महत्त्वपूर्ण समाचार का वह अंश जो सद्यः प्राप्त होता हो और जिसे सभी समाचार रोककर प्रकाशित किया जाता है।
37. Box : (बाक्स) समाचार की ओर ध्यान आकर्षित करने के लिए चौखटे बनाकर छापना।
38. Scetch : (स्केच) खाका, किसी सामयिक समस्या पर संक्षिप्त विश्लेषण स्केच कहा जाता है।
39. Hold over : (होल्ड ऑवर) स्थानाभाव या किसी अन्य कारण से कम्पोज मैटर रोक लेने की प्रक्रिया।
40. Hand Out : (हैण्ड आउट) प्रकाशनार्थ दिया गया वक्तव्य।
41. Press (प्रेस) पादरी, सामंत, संसद के बाद की सत्ता प्रेस की होती है। इसलिए इसे फोर्थ इस्टेट कहा जाता है।
42. Crop : (क्राप) किसी प्रकाशनीय चित्र को काट-छाँट कर अपेक्षित आकार देना।
43. Beat : संवाददाता का समाचार संकलन करने का क्षेत्र।
44. Copy : (कॉपी) लिखित मैटर जो छपने के लिए प्रेस में भेजा जाता है।
45. Captions : (केप्शन) चित्र के सन्दर्भ में दिया गया कलात्मक शीर्षक।
46. Cover (Lac) : (कवर करना) स्वयं घटना-स्थल पर जाकर समाचार जमा करना।

47. Off the record : (ऑफ द रिकार्ड) अप्रकाशनीय सामग्री।
48. Play up : (प्ले अप) किसी समाचार को महत्त्वपूर्ण ढंग से प्रकाशित करना।
49. Rush (रश) : शीघ्र प्रकाशित की जानेवाली सामग्री।
50. Slant : किसी समाचार को विशेषनीति के अनुरूप प्रस्तुत करना।
51. यर्टी X X X : पाण्डुलिपि समाप्त होने का संकेत।

सन्दर्भ

1. डॉ. संजय भानावत : भूमिका
2. डॉ. अम्बिकाप्रसाद वाजपेयी : समाचार-पत्रों का इतिहास, प्रस्तावना : पृ. 27
3. डॉ. संजय भानावत : प्रेस कानून और पत्रकारिता, पृ. 39
4. पं. जवाहरलाल नेहरू : डॉ. संजय भानावत : प्रेस कानून और पत्रकारिता से उद्धृत, पृ. 39
5. कृष्णा अय्यर : प्रेस कानून और पत्रकारिता की भूमिका से
6. गुमानमल लोढ़ा : प्रेस कानून और पत्रकारिता की भूमिका से
7. चेलापति राव : समाचार-पत्र, पृ. 69 (हिन्दी अनुवाद—वासुदेव शर्मा)
8. एस.नटराजन : ए हिस्ट्री ऑफ इंडियन जर्नलिज्म, पृ. 69
9. एम.चेलापति राव—दी प्रेस, पृ. 69
10. वही
11. दबदबा-ए-केशर : 21 सितंबर 1889 रिपोर्ट ऑन नेटिव न्यूज पेपर्स : एन.डब्ल्यू.पी. एंड पंजाब 1889, पृ. 609
12. हिन्दुस्तान : 11 अगस्त 1880, पृ. 503-504
13. डॉ. रामरतन भटनागर : Rise and growth of Hindi Journalism, पृ. 142-143
14. लैंस डाउन के मिनिट्स : 15 सितम्बर 1890 माइक्रोफिल्म, राष्ट्रीय अभिलेखागार।
15. माइक्रोफिल्म, एम.एस.एस.इ.यू.आर.सी 145/1-3 फोलर मनुस्क्रीप्ट प्लेस ऑफ ओरीजन इंडिया ऑफिस लायब्रेरी (अल्मा. अभिलेखागार)
16. विद्याधर महाजन, सावित्री महाजन : ब्रिटिश कालीन भारत का इतिहास, पृ. 517
17. डॉ. रमेशचन्द्र जैन : हिन्दी पत्रकारिता का आलोचनात्मक इतिहास से उद्धृत, पृ. 242
18. संजय भानावत : प्रेस कानून और पत्रकारिता, पृ. 39 से उद्धृत।

सन्दर्भ-ग्रन्थ

1. The complete Journalist : F.J. Mansfield
2. Mass Communication and Journalism in India : D.S. Mehta
3. The Rise and Growth of Hindi Journalism. : Dr. Ram Ratan Bhatnagar
4. History of Press in India : S. Natrajan
5. Press in India : M. Chelapati
6. The press under the pressure : D.R. Manvekar

हिन्दी ग्रन्थ

1. फीचर लेखन : प्रेमनाथ चतुर्वेदी
2. दृक श्रव्य सम्प्रेषण और पत्रकारिता : डॉ. जेम्स एस. मूर्ति
3. समाचार-पत्र-कला : अम्बिकाप्रसाद वाजपेयी
4. हिन्दी पत्रकारिता : डॉ. कृष्णबिहारी मिश्र
5. समाचार-पत्र : एम. चेलापति राव
6. समाचार सम्पादन : प्रेमनाथ चतुर्वेदी
7. आधुनिक पत्रकारिता : अर्जुन तिवारी
8. पत्रकारिता के विविध रूप : डॉ. रामचन्द्र तिवारी
9. पत्र, पत्रकार और पत्रकारिता : काशीनाथ जोगलेकर
10. पत्रकारिता के परिप्रेक्ष्य : जगदीश प्रसाद चतुर्वेदी
11. पत्रकारिता संकट और संत्रास : हैरम्ब मिश्र
12. पत्र और पत्रकार : कमलापति त्रिपाठी, पुरुषोत्तमदास टण्डन
13. सम्पादक पराड़कर : लक्ष्मीशंकर व्यास
14. हिन्दी पत्रकारिता : विविध आयाम : डॉ. वेदप्रताप कौशिक

15. हिन्दी पत्रकारिता : विकास और विविध आयाम : डॉ. सुशीला जोशी
16. हिन्दी पत्रकारिता का आलोचनात्मक इतिहास : डॉ. रमेशचन्द्र जैन
17. नई पत्रकारिता और लेखन : सविता चड्ढा
18. संवाद और संवाददाता : राजेन्द्र
19. समाचार संकलन और लेखन : नन्दकिशोर त्रिखा
20. सम्पादन के सिद्धान्त : डॉ. रामचद्र तिवारी
21. समाचार-पत्र व्यवस्थापन : अनन्त गोपाल शेवडे
22. प्रेस कानून और पत्रकारिता : संजय भानावत
23. पत्रकार-कला : विष्णुदत्त शुक्ल

□□